# 信息环境变化、盈余管理与投资者行为研究

王玉涛 著

中国人民大学出版社
· 北京 ·

# 前　言

以沪深交易所成立为标志，我国证券市场经历了逐步发展、不断完善的过程。一方面是相关监管法规、监管部门的建立和完善；另一方面是我国上市公司的固有发展缺陷，如股权分置对证券市场发展的制约。这些发展特征从宏观层面决定了上市公司面临的信息环境状况。由于我国制度环境不断演变，上市公司信息环境也始终处在变革之中。本书重点分析一项重要的制度变革带来的信息环境的改变及其如何影响上市公司相关利益方的行为，以期为我国资本市场、信息环境的现状和发展提供经验证据和借鉴。

自 1992 年颁布实施《企业会计准则——基本准则》起，我国一直致力于财务报告准则体系的建设，并在 2007 年完成与国际会计准则的接轨，这在很大程度上改变了我国会计信息披露的现状。同时，股权分置一直影响我国资本市场定价功能的有效发挥，而这一证券市场顽疾随着股权分置改革的完成得到彻底解决。这些重要的制度变化改变了我国资本市场参与者面临的整体信息环境和公司治理状况，本书试图结合这些特殊的制度背景，考察信息环境变化对资本市场主要利益主体——信息提供者（上市公司）、信息传递者（证券分析师）和信息使用者（权益投资者）——行为的影响，分三篇讨论信息环境变化对资本市场参与者行为的影响。

第 1 篇分析信息环境变化对信息提供者行为的影响。随着会计准则规范的改变和股权分置改革的完成，上市公司面临的监管环境产生变化，作为信息提供者的上市公司管理层会产生不同的动机，利用准则规范变化带来的机会做出有差别的报告行为。基于这些变化，第 1 章从总体上考察会计准则变革是增加还是减少了上市公司的盈余管理行为；第 2 章考察会计准则变革之初上市公司会采取哪些盈余管理手段来增加未来的收益，以及采取这些盈余管理行为的动机；第 3 章考察信息环境变化之后上市公司如何利用金融资产进行盈余管理。

第 2 篇分析信息环境变化对信息传递者行为的影响。作为专业的投资者，证券分析师解读会计信息并传递给投资者，他们始终扮演着信息中介和信息传递者的角色。与国际会计准则接轨的会计准则变革改变了海内外证券分析师的信息获取能力，对他们的行为产生了不同的影响。因此，本书第 4 章考察信息环境变化是否提高了跟踪我国公司的海外分析师的预测准确度；第 5 章考察本地分析师是否比海外分析师预测更准确，信息环境变化是否改变了海内外分析师预测准确度的差异。

第 3 篇分析信息环境变化对信息使用者行为的影响。现有股东和潜在投资者是公司信息最主要的使用者。信息环境变化是否为投资者提供了新的有用信息，投资者能否识别和理解新环境下公司提供的信息本质，是本篇研究的重点。因此，第 6 章考察信息环境变革之初会计准则是否为投资者提供了有用的信息；第 7 章考察信息环境变化之后，公允价值计量模式的应用是否为投资者提供了价值相关的信息。

本书以我国证券市场重要的制度变革为基础，采取由点到面、横向和纵向相结合的方式，全面考察了信息环境变化对资本市场主要参与者行为的影响，有助于监管层、实践工作者更深入全面地了解我国证券市场的现状，为推动后续的改革提供帮助。

# 目　　录

## 第2篇 信息环境变化与信息传递者行为



## 第3篇 信息环境变化与信息使用者行为

# 导论　研究内容框架与制度背景分析

## 0.1　研究动机与内容框架

### 0.1.1　本书研究动机

1990年12月和1991年6月，上海证券交易所和深圳证券交易所相继成立，我国证券市场正式形成。随着证券市场的成立，对上市公司信息披露的要求逐渐提高。1992年，我国颁布实施了最早的会计准则——《企业会计准则——基本准则》，这标志着我国旨在改善信息披露环境的财务报告准则体系建立过程的开始。虽然从一开始我国就致力于与国际会计准则体系接轨，但构建我国财务报告准则体系的过程是渐进的、零散的。直到2006年2月，财政部一次性颁布和修订了38项具体会计准则和一项基本准则，并要求自2007年1月1日起在上市公司开始实施。新会计准则基本建立了我国完整的财务报告准则体系，实现了我国会计准则建设新的跨越和突破。除个别准则（《企业会计准则第7号——非货币性资产交换》）外，无论是具体准则涵盖的范围还是一般会计处理原则，都基本上实现了与国际会计准则的趋同，因此，新准则是国际会计准则在中国证券市场的推广和应用。实务界和理论界普遍认为，新会计准则与国际准则的接轨不仅可以减少信息不对称，促进资源有效配置，有助于改善我国上市公司和投资者面临的信息环境，而且可以提高相关企业的治理水平和管理效率，使其更好地参与国际竞争。①

---

①　2007年后，财政部并未对会计准则进行大的修订，只发布了6次会计准则解释。直到2014年，我国才新发布了3项会计准则：《企业会计准则第39号——公允价值计量》、《企业会计准则第40号——合营安排》和《企业会计准则第41号——在其他主体中权益的披露》，修订了4项会计准则：《企业会计准则第30号——财务报表列报》、《企业会计准则第9号——职工薪酬》、《企业会计准则第33号——合并财务报表》和《企业会计准则第2号——长期股权投资》。这些都是为了适应国际财务报告准则的改革。因此，2007年会计准则的修订是一个重要的制度变革，对我国上市公司的信息披露环境产生了明显影响。

在会计准则变革前后，我国证券市场恰好于 2007 年完成股权分置改革，它显著地改善了资本市场参与者面临的宏观治理环境。因此，会计准则变革和股权分置改革共同改善了我国证券市场的信息环境，对资本市场参与者的行为产生了多方面的影响。信息环境的变化促使多方参与者积极参与到证券市场交易中，因此在 2007 年前后，股票市场异常繁荣，交易量和市场指数不断创出新高①；同时，上市公司披露的会计业绩（季度和年度）也快速提高，为股票价格提供了业绩支撑。在此期间，证券分析师和媒体持续关注和报道与新会计准则有关的盈余管理、公允价值问题。如浪莎股份（600137）因债务重组收益显著改善了 2007 年的会计业绩，从巨亏变成巨额盈利，股价于股改复牌当天上涨了 10 倍；而雅戈尔（600177）持有的中信证券（600030）等金融资产的公允价值变动所带来的收益显著提高了该公司会计业绩，持续助推了公司股价的上涨。这些现象说明，会计准则变革和股权分置改革引起的信息环境变化对资本市场多方参与主体的行为产生了影响，上市公司管理层可能利用变革之机进行随意性信息披露，证券分析师和媒体进一步跟踪、分析并向市场传递新的信息，而公司现有和潜在股东受这些信息的影响，做出相应的投资决策和交易行为。本书以会计准则变革和股权分置改革的完成为契机，试图全面考察其引起的信息环境变化对资本市场多方参与主体行为（包括上市公司信息披露行为、证券分析师预测行为和股东投资行为）的影响。上市公司代表了信息提供者，证券分析师代表了信息传递者，股东代表了信息使用者，因此本书将通过考察信息环境变化对信息提供者、信息传递者和信息使用者的全面影响，为监管层、研究者和实务界提供新的经验和启示。

### 0.1.2　本书内容框架

本书试图考察信息环境变化对信息提供者、信息传递者和信息使用者行为的影响，具体的研究框架见图 0 - 1。

第 1 篇将分 3 章讨论信息环境变化对信息提供者行为的影响：第 1 章考察信息环境变化对上市公司盈余管理行为的总体影响；第 2 章考察会计准则实施之初上市公司可能采取的盈余管理行为及其动机；第 3 章考察随着信息环境的变化，采用公允价值的金融资产为上市公司提供的盈余管理

① 具体表现在，上证指数仅用 10 个月的时间便从 2007 年年初的 2 675.47 点一路上涨到 6 100 点（2007 年 10 月 16 日）。

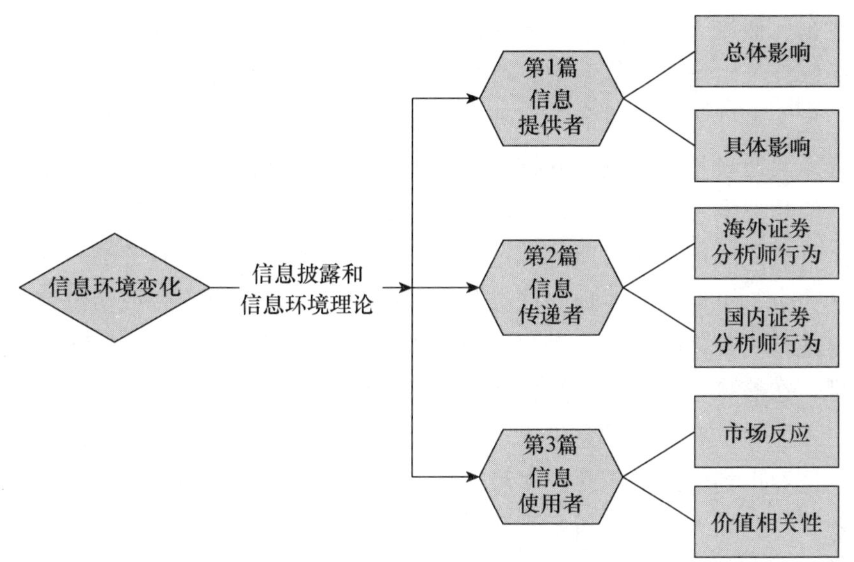


**图 0-1　本书的框架结构安排**

机会。前 3 章均围绕信息环境变化与上市公司盈余管理行为展开讨论。

第 2 篇将分两章讨论信息环境变化对信息传递者行为的影响：第 4 章考察信息环境变化对海外分析师预测行为的影响；第 5 章首先考察本地分析师与海外分析师的预测准确度的差异，其次考察信息环境变化对这种差异的影响。证券分析师预测行为具有信息中介和传递的作用，因此第 2 篇将重点关注信息环境变化与海内外分析师行为的关系。

第 3 篇将分两章考察信息环境变化对信息使用者行为的影响：第 6 章考察会计准则实施之初提供的信息对投资者市场反应的影响；第 7 章考察相对于采用历史成本，采用公允价值是否为投资者提供了更多价值相关性的信息。这两章基于股东的投资行为，既关注信息环境变化之初的影响，又关注变化之后的影响，能够较全面反映信息环境变化与信息使用者行为的关系。

## 0.2　信息披露与信息环境的一般理论

### 0.2.1　信息披露与信息环境的概念

**一、信息披露**

顾名思义，证券市场的信息披露就是信息公开、信息公示，是指凡影响股东、债权人或潜在投资者等信息使用者决策的信息，都要通过一定的传播媒介予以公布，这些信息可能包括公司财务状况、治理信息、经营成果、重大事件等，信息的公布分定期和不定期两种形式。上市公司的信息披露需要通过具体的制度安排得以实现，即信息披露制度。信息披露制度是指信息披露主体在证券发行、上市、交易等一系列环节，依照法律、证券主管机关或证券交易所的规定，以一定的方式将与证券有关的一切真实信息完全、可靠、及时地向社会公众予以公开，以供投资者或信息使用者做出证券投资判断，供监管当局进行监管的一整套行为规范和活动准则。可见，在信息披露时，信息披露主体只有依据一定的信息披露制度进行公开，才能提供有效的信息供投资者进行决策和监管层进行有效监管。

证券市场信息披露存在多种形式，包括但不限于定期报告、管理层盈余预测、业绩预告、分析师预测等，这些形式的信息披露可以大体分为两大类：强制性信息披露和自愿性信息披露。之前的研究（Grossman，1981；Grossman and Hart，1980）发现公司自愿披露其私有信息须具备以下几个条件：(1) 披露是无成本的；(2) 投资者知道公司拥有实质性私有信息；(3) 所有投资者对公司披露的信息的解释是一致的，而且公司也清楚投资者如何对其披露的信息进行解释；(4) 公司管理层试图最大化公司股票价格；(5) 公司能够可靠地披露其私有信息；(6) 公司不能事前进行特定的披露。当同时具备以上六项条件，公司会自愿披露其所有的私有信息，从而向投资者提供质量较高的信息。在充分进行自愿性披露的情况下，不需要监管层进行强制披露。然而，在披露实践中，这些条件无法同时具备，所以管理层可能不会披露重要的私有信息。由于存在信息不对称的情况，管理层知道投资者对特定信息的反应，为了达到特定的目的，管理层可能有选择地披露一些信息，从而影响投资者行为。管理层不进行充分的信息披露，并不能从逻辑上说明需要有强制性披露的制度规定。Beyer et al.(2010) 认为强制性披露监管制度的出现与财务外部性（financial externalities)、实际外部性（real externalities)、代理成本（agency costs）和规模经济（economies of scale）这四方面的理论有关。

财务外部性是指公司进行信息披露时不仅透露了自身的财务状况，而且传递了一些其他相关公司财务状况的信息，这说明信息披露具有外部性。由于公司可能忽略这种外部性，所以公司可能选择有效性不足的披露水平。这时，监督机构强制要求公司披露一些信息，能够改善社会福利水平。实际外部性是指一家公司进行信息披露可能影响到另一些公司的实际经营或财务决策。例如，公司披露盈余预测，可能会影响其他公司进入或退出某个市场的决策，或者影响其他公司的产量决策。因此，如果公司的信息披露能够使其他公司做出更有效的决策，那么强制性信息披露就能够提高市场效率。代理成本是指代理人并不采取委托人利益最大化的行动所导致的监督和激励成本。在信息不对称的情况下，关于公司绩效的信息披露能够提高委托人和代理人之间契约的有效性，因此，对一些内部信息进行强制性披露能够减少委托人和代理人的信息不对称，降低代理成本。所以，现代企业制度中代理成本的存在是促使监管层要求公司进行强制性披露的重要原因。规模经济是指强制性信息披露能够减少投资者获取和加工信息的重复性。由于公开披露的信息具有公共产品的性质，如果没有强制性披露一些信息，那么每个投资者都会单独地获取和加工信息，这就降低了信息传递的有效性。强制性信息披露使每个投资者都可以观察到，从而使信息获取、信息加工和信息理解具有规模效益，有助于资本市场效率的提高。综上所述，财务外部性、实际外部性、代理成本和规模经济是影响公司强制性信息披露的重要因素。

## 二、信息环境

公司信息环境（corporate information environment）是指信息披露的环境，是信息披露供给方、需求方和监督机构等多方参与和博弈的地方。信息环境是由投资者、企业主和管理层之间存在的信息不对称和代理问题等形成的。由于信息不对称和代理问题的存在，投资者或委托人需要更多可靠的信息，以便做出合理的经济决策。同时，企业管理层或代理人也有动机提供信息，向市场传递一些信号，显示自己所做的努力或所降低的融资成本。最优信息环境在公司进行充分披露、信息供给者和需求者不存在信息不对称的情况下可以实现。然而，由于管理层有一些其他动机，往往不会进行充分的披露，这就产生了关于信息环境好坏的讨论。信息披露的参与主体，即供给方、需求方、监管方的博弈决定了信息环境的好坏；反过来，证券市场参与者的行为及其利益会受到信息披露环境的影响。

资本市场参与者每天都面临着海量信息，有来自公司、媒体、机构投资者、监管机构、证券分析师、行业组织等披露的公开信息，也有市场参与者自己通过搜寻获得的私有信息。公开信息和私有信息的数量和质量决定了信息环境质量的高低。在讨论信息环境的好坏时，往往用信息透明度来表示，如果信息环境能够提供透明度较高的信息，便被认为是一个好的信息环境，反之，则被认为是不利的。而信息透明度的高低既取决于信息披露的充分性，也取决于信息披露的相关性，只有披露的信息既充分又相关，信息透明度才会提高。

### 0.2.2 信息披露与信息环境的一般理论

Beyer et al.(2010) 在综述最近几年的财务报告信息环境文献时，认为资本市场中的公司信息环境主要由三个方面的信息构成：(1) 管理层自愿披露；(2) 监管机构强制披露；(3) 分析师披露。三类信息由三种资本市场参与者提供，包括上市公司管理层、监管机构和证券分析师。他们监管和提供的信息包括但不限于会计信息，但可以肯定的是，会计信息在提高资本市场运行效率、降低信息不对称方面起着重要作用。具体来说，会计信息在市场经济中发挥着两个方面的作用：一是资本提供者（股东和债权人）可以使用会计信息来评估潜在投资机会的回报率；二是资本提供者可以利用会计信息来监控他们所投入的资本。Kothari et al.(2010) 进一步将会计信息的上述两个作用具体到会计报表中，他们认为，利润表充当业绩计量的角色，反映了资本提供者投入资本的使用效率，资产负债表扮演的角色是管家，反映了资本的构成及其未来带来经济利益的能力。外部使用者通过对利润表和资产负债表的了解和分析，一方面能够了解资本使用的效率和业绩，另一方面能够基于现有资本构成对未来企业绩效进行评价。

可见会计信息、非财务信息及其披露会对相关利益方产生重要的影响，可以从以下两方面加以解释：第一，公司管理层往往比外部人员拥有公司更多的信息，这种信息不对称让外部人员难以评价公司盈利水平，特别是存在管理层夸大公司盈利的可能性时，这种问题就会成倍放大。这个问题造成的后果是，如果资本提供方不能准确评价公司的盈利水平，他们往往会选择低估公司的盈利水平，从而使公司的融资失败。这就是 Akerlof (1970) 提出的“柠檬问题”，“柠檬问题”导致很多研究考察额外信息披露的激励问题。第二，对会计信息的事后需求来源于公司所有权和控制权的分离，这种分离使得公司资本提供方对公司经营不拥有完全决策权。为了解决随之而来的代理问题，人们在制定隐性契约和显性契约时，经常会使用诸如资源的使用状况、做出的决策、投资回报等会计信息。然而，事前和事后对会计信息的需求并不总能促成信息的自愿披露。因此，信息环境的特征取决于代理问题（stewardship problems）和估值问题（valuation problems）的相对重要性。假如公司价值取决于管理层的努力和其他不可控因素，那么代理问题和估值问题就需要不同的会计信息。估值问题可能需要会计系统直接提供关于公司价值的信息，即反映和披露管理层的努力和不可控因素的影响；代理问题则需要会计系统提供一些有助于投资者推断管理层努力程度的信息。

综上所述，可以总结出信息环境形成的两个内在原因：资本提供者和企业管理层的信息不对称（估值问题），来源于所有权和控制权分离的代理问题。也就是说，正是因为信息不对称和代理问题的存在，外部资本提供者或委托人需要信息，而管理层并不总是自愿披露信息，所以为了提高资本市场的运行效率，用来完善整体信息环境的其他制度设计产生了，一个是监管层的监督，强制要求公司披露特定的信息；另一个是证券分析师的制度安排，能够进一步对公司信息进行解读和传递，或者获得其他私有信息，从而降低信息的不对称性。这些制度安排和内在激励构成信息环境的三个方面：管理层自愿披露、监管机构强制披露和分析师预测。

## 一、管理层自愿披露

Grossman and Hart（1980），Grossman（1981），Milgrom and Roberts（1986）等人的研究结果说明了管理层自愿披露公司所有私有信息的情形：（1）披露无成本；（2）投资者知道公司拥有私有信息；（3）所有投资者以同样的方式解释公司的披露行为，并且公司知道投资者将如何解释这一披露；（4）管理者希望最大限度地提高他们公司的股票价格；（5）公司能够准确无误地披露私有信息；（6）企业不能承诺事前的具体披露政策。

上面的研究结果表明的情形与莫迪利亚尼（Modigliani）和米勒（Miller）研究的公司资本结构与股利政策无关的情形是相似的。与莫迪利亚尼－米勒定理相比，上述解释结果认为公司并不总是披露所有的私有信息。相反，他们解释公司不完全披露私有信息的原因是上述六种条件并不总能同时具备。

Beyer et al.（2010）研究发现，有三点对上市公司管理层自愿披露公司私有信息至关重要。第一，投资者对管理层信息披露或者不披露行为的解读对于管理层做出是否继续披露公司私有信息的决策至关重要。由于投资者的理性预期，他们认为只有当披露公司信息对管理层有好处时，管理人员才会自愿披露公司私有信息。投资者对公司的披露行为以及不披露行为的解读完全取决于投资者对管理层激励和公司基本经济状况的理解。第二，上市公司信息披露的决策是由管理层而不是公司本身决定的。因此，解释信息披露决策的成本和效益原则反映了高管的正效用和负效用。从信息披露的角度看，影响公司管理层效用的因素包括公司高管的薪酬以及公司的法人治理结构，这两个变量都是内生的。换句话说，在股东设计公司管理层的激励机制和公司的治理结构以最大化其投资价值时，他们会把高管的薪酬激励和公司治理结构如何影响管理层的披露决策以及公司价值考虑进去。第三，高管薪酬激励机制的设计不仅会影响管理层的信息披露决策，而且会影响投资、竞争性行为、资本结构选择等决策。

## 二、监管机构强制披露

大多数成熟的资本市场都有严格的信息强制披露制度，但是至今却没有研究者对信息强制披露的必要性进行说明。Grossman and Hart (1980)，Grossman (1981)，Milgrom and Roberts (1986) 的研究结果识别了六项管理层进行充分披露的条件，在实践中却不可能全部具备，这只说明在实践中管理层不会充分披露私有信息，并不表明应该进行强制性披露。Beyer et al.(2010) 的研究试图从四个方面解释信息强制性披露产生的原因：财务外部性、实际外部性、代理成本和规模经济。第一，当公司披露自身信息时，可能会透露同行业其他公司的信息，这就产生了财务外部性。但这种外部性往往被公司所忽略，进而影响其披露或不披露行为。第二，监管机构强制公司进行一定的信息披露就能产生更多的外部性，从而提高社会福利。实际外部性是指当公司进行一定的信息披露时，会影响其他公司进入或退出同一市场的决定，也会影响其他公司的投入决策。如果监管机构要求公司强制披露信息，则会提高整个社会的决策效率，避免诸如生产过剩或不足等问题，从而提高社会福利。第三，由于公司管理层（代理人）和外在股东（委托人）存在信息不对称，委托人很难监督管理层的努力程度，也难以判断管理层的行为是不是为了实现股东利益最大化，因此强制进行信息披露能够减少管理层与股东之间的信息不对称，缓解代理问题。第四，监管机构制定会计准则，要求公司按照一定的标准披露信息，能够降低投资者的信息重复度和提高公司之间信息披露的可比性，从而产生正的外部性。投资者对公司所披露信息的深入理解可以帮助其更准确地评价公司表现，并产生规模经济效用。Mahoney (1995)，Dye and Sridhar (2008) 预测只要存在与处于最优披露水平的公司类似的公司，强制性信息披露就能够节约成本、提高效率。

## 三、分析师披露

分析师的工作是预测公司收益、现金流和收入方面的情况，并且给出公司股票的目标价格，提出股票投资建议。分析师的预测报告能够减少公司与外部信息使用者之间的信息不对称，提高信息传递和披露的效率，进而增加资本市场的有效性。在开展这些工作时，他们往往会做出诸如是否跟踪一家公司、是否发布盈利预测、是否推荐该股票的决策。考虑到分析师在与投资者沟通时有动机改善沟通策略，其面临的监管是有限的，分析师很有可能透露与公司相关的信息。因此，投资者不仅能够从分析师的分析报告中推断出与公司相关的信息，而且可以从分析师做出这些决策的过程（即选择目标公司、发布分析报告的时间等）中获得与公司相关的信息。

分析师做出的第一个决策是是否跟踪一家公司。当分析师的薪酬激励与公司股票的交易量密切相关时，分析师往往会选择那些投资者对他们的预测报告反应强烈的公司。此外，跟踪一家公司对分析师是否有利取决于该公司所披露的公开信息的精确度。当公司公开披露的信息足够精确时，选择以该公司作为分析目标的分析师数量就会减少。

分析师做出的另一个决策是选择发布分析报告的时间，直观来说，分析师做出该决策需要权衡预测时间和精确度之间的关系。因此，分析师选择发布报告的时间时，往往会考虑上次发布报告后所获得的与该公司相关的新信息数量以及分析师预期将来可能获得的该公司信息数量。

分析师并不总是完全如实披露他们所获得的信息。造成信息失真的两个主要原因是：(1) 分析报告在不降低信息价值的情况下，以一种确定的方式失真；(2) 分析报告包括额外的噪声信息，比如该信息是来自分析师的、不翔实的个人信息。

## 0.3 制度背景分析与信息环境变化

### 0.3.1 会计准则变革

#### 一、会计准则变迁历程

表 0-1 描述了我国各具体准则的变迁过程，以 2006 年 2 月 15 日颁布的新会计准则为基准，列示了各具体准则以前实施和修订的过程。从该表可以看出，我国一次性颁布和修订了 38 项具体会计准则和一项基本准则，在这之前，对我国企业进行规范的会计准则一共 15 项，单从准则数量来说，新旧会计准则有了很多变化。从这些准则修订、实施的历史来看，我

国最早于1997年颁布实施了第一部准则《企业会计准则——关联方关系及其交易的披露》；1998—2000年间，又陆续颁布了9项准则，在这一时期的准则制定过程中，我国一直试图和国际会计准则接轨，尤其是债务重组准则和非货币性资产交换准则的实施，允许采用公允价值，这使上市公司在进行盈余管理时拥有较灵活的选择权。由于这些准则的实施，一些上市公司大量使用债务重组和非货币性资产交换进行盈余管理，如"郑百文事件"。由于2001年之前的这10项会计准则为上市公司提供了很多盈余管理的机会，财政部于2001年修订和新颁布实施了8项准则，对原有准则进行了较大幅度的修订，突出体现在债务重组和非货币性资产交换准则上。为了限制上市公司利用这些事项进行盈余管理，准则规定将债务重组或非货币性资产交换形成的收益计入股东权益，而不允许直接计入利润表，从而在规则上限制上市公司利用债务重组或非货币性资产交换调节利润的行为。可以说，在2007年实施新会计准则之前，2001年是一个重要的会计变革时间点。另外，单从当年颁布实施的准则数量上看，除2001年、2007年外，1999年1月1日同时颁布实施了5项准则，但与2001年改变会计处理原则不同的是，1999年只是新颁布实施。综合这些准则颁布实施的时间点，我国会计准则的变化大致可以分为两个阶段。① 1992—2000年为第一阶段，其总体思想是——自由，企业只要充分披露，任何增加或减少利润的处理方式都是可以接受的（刘峰等，2004）；自2001年起为第二阶段，会计准则发生了重大变化，具体表现在：取消公允价值；对计入利润的项目加以限制，很多原先可以计入利润的项目（如债务重组所得），现在只能计入资本公积；要求上市公司计提8项减值准备，并要求对开办费等一次冲销，而不是分期冲销；对关联方交易可能产生的利润给出上限。总体而言，在第二阶段，我国会计准则的总体思想就是尽一切可能限制上市公司调节利润的行为，对那些不可避免的经济事项，通过规定将这些收益（如债务重组收益）计入股东权益来减少管理层进行盈余管理的机会。在这一阶段，我国试图建立有中国特色的会计准则和会计制度。直到2007年1月1日开始实施的新会计准则，重新走上与国际会计准则接轨的道路，一次性颁布了38项具体准则，基本构建了我国完整的财务报告准则体系（见表0-1）。可以说，新准则颁布前的会计准则变革是渐进式的，新准则的实施则是激进式的。制度的剧烈变化必将对资本市

① 刘峰等（2004）还对相应的会计制度进行了总结，详见该文第9页。

场的参与者行为产生深刻影响。

表 0-1 我国具体会计准则的变迁过程

| 序号 | 准则名称 | 最新 | | 前一次 | | 前一次 | |
|---|---|---|---|---|---|---|---|
| | | 实施日期 | 发布日期 | 实施日期 | 发布日期 | 实施日期 | 发布日期 |
| | 基本准则 | 2007.01.01 | 2006.02.15 | | | | |
| 第1号 | 存货 | 2007.01.01 | 2006.02.15 | 2002.01.01 | 2001.11.09 | | |
| 第2号 | 长期股权投资 | 2007.01.01 | 2006.02.15 | 2001.01.01 | 2001.01.18 | 1999.01.01 | 1998.06.24 |
| 第3号 | 投资性房地产 | 2007.01.01 | 2006.02.15 | | | | |
| 第4号 | 固定资产 | 2007.01.01 | 2006.02.15 | 2002.01.01 | 2001.11.09 | | |
| 第5号 | 生物资产 | 2007.01.01 | 2006.02.15 | | | | |
| 第6号 | 无形资产 | 2007.01.01 | 2006.02.15 | 2001.01.01 | 2001.01.18 | | |
| 第7号 | 非货币性资产交换 | 2007.01.01 | 2006.02.15 | 2001.01.01 | 2001.01.18 | 2000.01.01 | 1999.06.28 |
| 第8号 | 资产减值 | 2007.01.01 | 2006.02.15 | | | | |
| 第9号 | 职工薪酬 | 2007.01.01 | 2006.02.15 | | | | |
| 第10号 | 企业年金基金 | 2007.01.01 | 2006.02.15 | | | | |
| 第11号 | 股份支付 | 2007.01.01 | 2006.02.15 | | | | |
| 第12号 | 债务重组 | 2007.01.01 | 2006.02.15 | 2001.01.01 | 2001.01.18 | 1999.01.01 | 1998.06.12 |
| 第13号 | 或有事项 | 2007.01.01 | 2006.02.15 | | | 2000.07.01 | 2000.04.27 |
| 第14号 | 收入 | 2007.01.01 | 2006.02.15 | | | 1999.01.01 | 1998.06.26 |
| 第15号 | 建造合同 | 2007.01.01 | 2006.02.15 | | | 1999.01.01 | 1998.06.25 |
| 第16号 | 政府补助 | 2007.01.01 | 2006.02.15 | | | | |
| 第17号 | 借款费用 | 2007.01.01 | 2006.02.15 | 2001.01.01 | 2001.01.18 | | |
| 第18号 | 所得税 | 2007.01.01 | 2006.02.15 | | | | |
| 第19号 | 外币折算 | 2007.01.01 | 2006.02.15 | | | | |
| 第20号 | 企业合并 | 2007.01.01 | 2006.02.15 | | | | |
| 第21号 | 租赁 | 2007.01.01 | 2006.02.15 | 2001.01.01 | 2001.01.18 | | |
| 第22号 | 金融工具确认和计量 | 2007.01.01 | 2006.02.15 | | | | |
| 第23号 | 金融资产转移 | 2007.01.01 | 2006.02.15 | | | | |
| 第24号 | 套期保值 | 2007.01.01 | 2006.02.15 | | | | |
| 第25号 | 原保险合同 | 2007.01.01 | 2006.02.15 | | | | |
| 第26号 | 再保险合同 | 2007.01.01 | 2006.02.15 | | | | |
| 第27号 | 石油天然气开采 | 2007.01.01 | 2006.02.15 | | | | |
| 第28号 | 会计政策、会计估计变更和差错更正 | 2007.01.01 | 2006.02.15 | 1999.01.01 | 2001.01.18 | 1999.01.01 | 1998.06.25 |
| 第29号 | 资产负债表日后事项 | 2007.01.01 | 2006.02.15 | 2003.07.01 | 2003.04.14 | 1998.01.01 | 1998.05.12 |
| 第30号 | 财务报表列报 | 2007.01.01 | 2006.02.15 | | | | |
| 第31号 | 现金流量表 | 2007.01.01 | 2006.02.15 | 2001.01.01 | 2001.01.18 | 1998.01.01 | 1998.03.20 |
| 第32号 | 中期财务报告 | 2007.01.01 | 2006.02.15 | 2002.01.01 | 2001.11.02 | | |
| 第33号 | 合并财务报表 | 2007.01.01 | 2006.02.15 | | | | |
| 第34号 | 每股收益 | 2007.01.01 | 2006.02.15 | | | | |
| 第35号 | 分部报告 | 2007.01.01 | 2006.02.15 | | | | |
| 第36号 | 关联方披露 | 2007.01.01 | 2006.02.15 | | | 1997.05.22 | 1997.05.22 |
| 第37号 | 金融工具列报 | 2007.01.01 | 2006.02.15 | | | | |
| 第38号 | 首次执行企业会计准则 | 2007.01.01 | 2006.02.15 | | | | |

### 二、新会计准则变革特征分析

于2006年2月15日颁布，从2007年1月1日开始的新会计准则与以前准则的颁布和修订不同，前者是资产负债表日的分隔点，后者是财务报告日的分隔点。换句话说，以2006年12月31日为资产负债表日的财务报告仍受旧准则规范，虽然其报告日是在2007年1月1日以后。以前会计准则变革时，如果财务报告日在实施日之后，就需要按新准则披露财务报告结果，即使资产负债表日在实施日之前。新会计准则的这一变动加上整体变化较大，使得会计准则和制度的衔接过程变得尤为重要。为了做好这一衔接工作，证监会专门颁布了《中国证券监督管理委员会关于做好与新会计准则相关财务会计信息披露工作的通知》（证监发〔2006〕136号），对上市公司如何进行过渡时期的会计信息披露进行规范和说明。为了说明新会计准则在过渡期间对股东权益的影响，要求在2006年年报中，以附注形式披露“新旧会计准则股东权益差异调节表”（以下简称“股东权益差异调节表”或“差异调节表”），并要求审计师进行审核。股东权益差异调节表反映了2006年经济事项在新会计准则下对股东权益的增量影响，实际上是为2007年财务报告中披露的可比会计报表做铺垫。正是因为在2006年财务报告中存在新会计准则的影响，又基于同一时点，所以可以对比新旧会计准则的差异，在第5章中，我们将对股东权益差异调节表展开研究，考察存在旧准则下的会计信息时，新会计准则是否提供了额外信息。第4章也会以差异调节表为研究对象，考察新旧会计准则过渡期间上市公司的会计选择行为。

## 0.3.2 股权分置及其改革

### 一、股权分置的由来及其影响

20世纪90年代初，我国先后在深圳和上海两地成立了证券交易所，随着上市公司融资和交易的出现，以及相关证券法律法规的构建和完善，我国股票市场初步建立起来。当时的股票市场与其他国家的股市存在以下两个方面的差异：第一，中国股票市场成立的初衷是为公有制经济服务。这在功能上强调了股市并不是为企业提供和拓宽融资渠道，而是帮助国有大中型企业解贫脱困、做大做强。我国政府之所以对股票市场进行这样的定位，一方面是受银行信贷总量和还本付息压力的限制，另一方面是希望通过股票上市交易的方式来推进国有企业向现代企业制度转型。但无论出于哪一方面的原因，都从根本上违背了股票优化市场资源和提供融资渠道的基本功能。第二，政府在股票市场中发挥主导作用，这样的制度安排与其他国家的股票市场是迥然有别的。例如，对于公司能否上市和上市的增发，政府都规定了会计业绩标准；再如，政府还对股票的交易价格进行了管制，设定了涨跌幅限制。这些都表明，政府对经济的干预很大。因此，资本市场的建立和发展与政府的介入和干预分不开。

资本市场能否存在和发展下去，需要更多的公司上市融资和更多的人参与股票投资，只有维持一定的规模和交易量，股票市场才能发展下去。而最初我国资本市场的构建只发挥了在政府干预和主导下为国有企业解困的作用，因此形成了另一个特殊的制度现象——股权分置。简单来讲，股权分置就是上市公司的股票有一部分不上市流通，只有一部分才能交易。股权分置是伴随资本市场产生的。在资本市场成立之初，我国政府为了保证国有资产的控股地位和不被二级市场的流通所稀释或侵蚀，规定占股票市场总量约2/3的国有股和法人股暂不上市交易（即非流通股），只允许占股票市场总量1/3的社会公众股上市流通（即流通股）。在资本市场成立之初产生这种股权分置现象可能有以下两个原因：第一是对公有制为主体的机械理解，即认为只有国有股占到50%以上才能保证公有制的主导地位，才能保证社会主义的性质不变。第二是把股票流通看成资产流失，为了不造成国有资产的流失，需要保证国有股的控制权，也就形成流通股和非流通股的股权分置现象。

股权分置带来的主要问题是从根本上违背了股份制经济同股同权的基本法则，导致了非流通股股东和流通股股东之间利益关系的扭曲，制造了二者利益诉求的严重分歧，由此产生了一系列诸如公司治理结构不完善、大股东违规或不正常地融资、经理层缺乏提升业绩的动力、投资文化丧失、投机风气盛行、市场信号失真、信用缺失等问题。

股权分置导致的股票市场定价功能缺失突出表现在我国新发行公司的股票上市首日的收益率上，根据何如（2006）的研究，1993—2004年我国上市公司的平均发行价格为6.89元，平均上市首日收盘价格为14.98元，上市首日收益率平均为117.42%，这说明只要获得上市公司新发行的股票，上市当日就可以获得超过一倍的收益率。在西方成熟市场上，上市首日收益率一般在10%～20%之间，我国上市公司上市首日收益率如此之高，说明我国股票市场的定价功能缺失。而在公司股份制改革时，最初发起人的股票价格一般按每股净资产的一定溢价确定，结合发行价格远远高于净资产的事实以及上市首日收益率的程度（即高抑价率），可以合理推断，非流通股股东的持股成本远远低于公司流通股市价。而这一巨大差异是我国特殊的制度现象——股权分置造成的。一旦这些非流通股可以上市流通，股东通过二级市场进行减持所能获得的投资回报将非常大，这也是我国政府在探索股权分置改革过程中面临挑战和诸多问题的主要原因。因为股票供应量的增多必然打压股价，而流通股股东的利益将受损，股东只好用脚投票。

## 二、股权分置改革及其影响

为了解决股权分置问题，恢复股票市场定价功能，更好地发挥资本市场融资功能，我国从 2005 年启动股权分置改革。股权分置改革（下称“股改”）是一项完善市场基础制度和运行机制的改革，其意义不仅在于解决历史问题，更在于为资本市场其他各项改革和制度创新创造条件。股权分置改革是证监会在贯彻国务院《关于推进资本市场改革开放和稳定发展的若干意见》（国发〔2004〕3 号）的基础上提出的。简单来说，股权分置改革就是上市公司非流通股股东支付一定对价给流通股股东，以获得流通权的过程。为了给实施股权分置改革试点的公司提供一定的政策指导，证监会于 2005 年 4 月 29 日发布了《关于上市公司股权分置改革试点有关问题的通知》（证监发〔2005〕32 号），详细规定了关于股权分置改革方案的决议须经参加表决的股东所持表决权的 2/3 以上通过并经参加表决的流通股股东所持表决权的 2/3 以上通过。另外，为保护流通股股东的权益，该通知还规定，试点上市公司的非流通股股东应当承诺，其持有的非流通股股价自获得上市流通权之日起，至少在十二个月内不上市交易或转让；这一承诺期期满后，通过证券交易所挂牌交易出售股份的数量占该公司股价总数的比例在十二个月内不超过百分之五，在二十四个月内不超过百分之十；试点上市公司的非流通股股东，通过交易所挂牌交易出售的股份数量，达到该公司股份总数百分之一的，应当自该事实发生之日起两个工作日内做出公告。这些规定在一定程度上保护了流通股股东的合法权益，为减少流通股股东的顾虑，促使他们积极行使投票权，以及推动股权分置改革的顺利实施提供了政策保障。在这些政策的指引下，首批实施股权分置改革试点的公司包括三一重工（600031）、金牛能源（000937）、清华同方（600100）和紫江企业（600210），除三一重工组合支付了部分现金外，其他各家都采用赠送股票的方式来获得流通权。这四家公司的共同特点是：都是纯 A 股上市公司，股权结构简单；公司规模不大；都是业绩稳定的蓝筹股；非流通股比较集中；不存在股权质押和冻结；非流通股绝对比例都超过50%，给非流通股股东让利流通股股东留出了空间。随着首批股改方案的稳步实施，第二批申请股改的公司数量大大增加，共计42家。由于第二批股改公司数量较大，证监会于2005年6月1日发布了《关于做好第二批上市公司股权分置改革试点工作有关问题的通知》(证监发〔2005〕42号)，积极稳妥地推进第二批股改的顺利实施。股权分置改革是通过非流通股股东和流通股股东之间的利益平衡协商机制，消除A股市场股价转让制度性差异的过程，该过程遵循公开、公平、公正的原则，是由A股市场相关股东在平等协商、诚信互谅、自主决策的基础上进行的，因此，股权分置改革得到了流通股股东的支持，试点工作进行得顺利平稳。为进一步推进股改，证监会于2005年9月4日颁布了《关于发布上市公司股权分置改革管理办法的通知》(证监发〔2005〕86号)，取代了证监发〔2005〕32号文和证监发〔2005〕42号文。这些政策和试点过程有效地推动了股权分置改革的进程，为最终完成股改提供了政策和经验支持。2006年4月24日，时任中国证监会主席尚福林在股权分置改革实施一年之际提出：确保2006年基本完成股改。股改基本完成意味着，并不设定量化指标或具体期间限制，体现了把股改看作是一个渐进过程的思想。股改是一个长期过程，是为了进一步营造有利于市场化机制实施的基础。因此，截至2006年年底，我国资本市场上最重要的一项制度变迁——股权分置改革基本完成。

股权分置改革使资本市场的定价功能、资源配置功能和融资功能得以恢复，对我国资本市场产生了深远影响。但更值得我们深思的是，股权分置及其改革对上市公司股票价格的影响，以及这种影响是否与会计准则的变化有关。股权分置导致原先那些非流通股的持股成本极低，主要原因如下：(1) 股权不能流通，按每股净资产交易的定价较低；(2) 上市首日的大幅溢价（即高抑价率)；(3) 分红、增发配股对原有投资成本的稀释。而股权分置改革后，这些成本极低的股票也可以上市并按股票市价流通，那么市价与原始持股成本必然产生一个巨大差额。这一差额会对上市公司产生什么影响，以及在新会计准则引入公允价值后的具体影响是什么，就成为一个值得探讨的问题。

### 0.3.3　会计准则变革与信息环境变化

本课题将信息环境变化主要限于2007年发生的会计准则国际化改革，之所以这样处理，是因为：第一，一些研究将会计准则作为信息环境及其透明度的主要构成（Armstrong et al.，2010；Bushman et al.，2004），因此会计准则改革反映了我国信息环境的变化；第二，会计准则规范着上市公司的财务报告行为，而财务报告是分析师进行预测的重要信息来源（Vergoossen，1993），因此会计准则改革改变了分析师预测所依据的公共信息的质量，进而影响其预测行为和预测特征；第三，会计准则的改革体现了我国建设有中国特色准则体系（2001—2006）并向国际财务报告准则体系趋同（2007 年以后）的过程，这一过程正好涵盖了我国证券分析师 10 年左右的发展历程。基于这些巨大变化，本课题才能更有效地考察信息环境变化对海内外证券分析师行为及其差异的影响。

会计准则的目标是促进资源的有效配置，这意味着会计准则以及基于此披露的信息能够引导资源流向最有价值的项目。Healy and Palepu（2001）认为，“信息不对称和激励问题阻碍了资本市场中资源的有效配置，而信息披露和相应的制度建设能够缓解管理层和投资者之间存在的这些问题”。这意味着会计准则是对公司财务报告行为的规范，基于统一的会计原则，公司进行的信息披露方便了投资者有效理解与公司相关的内在信息，从而引导投资者做出合理的投融资决策，提高资源的有效配置。信息披露离不开一定的原则，而会计准则提供了这样的原则。因此会计准则的建设或调整必然引起公司信息披露环境的变化。

会计准则的估值目标意味着财务报告的主要目标是向权益投资者提供与公司内在价值相关的信息，即扮演估值或信息角色。

Jensen and Meckling（1976）所定义的基本代理问题，尤其是股东与管理层、股东与债权人之间的代理问题，使股东监督管理层的努力、评价管理层的业绩，债权人监督管理层的投资行为等方面存在很多困难。因此，在会计准则的规范下，管理层披露的财务报告能够为契约各方提供业绩评价或财务状况的信息，从而提高相关利益方的决策效率和引导资源实现有效配置。这意味着制定合理和科学的会计准则有助于维持较好的公司信息披露环境，从而实现契约各方的战略和目标。

会计准则是一系列会计原则（accounting principles）的集合，用于控制经审计的财务报表的报告行为。在一个全权益公司，如果管理层能够根据一定的会计准则可信地报告财务结果，那么在股东（委托人）和管理层（代理人）之间就不存在信息不对称，在这种情况下公司的信息披露是充分的，股东可以根据管理层报告的财务业绩来直接推断管理层的努力程度，因此财务业绩是股东最想了解的信息。但在杠杆公司，即债权人参与的公司，债权人需要进一步了解公司的财务状况，以便判断未来收回资金的可能性，在这种情况下，会计准则规范的目标除了业绩指标外，还有管理层披露可信的资产负债状况，以便外部使用者了解公司全面的财务状况和盈利能力。

公司契约各方（包括管理层、权益投资者和债权人等）存在的信息不对称和代理问题催生了对经审计的财务报告的均衡需求，以帮助其评估管理层业绩（利润表）和管理层管理能力（资产负债表）。由于利润表与资产负债表不同，所以脏盈余（dirty surplus）是财务报表的必要特征。公司的信息披露也受到信息不对称和代理问题的推动，公司财务信息（包括利润表、资产负债表以及脏盈余）是信息披露的重要组成部分，因此受会计准则规范的财务报表的披露是公司信息环境的重要组成部分。如果会计准则发生变化，公司财务报表披露行为必然也会变化，进而对公司信息环境产生影响，尤其是在重大的会计准则变革前后，这种信息环境的变化所产生的影响应该更显著。

# 第 1 篇

# 信息环境变化与信息提供者行为

# 第 1 章　信息环境变化与总体盈余管理行为

## 1.1　概述

盈余管理一直是近年来会计理论研究的重要课题，上市公司管理层为了影响股票市场对公司的理解、提高经营者的报酬、降低债务违约的可能性以及避免监管部门的干预，往往会运用具体的应计项目进行盈余管理（Healy and Wahlen，1999）。会计准则制定机构和监管部门为了保护投资者的利益，使资本市场真正起到有效配置资源的作用，往往希望通过制定会计准则来规范上市公司的信息披露行为，使上市公司的报表具有更高的价值相关性（value relevance）。但对会计准则制定机构来说，困难在于要确定会计准则到底应该给公司管理层提供多大的自由裁量空间，因为不允许管理层自由判断的财务报告对投资者来说并不是最优的；而包含无限管理层自由判断的财务报告也是不可行的，因为它可能导致过度的盈余管理，使投资者利益遭受重大损失。

对于会计准则制定者而言，会计准则改革的目的是追求会计信息的价值相关性和可靠性，尽量减少操纵会计信息的行为。但实际情况却复杂得多，因为会计准则只能对一些原则性的方面进行规范，而无法穷尽企业经营中的具体情形。因此，为了更好地反映企业的实际经营情况，会计准则必须允许管理层在财务报告中采用适当的职业判断，进行必要的会计方法选择。但是企业管理层可能会从自身利益出发，利用会计准则这一不得已的设计，通过有目的的职业判断和会计方法选择达到操纵利润的目的。所以，会计准则一直是在与盈余管理行为的持续博弈中不断向前发展的。

2006 年 2 月 15 日，我国财政部颁布了包括 1 项基本会计准则和 38 项具体会计准则的新会计准则（以下简称“新准则”）体系。我国这次新会计准则改革的主要目标是建立与国际趋同并符合我国市场现实的会计准则体系。我国新会计准则也同样面临着既要顾及准则的科学性、适用性，又要限制盈余管理的难题。新准则最突出的特点主要表现在两个方面：一是通过引入公允价值计量属性，强化资产负债表观念，淡化利润表观念，追求企业真实资产、负债条件下的净资产增加，体现综合收益观念，从而提高会计信息的价值相关性和可靠性；二是通过大幅压缩会计估计和会计政策的选择项目，限制企业调节利润的空间和范围，达到规范和控制企业对利润的操纵行为的目的。

在新准则实施之初，有些人担心新准则会加剧企业的盈余管理行为，比如认为“会计盈余操纵会变得更加不可控”“股市泡沫可能会加剧”等；鉴于我国新会计准则与国际会计准则在实质上趋同，有些人基于其他国家实施国际会计准则的经验，认为新准则的实施将有效制约企业的盈余管理行为。我国从 2007 年 1 月 1 日开始在上市公司中全面推行新会计准则，新准则的实施对企业盈余管理行为产生了怎样的影响？这正是我们所关心的问题。本章以我国上市公司的实证数据为基础，通过比较新准则实施前后企业的盈余管理行为，研究新准则对企业盈余管理行为的影响，以期对会计准则和投资者保护政策的制定提供一些参考。

本章的结构安排为：第 2 节在回顾相关研究文献的基础上提出本章的研究假设；第 3 节是相关变量的定义、研究设计和样本选择；第 4 节对实证结果进行分析；最后对结果进行讨论。

## 1.2 理论分析与研究假设

### 1.2.1 公允价值与盈余管理

新会计准则最突出的特点就是公允价值计量属性的引入及其在较大范围内的使用。新准则不再强调以历史成本为基础的计量属性，在投资性房地产、生物资产、非货币性资产交换、资产减值、债务重组、金融工具、套期保值和非同一控制下的企业合并等方面都引入了公允价值计量属性，将公允价值的变动直接计入利润，以充分体现相关性的会计信息质量要求。按照 Ohlson（1995）的模型，公司的市场价值由当前账面价值和当期收益以及未来超常盈余的现值共同决定。理论上，如果会计计量采用公允价值计量属性，那么更多的信息将进入报表，并体现在资产负债表的账面价值上，投资者不需要对历史成本计价法下隐藏于报表之外的超常获利能力做出估计。因此，投资者在评价企业财务状况、考核企业业绩时，应侧重于分析资产负债表的资产和负债的真实价值，评价资产和负债的规模、结构、质量和未来潜力，在此基础上根据净资产增加和利润表的利润大小客观地判断企业业绩和未来发展前景（沈烈和张西萍，2007）。所以，公允价值计量降低了投资者在估计过程中出现偏差并做出错误决策的可能性，因而以公允价值为基础提供的信息应该具有更丰富的信息含量，增加了会计信息的有用性。

公允价值能够发挥作用的前提是有一个相对健全的制度法律环境和一个有效的市场。在中国这样一个新兴市场国家，公允价值的引入增加了企业在会计处理上自由裁量的部分，面临着市场不够有效的困难，人们难免会对新准则实施后企业盈余管理有更多的担心。从我国目前的情况来看，在公允价值的使用上还存在一些主观随意性，可靠性难以保证，公允价值难以真正实现公允；另外，公允价值计量在实际操作时面临很大的困难，许多会计要素在市场上很难找到可供参考的价格，未来现金流的金额、时间和货币的时间价值等都不好确定，这就加大了企业人为判断的成分，为盈余管理创造了很大的空间。

事实上，我国在引入公允价值时确实考虑到了这些问题。与国际会计准则相比，中国准则强调适度、谨慎地引入公允价值，主要是考虑到中国作为新兴市场经济国家，许多资产还没有形成活跃市场，会计信息的相关性固然重要，但应当以可靠性为前提，如果不加限制地引入公允价值，有可能会出现人为操纵利润的现象（刘玉廷，2007）。我国新会计准则公允价值的引入对盈余管理的影响很难判断，在国际范围内，在新兴市场经济国家中如何应用公允价值是国际会计准则理事会研究的一个重要议题。

### 1.2.2　新会计准则对盈余管理的限制

除了引入公允价值计量属性之外，新准则的另一重要特点是缩小了会计估计和会计政策的选择空间，限制了借以操纵利润的空间和范围。沈烈和张西萍（2007）总结了新准则中压缩盈余管理可借用空间的几个方面：一是新准则适当堵塞了利用资产减值准备调节盈余的通道。以前的资产减值准备常常用来作为企业盈余的“甜饼罐”（cookie jar），赵春光（2006）发现，减值前亏损的公司会以转回资产减值进行盈余管理来避免亏损；减值前亏损并且无法转回资产减值以避免亏损的公司通过计提资产减值“洗大澡”（big bath），为下一年盈利做准备；减值前盈利的公司会以资产减值进行利润平滑化的盈余管理；减值前盈利的公司会以转回资产减值进行盈余管理来避免盈余下降。新准则在这方面做了重大改进，采取在长期资产存续期间只计提不允许转回的做法，使资产减值这个利润的“调节器”由双向变成单向，从而限制了企业滥用减值准备调节利润的做法。二是新准则的规范更加明晰，限制了一些企业在模糊地带根据自己的需要选择会计处理方法的盈余管理行为。比如，企业合并业务过去一直没有全面系统的会计规范，各企业在如何确定合并成本及其分配、如何确定作为对价付出的相关资产的损益、如何确定发生或承担的负债等方面一直很混乱。新准则第 20 号对此做了专门规范，要求企业将企业合并区分为同一控制和非同一控制下的两大类，分别采用不同的规则进行处理，这样就压缩了企业自由选择的空间。三是完善了会计披露的要求，提高了企业经常性和非经常性损益信息的透明度。例如，非货币性资产交换准则要求在财务报表附注中披露因非货币性资产交换而换入换出资产的公允价值及确认的损益金额；债务重组准则要求在附注中披露债务重组双方的重组利得或损失的金额；投资性房地产准则要求在附注中披露公允价值确定的依据和方法、公允价值变动对损益的影响、房地产转让的情况和理由、当期处置的投资性房地产及其对损益的影响等；关联方披露准则要求在附注中披露关联方交易的金额、定价政策等；分部报告准则要求在附注中将企业的损益按地区分部或业务分部进行披露；等等。这些财务报表列报要求不仅可以使财务报告使用者较好判断企业损益的构成、风险和报酬的主要来源，增加决策的科学性，还可以使企业管理部门在想要利用上述方面进行利润调节时有所顾忌。

### 1.2.3 研究假设

对准则实施效果和影响的研究，多集中在会计信息披露的价值相关性方面，当然，盈余管理一直是企业会计信息价值含量度量的一个重要方面。美国的相关研究主要集中在企业自主选择会计准则的影响上，包括其选择的动机和实施的效果（Balsam et al.，1995；Barth et al.，2007；Harris and Muller，1999；Leuz and Verrecchia，2000）。如 Barth et al.(2008) 在对 21 个国家 1994—2003 年 1 896 家公司的年度数据进行研究后发现，公司自愿采用国际财务报告准则（IFRS）后，公司会计信息的质量总体上有所提高。

随着 2005 年欧盟强制要求所有成员国的上市公司必须从本国的公认会计准则（local GAAP）转为国际财务报告准则，相关的研究也多了起来，比如 Chen et al.（2009）在对欧盟 15 个成员国 2000—2007 年的数据进行研究后发现，实行国际财务报告准则后，代表会计信息质量的大部分指标都有改善。Van Tendeloo and Vanstraelen（2005）在对德国 1999—2001 年的数据进行研究后发现，相对于使用德国公认会计准则（German GAAP）的公司，使用国际财务报告准则的公司表现出更低的盈余管理水平。

我国的新准则实现了国际趋同，逐渐得到国际上主要国家和经济体的认可。2007 年 12 月 6 日，中国会计准则委员会与香港会计师公会签署了内地准则与香港准则等效的联合声明，实现了内地准则与香港准则的等效。欧盟也非常关注中国准则的国际趋同和实施情况。在得知中国准则较好地实现了新旧转换和得到有效实施后，欧盟于 2008 年 4 月 22 日发布公告，宣布认可中国准则在欧盟与国际财务报告准则具有同等效力。

从我国新会计准则的两个特点来看，收紧会计估计和会计政策选择的空间在理论上会减少企业的盈余管理行为，但公允价值的应用却有可能增加企业盈余管理的行为。我国曾在旧准则中部分引入公允价值计量，如 1998 年制定的债务重组准则和 1999 年制定的非货币性资产交换准则都引入了公允价值计量。但是在实际操作中，部分上市公司利用所谓的“公允价值”随意调整会计利润，迫使财政部 2001 年对这两个准则进行了修改，限制了公允价值的使用。在这次新会计准则改革中，公允价值的应用范围更加广泛，包括金融工具、投资性房地产、非共同控制下的企业合并、债务重组和非货币性交易等方面。如果说企业以前会利用公允价值进行盈余管理的话，那么我们有理由认为，在新会计准则实施时，上市公司的管理层也会有动机利用新会计准则提供的自由裁量空间进行盈余管理，从而改善公司的财务表现。

经过对新准则的深入分析，我们认为，在新准则体系下，盈余管理可借用的空间有消有长，但总体上，在中国目前的法律、制度和不够成熟的资产市场情况下，公允价值为企业提供了更大的盈余管理空间。因此，我们的研究假设为：

H1：在其他因素不变的情况下，新准则实施后盈余管理的程度高于实施前。

## 1.3　研究设计及样本选择

### 1.3.1　概述

盈余管理是指经营者运用会计方法或者安排真实交易来改变财务报告以误导利益相关者对公司业绩的理解或者影响以报告盈余为基础的合约（Healy and Wahlen，1999）。循着前人的研究，我们从三个方面来度量企业的盈余管理行为：盈余平滑（earnings smoothing）、管理盈余实现目标利润（managing earnings toward targets）和操纵性应计利润（discretionary accruals）绝对值的大小。

对于盈余的平滑，盈余管理程度低的公司会表现出更大的利润波动性（Barth et al.，2008；Lang et al.，2003）。所以，根据研究假设，我们预计实行新准则之后，上市公司的盈余波动性会更小。在管理盈余实现目标利润方面，以前的研究表明，正的盈余水平是公司盈余管理的共同目标。比如 Burgstahler and Dichev（1997）发现，在企业的实际利润为负的较小金额时，企业管理层会利用各种盈余管理手段最后报告正的较小盈余。操纵性应计利润是盈余管理研究中较为常用的方法，我们主要比较新准则实施前后企业操纵性应计利润绝对值的大小，如果新准则的实施确实能够限制企业的盈余管理行为，那可以预计新准则实施后平均操纵性应计利润的绝对值会更小。按照 Jones（1991）的方法，我们先通过琼斯（Jones）模型等一系列模型估计出正常应计项，然后用总的应计项减去估计的正常应计项，求得操纵性应计利润。

在研究方法上，由于新准则实施时间短，数据量有限，通过时间序列方法难以取得有效的结果，所以我们均采取横截面回归模型。另外，即使时间序列的数据可用，在对单个公司进行回归时，数据量也会比较有限。在研究会计准则实施前后会计信息的价值相关性方面，横截面回归模型运用广泛（Barth et al.，2008；Chen et al.，2009；Lang et al.，2003；Lang et al.，2006）。

### 1.3.2　变量定义及研究模型

#### 一、盈余平滑

本章用两个指标来衡量盈余平滑。第一个是净利润变化的波动性，

$\Delta NI$，如果净利润的变化有较小的方差，则认为存在盈余平滑（Barth et al.，2008；Lang et al.，2006）。回归模型见式（1－1），我们将 $\Delta NI$ 的残差作为净利润变化波动性的代理变量，因为净利润的变化对很多因素敏感，比如宏观经济环境的变化等，通过模型能够有效分离出这些因素的影响。在具体操作时，我们根据公式分别就新准则实施前后的横截面数据进行回归，得到回归的残差后，求其方差作为 $\Delta NI$ 波动性的度量。

$$\begin{aligned}\Delta NI_{i,t} = &\alpha_0 + \alpha_1 SIZE_{i,t} + \alpha_2 GROWTH_{i,t} + \alpha_3 EISSUE_{i,t} \\ &+ \alpha_4 LEV_{i,t} + \alpha_5 DISSUE_{i,t} + \alpha_6 TURN_{i,t} + \alpha_7 CFO_{i,t} \\ &+ \alpha_8 AUD_{i,t} + \varepsilon_{i,t}\end{aligned} \tag{1-1}$$

式中，$\Delta NI$ 是净利润的变化值除以年末总资产。*SIZE* 是年末股本市场价值的自然对数。相对于小公司，大公司更多受到来自外部人的监督，这种监督会促使大公司减少盈余管理行为，但并没有研究表明公司规模与盈余管理之间有明确的关系。把 *SIZE* 引入，主要是考虑到公司规模是风险、盈余持久性、成长性和公司信息环境等因素的替代变量（Ball and Foster，1982）。*GROWTH* 是公司主营业务收入的变化率。*EISSUE* 是发行在外的普通股的变化率。*LEV* 是年末总负债除以所有者权益。有研究发现，为了避免违反债务条款，公司管理层会进行激进的盈余管理，因此，*LEV* 与盈余管理正相关（Dechow et al.，1996；Dechow and Sloan，1995）。*DISSUE* 是总负债的变化率；*TURN* 是主营业务收入除以年末总资产；*CFO* 是年底经营性现金流量净额除以当年总资产；*AUD* 是反映审计公司年报的会计师事务所的指标，如果公司聘请的会计师事务所是“十大”① 的话，取值为 1，否则为 0。有研究表明，会计师事务所类型会影响公司的盈余管理水平，非“四大”会计师事务所审计的公司，其盈余管理水平更高（Becker et al.，1998）。式中的 $i$ 表示公司，$t$ 表示年份。

第二个度量盈余平滑的指标是净利润变化（$\Delta NI$）波动性与经营性净

---

①　我国目前对“十大”“非十大”没有一个权威的划分，仅按照会计师事务所收入对其规模进行划分。收入排名前十的会计师事务所为安永大华、安永华明、北京京都、毕马威华振、德勤华永、湖北大信、普华永道中天、上海立信长江、深圳大华天诚、天健会计师事务所。我们将上述会计师事务所定义为“十大”，其余为“非十大”。需要说明的是，中国注册会计师协会每年都会对事务所收入进行排名，因此“十大”事务所的名单每年都有变动。

现金流变化（$\Delta CFO$）波动性的比值。一般而言，公司经营性净现金流波动越大，其净利润的波动也就越大，这些指标就是为了控制这些因素。因为，如果公司利用应计项进行盈余管理，净利润变化的波动性就应该比经营性净现金流变化的波动性小。其中经营性净现金流变化波动性由式（1－2）的残差计算。

$$\begin{aligned}\Delta CFO_{i,t}=&\alpha_0+\alpha_1 SIZE_{i,t}+\alpha_2 GROWTH_{i,t}+\alpha_3 EISSUE_{i,t}\\&+\alpha_4 LEV_{i,t}+\alpha_5 DISSUE_{i,t}+\alpha_6 TURN_{i,t}\\&+\alpha_7 CFO_{i,t}+\alpha_8 AUD_{i,t}+\varepsilon_{i,t}\end{aligned}\quad(1-2)$$

## 二、管理盈余实现目标利润

对管理盈余实现目标利润的度量为式（1－3）的 Logistic 回归方程中 *POST* 的回归系数。式（1－3）中 *POST* 是一个二值变量，若观测处于新准则实施后（2007—2008 年），取值为 1，若处于新准则实施前（2000—2006 年），取值为 0；*SPOS* 也是一个二值变量，若净利润除以总资产在 0～0.01 的区间内则取 1，否则取 0。如果 *POST* 系数显著为负，则说明在实施新准则前企业管理盈余以实现正的较小盈余的行为比实施新准则后频繁。

$$\begin{aligned}SPOS_{i,t}=&\alpha_0+\alpha_1 POST_{i,t}+\beta_1 SIZE_{i,t}+\beta_2 GROWTH_{i,t}\\&+\beta_3 EISSUE_{i,t}+\beta_4 LEV_{i,t}+\beta_5 DISSUE_{i,t}\\&+\beta_6 TURN_{i,t}+\beta_7 CFO_{i,t}+\beta_8 AUD_{i,t}+\varepsilon_{i,t}\end{aligned}\quad(1-3)$$

## 三、操纵性应计利润

1. 横截面琼斯模型

按照 Jones（1991）的理论，将总应计利润分为操纵性应计利润和非操纵性应计利润。横截面琼斯模型的操纵性应计利润等于总应计利润减去估计的非操纵性应计利润，非操纵性应计利润由式（1－4）来估计：

$$NDA_{i,t}=\alpha_1(1/ASSETS_{i,t-1})+\alpha_2\Delta REV_{i,t}+\alpha_3 PPE_{i,t}\quad(1-4)$$

式中，$NDA_{i,t}$ 是估计的非操纵性应计利润除以前一年总资产；$ASSETS_{i,t-1}$是公司 $i$ 在 $t-1$ 年的总资产；$\Delta REV_{i,t}$是主营业务收入变动除以前一年总资产；$PPE_{i,t}$是固定资产除以前一年总资产。$\alpha_1$，$\alpha_2$，$\alpha_3$ 是分行业回归的参数，通过式（1－5）进行估计。按照证监会的行业分类，我们分别对 12 个行业[①]进行回归，求得 $\alpha_1$，$\alpha_2$，$\alpha_3$。

$$TA_{i,t}=\alpha_1\ (1/ASSETS_{i,t-1})+\alpha_2\ \Delta REV_{i,t}+\alpha_3\ PPE_{i,t}+\varepsilon_{i,t} \quad (1-5)$$

式中，$TA_{i,t}$是总应计利润除以前一年的总资产，总应计利润由非正常收益前的总利润减去经营性净现金流得到。式（1－4）中的 $\alpha_1$，$\alpha_2$，$\alpha_3$ 通过式（1－5）用无截距项的最小二乘回归模型估计得出。为了避免极值的影响，我们对每个变量 5%前和 95%后的观测进行缩尾（winsorize）处理，后续的模型也进行同样的处理。

通过式（1－4）、式（1－5）分别求得非操纵性应计利润 $|NDA_{i,t}|$ 和总应计利润 $TA_{i,t}$后，就可以根据式（1－6）来计算操纵性应计利润 $|DA_{i,t}|$：

$$|DA_{i,t}|=|TA_{i,t}-NDA_{i,t}| \quad (1-6)$$

2. 横截面修正琼斯模型

由于 Jones（1991）只考虑将销售收入的变动作为变量，当管理层操纵赊销以提高销货收入时，使用琼斯模型无法侦测到盈余管理现象。因此，Dechow and Sloan（1995）以横截面琼斯模型为基础，较原估计模型多了应收账款的调整，以消除赊销对销售收入的影响，称为横截面修正琼斯模型。其估计方法由式（1－7）给出：

$$NDA_{i,t}=\alpha_1\ (1/ASSETS_{i,t-1})+\alpha_2(\Delta REV_{i,t}+\Delta REC_{i,t}) +\alpha_3\ PPE_{i,t} \quad (1-7)$$

式中，$\Delta REC_{i,t}$是应收账款的变化除以前一年的总资产，其他变量的定义同式（1－5）。式（1－7）中的 $\alpha_1$，$\alpha_2$，$\alpha_3$ 也是通过式（1－5）用无截距项的最小二乘回归模型分行业估计得出的。

3. 加入账面市场价值比和经营性净现金流的横截面修正琼斯模型

Larcker and Richardson（2004）将账面市场价值比（book-to-market ratio，BM）和经营性净现金流（CFO）加入横截面修正琼斯模型。账面市场价值比用以控制未预计到的收入增长，经营性净现金流用来控制当期运营业绩。Larcker and Richardson（2004）称他们的模型比横截面修正琼斯模型的估计效果要好。加入账面市场价值比和经营性净现金流的横截面修正琼斯模型由式（1－8）给出：

① 证监会把上市公司分成 13 个不同的行业，本研究不包括“金融、保险业”，所以共 12 个行业，样本的行业分布见表 1－1。

$$NDA_{i,t}=\alpha_1\ (1/ASSETS_{i,t-1})+\alpha_2\ \Delta REV_{i,t}+\alpha_3\ PPE_{i,t} \\ +\alpha_4\ BM_{i,t}+\alpha_5\ CFO_{i,t} \tag{1-8}$$

式中，$BM_{i,t}$为账面市场价值比，由发行在外的普通股的账面价值除以其市场价值计算得出。其他变量的定义同前。式（1－7）中的 $\alpha_1$，$\alpha_2$，$\alpha_3$，$\alpha_4$，$\alpha_5$ 通过式（1－9）用无截距项的最小二乘回归模型分行业估计得出。

$$TA_{i,t}=\alpha_1\ (1/ASSETS_{i,t-1})+\alpha_2\ \Delta REV_{i,t}+\alpha_3\ PPE_{i,t} \\ +\alpha_4\ BM_{i,t}+\alpha_5\ CFO_{i,t}+\varepsilon_{i,t} \tag{1-9}$$

4. 加入净资产收益率的横截面修正琼斯模型

Kothari et al.（2005）和 Jones et al.（2008）研究发现，在横截面修正琼斯模型中引入净资产收益率（ROA），可以很好地控制未预计的极端高或极端低业绩对非操纵性应计利润估计的影响。将当年的净资产收益率（$ROA_{i,t}$）和前一年的净资产收益率（$ROA_{i,t-1}$）分别引入横截面修正琼斯模型：

$$NDA_{i,t}=\alpha_1\ (1/ASSETS_{i,t-1})+\alpha_2(\Delta REV_{i,t}-\Delta REC_{i,t}) \\ +\alpha_3\ PPE_{i,t}+\alpha_4\ ROA_{i,t} \tag{1-10}$$

$$NDA_{i,t}=\alpha_1\ (1/ASSETS_{i,t-1})+\alpha_2(\Delta REV_{i,t}-\Delta REC_{i,t}) \\ +\alpha_3\ PPE_{i,t}+\alpha_4\ ROA_{i,t-1} \tag{1-11}$$

式中，变量定义同前。两个模型中的参数 $\alpha_1$，$\alpha_2$，$\alpha_3$，$\alpha_4$ 通过式（1－12）和式（1－13）用无截距项的最小二乘回归模型分行业估计得出。

$$TA_{i,t}=\alpha_1\ (1/ASSETS_{i,t-1})+\alpha_2\ \Delta REV_{i,t}+\alpha_3\ PPE_{i,t} \\ +\alpha_4\ ROA_{i,t}+\varepsilon_{i,t} \tag{1-12}$$

$$TA_{i,t}=\alpha_1\ (1/ASSETS_{i,t-1})+\alpha_2\ \Delta REV_{i,t}+\alpha_3\ PPE_{i,t} \\ +\alpha_4\ ROA_{i,t-1}+\varepsilon_{i,t} \tag{1-13}$$

5. 新会计准则的实施与操纵性应计利润

通过上述横截面琼斯模型及一系列修正模型，可以分别估计出新准则实施前后的操纵性应计利润的绝对值，并据以比较新准则实施前后，上市公司在平均意义上，用操纵性应计利润来进行盈余管理的行为是增加了还是减少了。但是，以前的研究表明，公司的规模、财务杠杆、销售收入增长率、经营性净现金流和会计师事务所的选择等都会影响企业的操纵性应计项（Becker et al.，1998；Lang et al.，2003；Lang et al.，2006；Van Tendeloo and Vanstraelen，2005）。因此，我们在控制住这些因素后，用式（1－14）来研究新准则实施前后用横截面模型估计出来的操纵性应计利润绝对值的变化。

由于操纵性应计利润 $|DA_{i,t}|$ 是由总应计利润 $TA_{i,t}$ 减去非操纵性应计利润 $NDA_{i,t}$ 并求绝对值得到的（见式（1－6）），因此 $|DA_{i,t}|$ 为正值，是一个受限因变量，所以式（1－14）我们用 Tobit 模型来估计。

$$\begin{aligned}|DA_{i,t}| = {} & \alpha_0 + \alpha_1 POST_{i,t} + \beta_1 SIZE_{i,t} + \beta_2 GROWTH_{i,t} \\ & + \beta_3 EISSUE_{i,t} + \beta_4 LEV_{i,t} + \beta_5 DISSUE_{i,t} \\ & + \beta_6 TURN_{i,t} + \beta_7 AUD_{i,t} + \varepsilon_{i,t}\end{aligned} \tag{1-14}$$

### 1.3.3　样本选择及描述性统计

1. 数据来源及处理方法

我国财政部规定，从 2007 年 1 月 1 日起，所有 A 股上市公司都必须按新会计准则披露财务报告。为了研究上市公司在新准则实施前后的反应，我们选取 2000—2008 年作为研究区间，2000—2006 年（含）为新准则实施前，2007—2008 年为新准则实施后。

样本以上证和深证的所有 A 股的 1 627 家上市公司为基础，由于金融、保险业上市公司的特殊性，我们的研究不包含这 30 家上市公司。另外，根据财政部对 2007 年上市公司执行新准则情况的报告，有一些公司没有按时披露信息，还有一些公司没有按新会计准则的要求披露信息（刘玉廷等，2008）。剔除这些数据不符合要求的 6 家公司，共得到有效样本 1 591 家。

除上市公司聘请会计师事务所的数据取自锐思（RESSET）金融研究数据库外，其他所有数据均取自万得（Wind）数据库。本章所有数据模型均在 SAS 9.1 下编程实现。为了避免缩值的影响，我们对除二值变量外的每个变量 5%前和 95%后的观测进行了缩尾处理。

2. 变量描述性统计

除金融、保险业外，我们的样本几乎涵盖了所有 A 股上市公司。从表 1－1 可以看出，上市公司中，制造业最多，占 59.15%；其次是信息技术业，占 6.47%；样本最少的是传播与文化产业，只有 13 家上市公司，仅占 0.82%。表 1－2 和表 1－3 给出了用于检验变量的描述性统计结果。从均值和中位数的比较来看，除经营性净现金流的变化外，其他变量在新准则实施前后都有明显的变化。

**表 1-1　样本的行业分布**

| 行业 | 频数 | 所占百分比 |
|---|---|---|
| 采掘业 | 37 | 2.33 |
| 传播与文化产业 | 13 | 0.82 |
| 电力、煤气及水的生产和供应业 | 64 | 4.02 |
| 房地产业 | 79 | 4.97 |
| 建筑业 | 36 | 2.26 |
| 交通运输、仓储业 | 68 | 4.27 |
| 农、林、牧、渔业 | 38 | 2.39 |
| 批发和零售贸易 | 93 | 5.85 |
| 社会服务业 | 49 | 3.08 |
| 信息技术业 | 103 | 6.47 |
| 制造业 | 941 | 59.15 |
| 综合类 | 70 | 4.40 |
| 合计 | 1 591 | 100 |

**表 1-2　计算盈余平滑和管理盈余实现目标利润的变量的描述性统计**

| | 新准则实施前（*N*=9 714） | | | 新准则实施后（*N*=3 180） | | |
|---|---|---|---|---|---|---|
| | 均值 | 中位数 | 标准差 | 均值 | 中位数 | 标准差 |
| 检验变量 | | | | | | |
| *ΔNI* | −0.17 | 0.04 | 1.31 | −0.05*** | 0.12*** | 1.55 |
| *ΔCFO* | −0.27 | −0.34 | 1.99 | −0.25 | −0.32 | 1.94 |
| *SPOS* | 0.14 | 0.00 | 0.34 | 0.11*** | 0.00*** | 0.31 |
| 控制变量 | | | | | | |
| *SIZE* | 21.20 | 21.24 | 0.97 | 21.75*** | 21.71*** | 0.97 |
| *GROWTH* | 0.21 | 0.17 | 0.32 | 0.16*** | 0.14*** | 0.29 |
| *EISSUE* | 0.08 | 0.00 | 0.18 | 0.13*** | 0.00*** | 0.23 |
| *LEV* | 24.02 | 13.73 | 30.21 | 16.97*** | 8.33*** | 26.79 |
| *DISSUE* | 0.22 | 0.13 | 0.38 | 0.18*** | 0.10*** | 0.38 |
| *TURN* | 0.62 | 0.52 | 0.40 | 0.71*** | 0.62*** | 0.43 |
| *CFO* | 0.06 | 0.05 | 0.07 | 0.05** | 0.05** | 0.07 |

注：***、**和*表示在1%、5%和10%水平下显著。新准则实施前后各变量的均值（中位数）差异是通过 *t* 检验（Wilcoxon rank sum 检验）得到的。

**表 1-3　计算操纵性应计利润的变量的描述性统计**

| 变量 | 新准则实施前（*N*=9 951） | | | 新准则实施后（*N*=3 182） | | |
|---|---|---|---|---|---|---|
| | 均值 | 中位数 | 标准差 | 均值 | 中位数 | 标准差 |
| *TA* | 0.08 | 0.07 | 0.10 | 0.00*** | −0.01*** | 0.10 |
| 1/*ASSETS* | 0.00 | 0.00 | 0.00 | 0.00*** | 0.00*** | 0.00 |

续表

| 变量 | 新准则实施前（$N$=9 951） | | | 新准则实施后（$N$=3 182） | | |
|---|---|---|---|---|---|---|
| | 均值 | 中位数 | 标准差 | 均值 | 中位数 | 标准差 |
| $\Delta REV$ | 0.12 | 0.08 | 0.19 | 0.14*** | 0.09*** | 0.20 |
| $\Delta REC$ | 0.01 | 0.00 | 0.04 | 0.00*** | 0.00*** | 0.04 |
| $PPE$ | 0.36 | 0.33 | 0.20 | 0.32*** | 0.29*** | 0.20 |
| $BM$ | 0.43 | 0.40 | 0.24 | 0.39*** | 0.31*** | 0.26 |
| $CFO$ | 0.06 | 0.05 | 0.07 | 0.05** | 0.05** | 0.07 |
| $ROA$ | 0.13 | 0.11 | 0.08 | 0.05*** | 0.04*** | 0.06 |
| $ROA_{t-1}$ | 0.15 | 0.13 | 0.10 | 0.07*** | 0.04*** | 0.09 |

注：***、** 和 * 表示在 1%、5%和 10%水平下显著。新准则实施前后各变量的均值（中位数）差异是通过 $t$ 检验（Wilcoxon rank sum 检验）得到的。

## 1.4　实证结果分析

对式（1-1）、式（1-2）分新准则实施前和实施后进行回归，得到表 1-4 的结果。模型中各自变量方差膨胀因子最大为 1.23，最小为 1.00（未在表格中报告），说明对于本模型，多重共线性的影响很小。

**表 1-4　盈余平滑两个模型的回归结果**

| 变量 | $\Delta NI$ | | $\Delta CFO$ | | $SPOS$ |
|---|---|---|---|---|---|
| | 新准则实施前 | 新准则实施后 | 新准则实施前 | 新准则实施后 | |
| $Intercept$ | −3.854*** | −13.588* | −0.799 | −7.545 | −6.542*** |
| | (0.534) | (7.022) | (0.795) | (13.028) | (0.971) |
| $POST$ | | | | | 0.192** |
| | | | | | (0.082) |
| $SIZE$ | 0.148*** | 0.605* | 0.005 | 0.298 | 0.367*** |
| | (0.025) | (0.321) | (0.037) | (0.596) | (0.046) |
| $GROWTH$ | 0.876*** | −0.001 | 0.075 | 0.001 | −0.115 |
| | (0.063) | (0.011) | (0.093) | (0.020) | (0.114) |
| $EISSUE$ | 0.246** | 2.076** | −0.173 | 0.097 | 1.603*** |
| | (0.101) | (0.960) | (0.151) | (1.781) | (0.245) |
| $LEV$ | −0.004*** | −0.031*** | 0.001 | 0.019 | −0.010*** |
| | (0.001) | (0.010) | (0.001) | (0.018) | (0.001) |
| $DISSUE$ | 0.089 | 0.523*** | 0.090 | 0.068 | 0.584*** |
| | (0.054) | (0.175) | (0.081) | (0.324) | (0.112) |

续表

| 变量 | ΔNI | | ΔCFO | | SPOS |
|---|---|---|---|---|---|
| | 新准则实施前 | 新准则实施后 | 新准则实施前 | 新准则实施后 | |
| *TURN* | 0.225*** | −0.122 | −0.002 | 3.488*** | 0.399*** |
| | (0.048) | (0.512) | (0.071) | (0.949) | (0.093) |
| *CFO* | 3.305*** | 9.410*** | 8.089*** | −33.585*** | 3.760*** |
| | (0.290) | (3.295) | (0.431) | (6.114) | (0.540) |
| *AUD* | −0.007 | 0.234 | 0.003 | −0.130 | 0.046 |
| | (0.042) | (0.772) | (0.063) | (1.433) | (0.078) |
| *Obs.* | 5 236 | 2 123 | 5 236 | 2 123 | 7 359 |
| *Adj.* $R^2$ | 0.126 | 0.023 | 0.070 | 0.022 | 0.073 |

注：***、**和*表示在1%、5%和10%水平下显著。括号内的数据为相应回归参数的标准误。

表 1-5 给出了新准则实施前后几项盈余管理指标的对比。根据指标的定义，在控制了相关变量之后，ΔNI 的方差越小，说明进行盈余平滑的迹象越明显。实施新准则后，ΔNI 的波动性指标为 5.716，比新准则实施前的 1.426 明显要大，说明新准则实施后，上市公司的净利润产生了更大的波动，即新准则实施后，上市公司盈余管理的程度有所减弱。但在相关控制变量中，我们并没有考虑金融危机的影响。2007 年是我国股票市场表现最好的一年，全年上证综指上涨了 2 586.09 点，而 2008 年由于美国次贷危机的扩散，上证综指全年下跌了 3 440.75 点。随着金融危机的加剧，这两个年份上市公司的利润也产生了很大的波动。2007 年、2008 年正是新准则实施后的两年，因此，这两年上市公司 ΔNI 的波动性较大就很容易理解了，但是新准则的实施在多大程度上影响了上市公司的盈余平滑行为有待进一步的研究。

**表 1-5　新会计准则实施前后盈余管理指标的对比**

| 盈余管理的度量指标 | 预期 | 新会计准则 | |
|---|---|---|---|
| | | 实施前（Pre） | 实施后（Post） |
| ΔNI 的波动性 | 实施前＞实施后 | 1.426 | 5.716*** |
| ΔNI 波动性与 ΔCFO 波动性的比 | 实施前＞实施后 | 0.487 | 0.357 |

注：***、**和*表示在1%、5%和10%水平下显著。

ΔNI 波动性与 ΔCFO 波动性的比这个指标，考虑了经营性净现金流变化的影响。如果企业不用应计项进行盈余管理，ΔNI 波动性与 ΔCFO 波动性应该基本相当；如果企业大量采取应计项来操纵利润，ΔNI 波动

性就应该小于 $\Delta CFO$ 波动性。从表中的数据来看，新准则实施后的该项指标小于新准则实施前，与预期的方向相同，说明新准则实施后盈余管理并没有降低，反而增加了，支持了原假设。该项指标与第一项指标的不同之处在于加入了经营性净现金流变化的影响，在金融危机期间，净利润变化的波动幅度大，经营性净现金流变化的波动幅度也大，两项的比值能够消除金融危机对企业利润波动的影响。因此，$\Delta NI$ 波动性与 $\Delta CFO$ 波动性的比这个指标更有说服力。

根据式（1－3），我们求得回归方程中 *POST* 的回归系数为正的 0.192（见表 1－4），与预期符号相同，说明实施新准则后，企业盈余管理的程度上升了，支持了我们的原假设。

表 1－6 给出了新准则实施前后，用横截面模型估计出来的操纵性应计利润绝对值的对比情况。与前人研究不同的是，我们使用了 5 个不同的模型来估计操纵性应计利润，以增加结论的稳健性。从表中的数据可以看出，新准则实施后操纵性应计利润的绝对值都大于新准则实施前，而且几乎都在 1%水平下显著。由此可以看出，新准则实施后，上市公司盈余管理的程度更强了。

**表 1－6　新会计准则实施前后操纵性应计利润绝对值的对比**

| | 新准则实施前（$N$=11 137） | | | 新准则实施后（$N$=3 182） | | |
|---|---|---|---|---|---|---|
| | 均值 | 中位数 | 标准差 | 均值 | 中位数 | 标准差 |
| $\lvert DA \rvert_{JM}$ | 0.086 | 0.056 | 0.112 | 0.149** | 0.079*** | 1.600 |
| $\lvert DA \rvert_{MJM}$ | 0.087 | 0.057 | 0.114 | 0.114*** | 0.079*** | 0.217 |
| $\lvert DA \rvert_{MJM+BMCFO}$ | 0.071 | 0.046 | 0.089 | 0.096*** | 0.069*** | 0.175 |
| $\lvert DA \rvert_{MJM+CROA}$ | 0.067 | 0.043 | 0.097 | 0.088*** | 0.049*** | 0.390 |
| $\lvert DA \rvert_{MJM+PROA}$ | 0.062 | 0.041 | 0.089 | 0.076*** | 0.045*** | 0.257 |

注：1. ***、** 和 * 表示在 1%、5%和 10%水平下显著。新准则实施前后各操纵性应计项绝对值的均值（中位数）差异是通过 $t$ 检验得到的。

2. $\lvert DA \rvert_{JM}$ 为通过横截面琼斯模型估计的操纵性应计利润；$\lvert DA \rvert_{MJM}$ 为通过横截面修正琼斯模型估计的操纵性应计利润；$\lvert DA \rvert_{MJM+BMCFO}$ 为通过加入账面市场价值比（BM）和经营性净现金流（CFO）的横截面修正琼斯模型估计的操纵性应计利润；$\lvert DA \rvert_{MJM+CROA}$ 为通过加入当年净资产收益率（current-year ROA）的横截面修正琼斯模型估计的操纵性应计利润；$\lvert DA \rvert_{MJM+PROA}$ 为通过加入前一年净资产收益率（prior-year ROA）的横截面修正琼斯模型估计的操纵性应计利润。

表 1－7 是在控制了公司的规模、财务杠杆、销售收入增长率、经营性净现金流和会计师事务所的选择一系列因素后对表 1－6 结论的进一步说明。结果显示 *POST* 的系数都是正的，且都在 1%水平下显著，说明与新准则实施前相比，新准则实施后上市公司通过应计项进行利润操纵的行

为不但没有减少，反而增加了。

**表 1-7　操纵性应计利润的绝对值在新会计准则实施后的回归结果**

| 变量 | $\|DA\|_{JM}$ | $\|DA\|_{MJM}$ | $\|DA\|_{MJM+BMCFO}$ | $\|DA\|_{MJM+CROA}$ | $\|DA\|_{MJM+PROA}$ |
|---|---|---|---|---|---|
| *POST* | 0.040*** | 0.029*** | 0.027*** | 0.018*** | 0.017*** |
| | (0.006) | (0.005) | (0.004) | (0.006) | (0.005) |
| *SIZE* | 0.006* | 0.004* | 0.004** | 0.003 | 0.001 |
| | (0.003) | (0.002) | (0.002) | (0.003) | (0.003) |
| *GROWTH* | −0.006 | 0.001 | 0.001 | 0.001 | 0.001 |
| | (0.006) | (0.004) | (0.004) | (0.005) | (0.005) |
| *EISSUE* | −0.007 | 0.001 | 0.005 | 0.006 | 0.004 |
| | (0.012) | (0.009) | (0.007) | (0.011) | (0.010) |
| *LEV* | −0.000 | 0.000 | 0.000 | −0.000 | −0.000 |
| | (0.000) | (0.000) | (0.000) | (0.000) | (0.000) |
| *DISSUE* | −0.009 | −0.002 | −0.005 | −0.001 | −0.001 |
| | (0.006) | (0.004) | (0.004) | (0.005) | (0.005) |
| *TURN* | −0.011* | −0.004 | −0.002 | −0.003 | −0.003 |
| | (0.006) | 0.004 | (0.004) | (0.005) | (0.005) |
| *CFO* | −0.042 | 0.032 | 0.024 | 0.055 | 0.048 |
| | (0.036) | (0.028) | (0.023) | (0.034) | (0.031) |
| *AUD* | 0.015** | 0.013*** | 0.007* | 0.016*** | 0.016*** |
| | (0.006) | (0.005) | (0.004) | (0.006) | (0.005) |
| *Obs.* | 0.010 8 | 0.010 0 | 0.012 1 | 0.004 4 | 0.004 1 |
| *Adj.* $R^2$ | 6 555 | 6 173 | 6 094 | 6 173 | 6 173 |

注：***、** 和 * 表示在 1%、5%和 10%水平下显著。括号内的数字为估计参数的标准误。

表 1-7 的结果表明新会计准则实施后，我国上市公司进行盈余管理的可能性和程度显著增加了。但由于在新会计准则开始实施的 2007 年，我国发生的其他事件（如股权分置改革完成）也可能影响管理层的盈余管理行为①，因此，为了增加结果的可靠性和控制其他宏观因素的影响，找到一组样本进行控制，从而突出新会计准则的影响。从表 1-7 的结果我们发现，控制变量中 *AUD* 对盈余管理有影响，因此以 *AUD* 为依据分组进行检验。公司面临的其他宏观环境是一样的，唯一的差别在于盈余管理的程度不同，与 *AUD*=0（低审计质量）相比，*AUD*=1（高审计质量）时，

① 这只是一种猜测，对管理层盈余管理行为的影响主要有两个方面：一是动机；二是限制。管理层在 2007 年前后进行盈余管理的动机是否发生变化很难判断，但对盈余管理行为的限制主要由准则规定来实现，尤其是在会计准则发生变化的情况下，限制的影响可能更大。这也是本书检验的主要目的。

能够对盈余管理进行更有效的约束。如果会计准则变革的确增加了盈余管理程度，那么公司行为的变化更可能出现在低审计质量组。我们分组检验的结果列示于表1-8。表1-8之所以仅以 $|DA|_{MJM}$，$|DA|_{MJM+CROA}$ 和 $|DA|_{MJM+PROA}$ 作为被解释变量，是因为以前研究（Dechow and Sloan，1995；夏立军，2003）发现修正的琼斯模型和经业绩调整（业绩用总资产收益率（ROA）来衡量）的修正琼斯模型能更好地刻画盈余管理行为。从表1-8可以看出，无论以哪一个变量来衡量盈余管理程度，均发现 *POST* 仅在 *AUD*=0 组显著，在 *AUD*=1 组则不显著。这说明，在审计质量较低时，无法对管理层盈余管理行为进行有效约束，新会计准则变化显著提高了管理层的盈余管理程度，但在审计质量较高并形成有效约束的情况下，盈余管理程度并不因会计准则变化而变化。这进一步支持了本章的预期，即会计准则改革提高了管理层盈余管理的可能性和盈余管理程度。

**表1-8 分组检验**

| 变量 | $\|DA\|_{MJM}$ | | $\|DA\|_{MJM+CROA}$ | | $\|DA\|_{MJM+PROA}$ | |
|---|---|---|---|---|---|---|
| | *AUD*=0 | *AUD*=1 | *AUD*=0 | *AUD*=1 | *AUD*=0 | *AUD*=1 |
| *POST* | 0.029*** | 0.027 | 0.014*** | 0.033 | 0.014*** | 0.030 |
| | (7.09) | (1.64) | (3.81) | (1.47) | (4.49) | (1.39) |
| *SIZE* | 0.003 | 0.009 | 0.000 3 | 0.008 | −0.003** | 0.008 |
| | (1.43) | (1.09) | (0.18) | (0.68) | (−2.04) | (0.75) |
| *GROWTH* | 0.001 | −0.005 | 0.001 | 0.001 | 0.000 06 | 0.003 |
| | (0.37) | (−0.26) | (0.31) | (0.03) | (0.022) | (0.13) |
| *EISSUE* | 0.009 | 0.001 | 0.014** | 0.002 | 0.008 | 0.004 |
| | (1.15) | (0.03) | (2.08) | (0.4) | (1.44) | (0.10) |
| *LEV* | 0.000 03 | −0.000 03 | −0.000 02 | −0.000 1 | −0.000 05 | −0.000 06 |
| | (0.67) | (−0.16) | (−0.44) | (−0.33) | (−1.38) | (−0.21) |
| *DISSUE* | −0.001 | −0.011 | 0.003 | −0.012 | 0.002 | −0.014 |
| | (−0.35) | (−0.70) | (0.77) | (−0.55) | (0.75) | (−0.65) |
| *TURN* | −0.003 | 0.001 | −0.002 | −0.001 | −0.002 | −0.002 |
| | (−0.85) | (0.076) | (−0.45) | (−0.04) | (−0.64) | (−0.08) |
| *CFO* | −0.044* | 0.198* | −0.006 | 0.234* | −0.002 | 0.210 |
| | (−1.87) | (1.92) | (−0.28) | (1.65) | (−0.10) | (1.58) |
| *Constant* | 0.023 | −0.097 | 0.057 | −0.098 | 0.129*** | −0.107 |
| | (0.51) | (−0.57) | (1.44) | (−0.42) | (3.87) | (−0.49) |
| *Obs.* | 3 906 | 1 333 | 3 906 | 1 333 | 3 906 | 1 333 |
| *Adj.* $R^2$ | 0.018 | 0.008 | 0.007 | 0.006 | 0.007 | 0.005 |

注：***、**和*表示在1%、5%和10%水平下显著。括号内的数据为相应回归参数的 *t* 值。

## 1.5 本章小结

本章从盈余平滑、管理盈余实现目标利润和操纵性应计利润绝对值的大小三个方面来度量企业的盈余管理行为，通过横截面回归模型研究了新准则实施前后A股非金融企业上市公司的数据，发现盈余平滑的两个度量指标反映的结果不是太明晰，从直接度量净利润变化波动性的指标来看，新准则实施后企业的盈余变化表现出更大的波动性，即盈余平滑行为更少了；但在引入经营性净现金流变化波动性的影响之后，第二个度量指标却得出相反的结果，即新准则实施后上市公司表现出更强的盈余平滑倾向——盈余管理的程度有所提高。对于这两个指标的差异，经分析后我们认为，可能是由金融危机导致的上市公司净利润变化波动性造成的。因为经营性净现金流也会经历同样的波动，所以我们倾向于认可第二个指标的结论，即新准则实施后上市公司由盈余平滑表现出来的盈余管理行为增加了。对于管理盈余实现目标利润这个指标来说，回归模型的结果表明，新准则实施后上市公司更多地表现出将实际利润负的较小金额通过一些利润操纵手段变成正的较小盈余，即新准则实施后企业的盈余管理行为增加了。在对新准则实施前后的操纵性应计利润绝对值进行对比后，我们得到了与上述两个指标相同的结论。5个不同琼斯模型估计出来的结果一致表明，新准则实施后操纵性应计利润的绝对值显著高于新准则实施前，并且在控制了公司的规模、财务杠杆、销售收入增长率、经营性净现金流和会计师事务所的选择一系列因素后，结论依然成立，即新准则实施后，上市公司通过应计项进行盈余管理的行为增加了。

新准则实施后上市公司盈余管理行为的增加并不能完全归因于新会计准则本身，也有可能是因为上市公司的盈余管理动机发生了变化。2007年是我国实体经济和股市表现最好的一年，受金融危机的影响，2008年很多上市公司的业绩大幅下滑，甚至很多企业由上一年的盈利变成了当年的亏损，在这种情况下，企业有很强的盈余管理动机来影响最后报告的盈余水平。此外，有研究表明，新准则的实施使上市公司会计信息总体的价值相关性显著提高（罗婷等，2008）。新准则确实对原有准则的不合理部分做了修正，实现了与国际会计准则的实质性趋同，考虑到我国特有的制度背景，新准则在有些地方甚至比国际会计准则更细致（夏立军，2003）。

问题不在于新会计准则本身，而在于目前我国的制度、法律环境还不健全，要素市场不是十分有效，限制了公允价值计量属性的使用，使得公允价值计量属性的引入在某些情况下成为企业借以进行盈余管理的工具。会计准则天生不是盈余管理的动因，但会计准则天生会成为管理层用来进行盈余管理的工具。会计准则在主观上制约着盈余管理，但盈余管理在客观上成了反对会计准则牵制的对手，二者在博弈中不断演进和发展（刘玉廷，2007）。因此，若做进一步研究，重点应放在区别是哪个领域公允价值的引入导致了企业盈余管理行为的增加和如何进行规范才能使公允价值真正发挥其应有的作用上。

# 第2章　股东权益差异调节表与具体盈余管理行为

## 2.1　概述

本章以体现新会计准则初始影响的股东权益差异表为研究对象，考察新会计准则实施时上市公司的会计选择和盈余管理行为。盈余管理是指管理层在规则范围内运用判断或构造交易影响财务报告结果的行为，旨在影响相关利益方对公司潜在经济价值的判断，或影响基于财务报告数字的契约结果（Healy and Wahlen，1999）。新旧会计准则的巨大差异和多种会计方法的首次使用①，为上市公司提供了在新准则实施时进行盈余管理的机会。因此，新会计准则的实施过程引起了监管层、实务界及学术界的高度重视。本章试图从新旧会计准则变化这一角度考察企业是如何通过会计选择进行盈余管理的。对这一时点上市公司行为及其经济后果的考察有助于全面、及时地认识新会计准则带来的现时和长远的影响。

与以往会计准则变更不同②，本次新旧会计准则的变动有两个具体特点：第一，新会计准则在许多会计方法上有了很大变化，这为上市公司提供了通过会计选择进行盈余管理的机会；同时，企业需要就新准则规定的具体项目和内容说明拟采取的会计政策，因此在新会计准则实施时选择不同会计方法将对未来会计收益产生不同影响。另外，新会计准则实施属于会计政策变更，能够进行追溯调整，这就为上市公司提供了调节以前会计

---

① 新会计准则颁布和修订了一项基本准则和38项具体会计准则，基本构建了我国完整的财务报告准则体系，因此，相对于旧会计准则，无论是在数量上，还是在会计方法和会计处理原则上，都存在巨大差异。如投资性房地产，原来只有历史成本方法可选，现在可以选用公允价值计量。

② 以往会计准则变动最大的一次是2001年8项具体准则的实施。

盈余的机会，而这种调整又不会反映在准则实施前的损益表中。会计准则变更的上述特点为上市公司提供了调节多期利润的机会。第二，新会计准则的影响与旧准则下的财务报告同时披露，影响内容和程度反映在“新旧会计准则股东权益差异调节表”① 中，该表揭示了新旧会计准则对公司盈余的不同影响，为我们研究准则变更时上市公司的会计选择行为提供了很好的平台。

通过对股东权益差异调节表的分析和考察，我们发现：新会计准则确实为上市公司提供了调节未来利润的会计方法，通过费用提前确认或收益递延确认等方式，上市公司能够保留调节未来盈利能力的选择权；当期盈利能力较差、盈利增长缓慢或过去盈利持续性较差的公司更倾向于选择这些会计方法。这一结果说明，在新会计准则实施之初，一些上市公司就选择了有利于自身的会计方法进行盈余管理，以期增强未来盈利调节能力。

本章的主要贡献是：第一，研究发现有助于监管层了解新会计准则实施时的上市公司行为，为监管层制定监管政策、方向提供参考，同时能够提醒市场参与者注意上市公司在新旧会计准则变动过程中的盈余管理行为和后续影响，以便做出正确的投资决策。第二，本章提供了会计准则、会计制度变化过程中的盈余管理行为证据。以往大量研究主要围绕在会计准则、会计制度不变的情况下的盈余管理行为展开，如 DeFond and Park (1997) 考察上市公司在多期之间互“借”利润的行为，而本章考察在新旧会计准则变更过程中，上市公司如何通过选择不同会计方法进行盈余管理。这一全新的角度丰富并完善了盈余管理方面的研究成果。本章后续分以下几部分讨论：股东权益差异调节表与会计选择；理论分析与模型建立；实证分析；研究结论和评述。

## 2.2　股东权益差异调节表与会计选择

股东权益差异调节表是本次会计准则变更特征下采取的特定形式，提供了公司进行会计选择后股东权益在新旧会计准则下的差异（相关内容和

① “新旧会计准则股东权益差异调节表”在《中国证券监督管理委员会关于做好与新会计准则相关财务会计信息披露工作的通知》（证监发〔2006〕136 号）中是强制要求披露的，反映了 2006 年经济事项在新会计准则规范下对股东权益的增量影响。

项目详见表 2－1)。由于新旧会计准则的巨大差异，管理层能够通过选择不同的会计方法影响企业未来盈利能力。因此，本章首先分析哪些会计方法能够用作上市公司的盈余管理手段，以影响公司未来盈利能力。根据会计选择能否影响企业未来盈利能力，我们将股东权益差异调节表内的项目分为两大类：会计选择项目（AC）和非会计选择项目（NAC)。具体分类方法如下：首先，根据新会计准则的具体规则判断企业能否对表中项目进行会计方法的选择，如能选择，项目归为 AC，否则为 NAC；然后，对于企业能够选择的项目，根据会计选择是否能影响企业未来盈利能力进行判断，将那些能够影响的项目归为 AC，剩下的项目归为 NAC。基于以上两个步骤，会计选择项目（AC）包括："符合预计负债确认条件的辞退补偿"、"股份支付"、"符合预计负债确认条件的重组义务"、"根据新准则计提的商誉减值准备"和"可供出售金融资产"；其他的为非会计选择项目（NAC)。

**表 2－1 新旧会计准则股东权益差异调节表**

| 编号 | 项目名称 | 会计选择 |
|---|---|---|
| | 2006 年 12 月 31 日股东权益（现行会计准则） | |
| 1 | 长期股权投资差额 | NAC |
| 1.1 | 其中：同一控制下企业合并形成的长期股权投资差额 | NAC |
| 1.2 | 其他采用权益法核算的长期股权投资贷方差额 | NAC |
| 2 | 拟以公允价值模式计量的投资性房地产 | NAC |
| 3 | 因预计资产弃置费用应补提的以前年度折旧等 | NAC |
| 4 | 符合预计负债确认条件的辞退补偿 | AC |
| 5 | 股份支付 | AC |
| 6 | 符合预计负债确认条件的重组义务 | AC |
| 7 | 企业合并 | |
| 7.1 | 其中：同一控制下企业合并商誉的账面价值 | NAC |
| 7.2 | 根据新准则计提的商誉减值准备 | AC |
| 8 | 以公允价值计量且其变动计入当期损益的金融资产以及可供出售金融资产 | NAC/AC |
| 9 | 以公允价值计量且其变动计入当期损益的金融负债 | NAC |
| 10 | 金融工具分拆增加的权益 | NAC |
| 11 | 衍生金融工具 | NAC |
| 12 | 所得税 | NAC |
| 13 | 其他 | NAC |
| 13.1 | 其中：少数股东权益 | NAC |
| 13.2 | 股东权益累计增减变动 | NAC |
| | 2007 年 1 月 1 日股东权益（新会计准则） | |

注：NAC/AC 表示某一项目是否属于会计选择行为。

AC 项目是上市公司在新会计准则实施时进行会计选择从而影响公司未来盈利能力的项目。除“以公允价值计量且其变动计入当期损益的金融资产以及可供出售金融资产”外，其他四项的共同特征是：在新准则实施时确认与实施之后确认对未来收益的影响存在差异。这四项都属于费用，如果在新准则实施时进行确认和选择的话，相当于这些费用在以前年度就已发生，按规定进行追溯调整，可以确认到以前年度。但这种调整不反映在准则实施前的损益表中，只是影响股东权益差异调节表中的相关项目，不易被市场参与者察觉。同时，与在实施之后确认相比，实施时确认这些费用能够减少未来期间的费用负担，进而影响未来盈利能力，因此属于 AC 项目。对于交易性金融资产和可供出售金融资产，后者之所以属于 AC 项目，是因为可供出售金融资产能够增强管理层的盈利调节能力①，这体现在交易性金融资产公允价值变动收益直接计入会计利润中，被投资公司的股价波动必然引起利润波动，这是管理层无法控制和选择的，而可供出售金融资产公允价值变动收益计入股东权益，只有卖出时才转为利润，管理层能够通过卖出与否以及卖出的时点来调节未来会计收益。因此，将可供出售金融资产列为 AC 项目，交易性金融资产列为 NAC 项目。综上所述，AC 项目主要通过两种方式影响企业未来盈利能力：费用提前确认以减少未来费用负担，收益递延确认以调节未来会计收益。

NAC 项目是上市公司要么不能进行选择，要么在新准则实施时或实施后选择对未来会计收益的影响没有差别。表 2-1 中“长期股权投资差额”“同一控制下企业合并商誉的账面价值”“以公允价值计量且其变动计入当期损益的金融负债”“金融工具分拆增加的权益”“衍生金融工具”“所得税”“少数股东权益”这些项目按新会计准则的规定并不存在可选择性，只能按准则允许的方式进行处理和披露，因此属于 NAC 项目。“拟以公允价值模式计量的投资性房地产”，按新会计准则的规定可以将公允价值变动收益确认为当期会计利润，如果在实施时选择以公允价值计量，那么公允价值与历史成本的差异将确认到以前年度，实施之后的公允价值变动才计入会计利润；但如果在实施之后从历史成本改为公允价值，按新准则的规定，截至 2007 年 1 月 1 日的公允价值与历史成本差额也应确认到以前年度。因此，无论是在实施时还是实施后，选择以公允价值来计量投

① 至于上市公司什么时候利用可供出售金融资产进行盈余管理和利润调节，则是另一个有意义的研究命题，本章只研究什么样的上市公司保留了这种利润调节能力。

资性房地产，对未来盈利能力的影响是没有差别的，因而属于 NAC 项目。“因预计资产弃置费用应补提的以前年度折旧等”，如果在实施时进行选择的话，会增加未来应计提的折旧费用，减少未来收益，无论在实施时还是实施后选择都会对未来收益产生负面影响，因此属于 NAC 项目（详细分析可见附录 A）。

## 2.3 理论分析与模型建立

以上分析表明，在新会计准则实施时有很多可供选择的会计方法，上市公司能够通过费用提前确认或收益递延确认等方式来影响未来盈利能力。换句话说，上市公司能够通过选择表 2-1 中的 AC 项目进行盈余管理，以增强未来利润调节能力。那么是否所有上市公司都做了相同的选择呢？不一定。虽然选择 AC 项目能够为管理层带来某种收益，如增加基于会计业绩的薪酬、更容易满足监管的要求（增发或避免退市等），但要承担相应的成本，如披露成本、估计成本等。在某些情况下，进行盈余管理所要付出的成本可能是巨大的。因此，如果选择 AC 项目所带来的收益不能超过相应的成本，管理层可能就不会选择它。于是可以合理预期，只有那些过去盈利能力较差、亟须改善未来业绩的公司才更可能选择 AC 项目，因为对于这些公司来讲，利润调节将给它们带来更大的收益。

本章重点关注上市公司过去盈利能力是如何影响其会计选择的。我们使用短期和长期盈利指标对公司过去盈利能力进行衡量。短期盈利指标分为绝对量和增长量。绝对量反映公司过去盈利水平，具体包括每股收益（*EPS*）、营业利润（*Oprof*）和扣除非经常性损益后的净利润（*Npaei*）；增长量反映公司过去盈利增长情况，包括每股收益变化（*UE*）、营业利润变化（$\Delta Oprof$）、扣除非经常性损益后的净利润变化（$\Delta Npaei$）。过去长期盈利能力用盈利持续性（*EP*）来衡量，具体计算过程见实证分析部分。为了控制其他动机的影响，在回归分析中加入薪酬计划、债务契约和政治成本三大盈余管理动机（Watts and Zimmerman，1978），分别以前三名高管薪酬总额/总资产（*SAL*）、长期债务/净资产（*LEV*）和总资产自然对数（*LogTA*）来代替。根据本次新会计准则的实施特点，我们预期这三大动机并不影响管理层的会计选择，因为股东权益差异调节表与旧会计准则下的财务报告同时披露，如果存在这三方面动机的话，通过 2006 年的财务报告来实现将更及时和有效。相反，如果以股东权益差异调节表的AC 项目来满足上述盈余管理动机，并不会立刻体现在 2006 年会计利润中，因为这些项目主要影响未来盈余。另外，我们在模型中控制 2006 年年报中可能存在的盈余管理行为，与以前的研究（DeAngelo，1986；Perry and Williams，1994）相似，本章利用操纵性应计项 $DA$ 反映多种盈余管理影响的综合结果。具体回归模型如下：

$$AC=\beta_0+\beta_1 STE+\beta_2 EP+\beta_3 LogTA+\beta_4 LEV+\beta_5 SAL+\beta_6 DA \\ +\beta_7 AUD4+\beta_8 CR1+\beta_9 H3+\beta_{10} SOS+\mu \qquad (2-1)$$

$AC$ 为会计选择变量，当公司选择表 2－1 所示的 AC 项目之一时，为 1，否则为 0；$STE$ 为短期盈利能力，具体包括 $EPS$，$Oprof$，$Npaei$，$UE$，$\Delta Oprof$ 和 $\Delta Npaei$。$DA$ 表示旧会计准则下管理层可能采取的盈余管理行为，该值越大说明管理层越喜欢使用原来的盈余管理手段，越不可能采取新会计准则提供的盈余管理手段。$ADU4$ 反映审计质量，Becker et al.（1998）以“六大”事务所作为审计质量的替代，考察了审计质量对盈余管理程度的影响，结果发现高审计质量有助于抑制盈余管理行为。因此，本章以公司的审计师是否为四大会计师事务所（$AUD4$）作为审计质量的替代，控制对盈余管理的影响，并预期其影响为负。最后，将增加股权集中度和大股东性质作为控制变量，股权集中度越高，对管理层实施监督约束的可能性就越大，他们采取盈余管理的可能性也越低。当然，即使股权比较集中，如果第一大股东为国有股，就会存在大股东位置虚置的问题，实施监督约束的可能性反而小，管理层采取盈余管理的可能性较大。股权集中度以第一大股东持股比例（$CR1$）和前三大股东的赫芬达尔指数（$H3$）来表示。第一大股东如果为国有股，$SOS$ 为 1，否则为 0。基于这些分析，相应的回归系数符号预期为：$\beta_1<0$，$\beta_2<0$，$\beta_3<0$，$\beta_4<0$，$\beta_5<0$，$\beta_6<0$，$\beta_7<0$，$\beta_8<0$，$\beta_9<0$，$\beta_{10}<0$。

## 2.4　实证分析

### 2.4.1　样本选择与变量定义

表 2－2 描述了样本筛选过程。以所有 A 股上市公司 1 294 家（不包

括中小企业板）为初始样本，剔除金融类上市公司后得到 1 278 个样本观察值。样本中有一些既有交易性金融资产，又有可供出售金融资产的公司(共 24 家)，根据研究目的，将这些公司作为单独样本处理，因此增加样本 24 个，得到 1 302 个观察值。根据以下情况对样本进行剔除：(1) 披露金融资产但未进行分类的样本；(2) 净资产为负的公司；(3) 研究变量缺失的公司。得到 947 个样本观察值，剔除极端值后，最终得到 911 个观察值。本章的数据来源于万得资讯金融终端数据库，交易性金融资产和可供出售金融资产则通过逐个查找年报获得。

**表 2-2　样本筛选过程**

| 筛选过程 | 样本数 |
|---|---|
| 深沪两市所有的 A 股公司（不包括中小企业板） | 1 294 |
| 剔除金融类上市公司后样本数 | 1 278 |
| 增加：同时确认交易性金融资产和可供出售金融资产的公司 | 24 |
| 小计 | 1 302 |
| 剔除缺失值和 2006 年净资产为负的公司 | 355 |
| 小计 | 947 |
| 剔除主要解释变量的缺失值 | 36 |
| 最终样本观察值 | 911 |

表 2-3 对股东权益差异调节表内项目的均值、中位数、标准差、最小值和最大值进行了统计。在研究样本中，只有 6 家公司选择了以公允价值来计量投资性房地产，不到总体样本的 1%，但对净资产的影响很大，平均为 7 000 万元；因为当期选择公允价值还是将来选择公允价值来计量投资性房地产，对未来盈利的影响没有差别，所以属于 AC 项目。资产弃置费用减少了过去的盈利，折旧费用上升也会导致未来收益减少，表 2-3 显示没有公司选择该项目，说明管理层的确会有针对性地进行判断和选择，不选择那些会减少未来盈利的项目。辞退补偿、股份支付、重组义务和商誉减值准备都是将未来可能发生的费用确认到以前年度，从而减少未来费用负担，属于 AC 项目。由于新会计准则对重组义务进行了严格规定并要求上市公司进行详细披露，所以没有公司选择重组义务这种方式，这说明选择 AC 项目的成本有时很高，甚至很不划算。从表 2-3 可以看出，辞退补偿、股份支付和商誉减值准备等项目的均值、最小值、最大值均为负，说明选择这些项目在减少当期净资产的同时，也减轻了对未来盈利的负面影响，因此管理层可能利用这些会计方法来调节未来盈利。根

据我们的分析，可供出售金融资产为管理层提供了更加灵活的选择权，可以通过选择卖出时点来调节未来期间的盈利，因此提高了企业利润调节能力。从表 2-3 可以看出，选择可供出售金融资产的公司数量虽然小于选择交易性金融资产的公司，但前者的平均值却明显大于后者。因此，表 2-3 的描述性统计说明，虽然新会计准则为上市公司提供了调节未来盈利能力的机会，但并不是所有公司都做出了相同选择，只有一部分公司通过费用提前、收益递延确认的方式保留了这种权利，这符合本研究的预期。

**表 2-3　股东权益差异调节表描述性统计**　单位：万元

| 项目 | 盈余管理 | $N$ | 均值 | 中位数 | 标准差 | 最小值 | 最大值 |
|---|---|---|---|---|---|---|---|
| 长期股权投资差额 | NAC | 462 | −3 243.09 | −272.12 | 12 803.01 | −142 217.59 | 20 487.90 |
| 投资性房地产 | NAC | 6 | 7 007.19 | 6 617.57 | 7 103.44 | 175.23 | 18 907.84 |
| 资产弃置费用 | NAC | 0 | . | . | . | . | . |
| 辞退补偿 | AC | 43 | −3 313.98 | −1 010.86 | 6 432.71 | −39 200.00 | −180.39 |
| 股份支付 | AC | 3 | −1 428.45 | −158.22 | 2 291.87 | −4 074.18 | −52.96 |
| 重组义务 | AC | 0 | . | . | . | . | . |
| 企业合并 | | 47 | −3 240.73 | −255.96 | 12 143.15 | −78 941.89 | 1 158.50 |
| 其中：商誉减值准备 | AC | 18 | −1 668.53 | −491.60 | 2 407.34 | −9 151.80 | −16.23 |
| 交易性金融资产和可供出售金融资产 | | 232 | 8 065.28 | 293.55 | 34 141.16 | −611.68 | 318 433.84 |
| 其中：交易性金融资产 | NAC | 140 | 682.76 | 72.45 | 1 653.14 | −310.23 | 11 402.92 |
| 可供出售金融资产 | AC | 92 | 13 241.68 | 635.61 | 45 155.80 | −611.68 | 318 433.84 |
| 交易性金融负债 | NAC | 1 | −1 325.57 | −1 325.57 | . | −1 325.57 | −1 325.57 |
| 金融工具分拆增加的权益 | NAC | 12 | 8 718.83 | 2 063.13 | 20 158.18 | −3 180.00 | 71 425.34 |
| 衍生金融工具 | NAC | 24 | −782.74 | −80.91 | 3 525.61 | −15 248.12 | 6 410.13 |
| 所得税 | NAC | 851 | 856.04 | 641.46 | 7 118.84 | −102 505.45 | 27 247.34 |
| 少数股东权益 | NAC | 814 | 22 493.96 | 5 815.98 | 92 362.85 | −1 270.60 | 2 203 800.00 |
| 其他 | NAC | 81 | 8 900.52 | 63.87 | 48 411.65 | −37 527.95 | 401 200.00 |

表 2-4 列示了模型（2-1）中相关变量的描述性统计结果，分别有

均值、中位数、标准差、最小值和最大值。*AC* 为会计选择变量，当上市公司选择表 2－3 所示的 AC 项目中任何一项时，该值为 1，否则为 0，它作为被解释变量用来反映上市公司是否进行了相应的会计选择。短期盈利能力由 6 个变量来反映，其中 3 个反映短期盈利水平，分别是 2006 年扣除非经常性损益后的净利润（*Npaei*）、每股收益（*EPS*）和营业利润（*Oprof*）；3 个反映短期盈利增长（2006 年盈利减 2005 年的差额），分别是扣除非经常性损益后的净利润变化（$\Delta Npaei$）、每股收益变化（*UE*）和营业利润变化（$\Delta Oprof$），这些指标均除以 2006 年 12 月 31 日的收盘价。从这些变量的标准差、最小值与最大值可以看出，各个公司的差异较大，说明上市公司过去的短期盈利能力差异显著。长期盈利能力用盈利持续性（*EP*）来衡量，借鉴 Dechow and Dichev（2002）的做法，根据各个公司过去至少 7 年的营业利润回归得到具体的回归模型为$Oprof_{i,t+1}=\alpha\alpha\alpha+\beta Oprof_{i,t}+\varepsilon_i$，当期营业利润均除以当期平均总资产，其中的回归系数$\beta$反映盈利持续性（*EP*）。从表 2－4 可以看出，平均而言，上市公司各期营业利润之间的相关性为 0.614（即 *EP* 均值），但从标准差、最小值和最大值可以看出，各个公司之间的盈利持续性存在较大差异。短期盈利指标和盈利持续性在各个公司之间的较大差异决定了管理层采取相同行动的可能性较小，而更可能根据自身特点做出相应选择。其他盈余管理动机包括 Watts and Zimmerman（1978）和 Watts and Zimmerman（1986）提出的三大动机，分别以总资产自然对数代替政治成本、长期债务/净资产代替债务契约、前三名高管薪酬总额/总资产代替薪酬计划，从这些变量的均值可以看出，前三名高管薪酬总额占总资产的比重很低，仅为 0.000 4，这意味着我国高管的薪酬水平普遍较低。控制变量中，操纵性应计项通过横截面修正琼斯模型（Dechow and Sloan，1995）计算得出，分别列示了实际值（*DA*）和绝对值（｜*DA*｜）。*DA* 的均值为负说明样本公司中减少当期利润的盈余管理程度高于增加的程度。*Aud*4 为虚拟变量，如果样本公司的审计师为国际“四大”，则为 1，否则为 0。*SOS* 表示大股东的性质，如果大股东为国有股或国有法人股，则为 1，否则为 0，其均值为 0.057 1，说明国有股的样本所占比例不大。*CR*1 和 *H*3 是反映股权集中度的指标，*CR*1 为第一大股东持股比例，*H*3 为前三大股东的赫芬达尔指数，从统计指标看，样本公司股权具有一定的集中度。

**表 2-4　相关研究变量描述性统计**

| 变量 | 说明 | $N$ | 均值 | 中位数 | 标准差 | 最小值 | 最大值 |
|---|---|---|---|---|---|---|---|
| 被解释变量 | | | | | | | |
| *AC* | 会计选择 | 911 | 0.155 | 0.000 | 0.362 | 0.000 | 1.000 |
| 短期盈利指标 | | | | | | | |
| *Npaei* | 扣除非经常性损益后的净利润 | 911 | 0.139 | 0.105 | 0.350 | −1.853 | 1.830 |
| *EPS* | 每股收益 | 911 | 0.176 | 0.135 | 0.353 | −1.913 | 1.845 |
| *Oprof* | 营业利润 | 911 | 0.228 | 0.156 | 0.436 | −1.549 | 3.380 |
| Δ*Npaei* | 扣除非经常性损益后的净利润变化 | 911 | 0.056 | 0.026 | 0.268 | −1.504 | 2.335 |
| *UE* | 每股收益变化 | 911 | 0.081 | 0.035 | 0.318 | −1.548 | 3.614 |
| Δ*Oprof* | 营业利润变化 | 911 | 0.066 | 0.031 | 0.292 | −1.427 | 2.483 |
| 长期盈利指标 | | | | | | | |
| *EP* | 盈利持续性 | 911 | 0.614 | 0.660 | 0.264 | −0.163 | 1.411 |
| 其他盈余管理动机 | | | | | | | |
| *LogTA* | 总资产自然对数 | 911 | 21.548 | 21.507 | 1.004 | 18.951 | 27.111 |
| *LEV* | 长期债务/净资产 | 911 | 0.276 | 0.118 | 0.404 | 0.0003 | 2.447 |
| *SAL* | 前三名高管薪酬总额/总资产 | 911 | 0.0004 | 0.0003 | 0.0004 | 0.000 | 0.003 |
| 控制变量 | | | | | | | |
| *DA* | 操纵性应计项 | 911 | −0.007 | −0.005 | 0.089 | −0.882 | 0.625 |
| \| *DA* \| | 操纵性应计项绝对值 | 911 | 0.059 | 0.042 | 0.067 | 0.000 | 0.882 |
| *Aud*4 | 国际“四大”审计师 | 911 | 0.065 | 0.000 | 0.246 | 0.000 | 1.000 |
| *SOS* | 国有法人股 | 911 | 0.057 | 0.000 | 0.232 | 0.000 | 1.000 |
| *CR*1 | 第一大股东持股比例 | 911 | 0.360 | 0.336 | 0.151 | 0.052 | 0.838 |
| *H*3 | 前三大股东的赫芬达尔指数 | 911 | 0.168 | 0.137 | 0.119 | 0.006 | 0.702 |

注：短期盈利指标均除以 2006 年 12 月 31 日的收盘价；*DA* 由操纵性应计项根据横截面修正琼斯模型计算得出；*Aud*4 为虚拟变量，若样本公司的审计师为国际“四大”事务所，则为 1，否则为 0；*SOS* 为虚拟变量，若样本公司第一大股东为国有法人股，则为 1，否则为 0；*Sal* 为年度前三名高管薪酬总额除以当年末的总资产。

### 2.4.2　会计选择的单变量分析

根据以上分析，由于选择 AC 项目存在交易成本，因此并不是所有上市公司都会做出相同的选择，只有当收益大于成本时，管理层才更可能选择 AC 项目。我们按是否选择 AC 项目将样本分为两组，考察两组公司过去盈利状况和盈利持续性有何差异，结果如表 2-5 所示。从表 2-5 可以看出，除 *EPS* 外，其他盈利指标都表现为 NAC 组大于 AC 组，但 $t$ 值表明，只有盈利持续性和盈利变化指标差异显著，而非参检验结果 $Z$ 值表明，只有营业利润变化差异显著。这些结果在一定程度上支持了本研究的预期：当公司短期盈利增长放缓或盈利持续性下降时，上市公司更可能选择 AC 项目。

**表 2-5 盈余管理单变量分析**

| 变量 | $N$ | NAC 组 ($N$=770) | AC 组 ($N$=141) | $t$ 值 | $Z$ 值 |
|---|---|---|---|---|---|
| $EP$ | Mean | 0.621 | 0.576 | 1.84* | 1.49 |
| | Median | 0.667 | 0.622 | | |
| $Npaei$ | Mean | 0.139 | 0.136 | 0.11 | 0.1 |
| | Median | 0.105 | 0.102 | | |
| $\Delta Npaei$ | Mean | 0.064 | 0.014 | 2.35** | 1.47 |
| | Median | 0.029 | 0.018 | | |
| $EPS$ | Mean | 0.174 | 0.188 | −0.42 | −0.65 |
| | Median | 0.130 | 0.150 | | |
| $UE$ | Mean | 0.090 | 0.031 | 2.57*** | 1.08 |
| | Median | 0.036 | 0.031 | | |
| $Oprof$ | Mean | 0.230 | 0.213 | 0.43 | 0.73 |
| | Median | 0.161 | 0.145 | | |
| $\Delta Oprof$ | Mean | 0.074 | 0.024 | 1.89* | 2.05*** |
| | Median | 0.033 | 0.024 | | |

注：AC 组指选择了表 2-1 中任何一个 AC 项目的公司；NAC 组指没有选择表 2-1 中任何一个 AC 项目的公司；$Z$ 值为 Wilcoxon 秩和检验统计量；***、**、* 表示在 1%、5%和 10%水平下显著。

### 2.4.3 会计选择的多变量分析

在单变量分析中，我们发现了一些证据说明管理层通过考虑过去盈利状况和持续性来决定是否利用新会计准则提供的会计选择机会，以增强未来利润调节能力，但没有控制其他因素的影响，因此下面进行多变量分析。首先对这些变量（模型（2-1）中的变量）之间的相关系数进行分析，结果列示于表 2-6。从表 2-6 可以看出，短期盈利变化指标（$\Delta Npaei$，$UE$ 和 $\Delta Oprof$）与 $AC$ 之间存在显著负相关关系，与表 2-5 的结果一致。几个短期盈利指标与盈利持续性之间的相关性不强，因此不会影响后续的回归分析。反映 2006 年盈余管理程度的指标 $DA$ 与短期盈利指标存在相关性，说明管理层存在利用操纵性应计项调节利润的可能；但 $DA$ 并未表现出与其他盈余管理动机（政治成本、债务契约和薪酬计划）的相关性。其他控制变量之间，除第一大股东持股比例（$CR1$）和前三大股东的赫芬达尔指数（$H3$）外，不存在较强的相关性。

表 2－6　相关系数矩阵

| | *EP* | *Npaei* | *ΔNpaei* | *EPS* | *UE* | *Oprof* | *ΔOprof* | *LogTA* | *LEV* | *SAL* | *DA* | *Aud4* | *SOS* | *CR1* | *H3* |
|---|---|---|---|---|---|---|---|---|---|---|---|---|---|---|---|
| *AC* | −0.061* | −0.004 | −0.068** | 0.014 | −0.067** | −0.014 | −0.063* | 0.138*** | −0.007 | −0.011 | −0.092*** | 0.072** | −0.066** | 0.042 | 0.048 |
| *EP* | | −0.208*** | −0.176*** | −0.205*** | −0.16*** | −0.199*** | −0.157*** | −0.005 | −0.01 | −0.042 | 0.028 | −0.002 | 0.004 | −0.036 | −0.041 |
| *Npaei* | | | 0.451*** | 0.949*** | 0.351*** | 0.915*** | 0.446*** | 0.341*** | −0.025 | −0.03 | 0.21*** | 0.174*** | −0.101*** | 0.191*** | 0.206*** |
| *ΔNpaei* | | | | 0.443*** | 0.895*** | 0.392*** | 0.871*** | 0.016 | 0.014 | 0.04 | 0.092*** | 0.031 | 0.044 | 0.044 | 0.047 |
| *EPS* | | | | | 0.425*** | 0.886*** | 0.439*** | 0.345*** | −0.029 | −0.034 | 0.196*** | 0.18*** | −0.082** | 0.181*** | 0.191*** |
| *UE* | | | | | | 0.323*** | 0.781*** | −0.004 | 0.034 | 0.044 | 0.089*** | 0.024 | 0.099*** | 0.016 | 0.012 |
| *Oprof* | | | | | | | 0.523*** | 0.351*** | 0.019 | −0.046 | 0.213*** | 0.16*** | −0.082** | 0.176*** | 0.18*** |
| *ΔOprof* | | | | | | | | 0.042 | 0.031 | 0.02 | 0.109*** | 0.014 | 0.035 | 0.054 | 0.052 |
| *LogTA* | | | | | | | | | 0.301*** | −0.521*** | −0.04 | 0.412*** | −0.08** | 0.247*** | 0.283*** |
| *LEV* | | | | | | | | | | −0.212*** | −0.02 | 0.071** | 0.053 | 0.009 | 0.019 |
| *SAL* | | | | | | | | | | | 0.037 | −0.082** | 0.01 | −0.176*** | −0.168*** |
| *DA* | | | | | | | | | | | | −0.01 | −0.009 | 0.029 | 0.019 |
| *Aud4* | | | | | | | | | | | | | −0.026 | 0.083** | 0.132*** |
| *SOS* | | | | | | | | | | | | | | 0.089*** | 0.128*** |
| *CR1* | | | | | | | | | | | | | | | 0.961*** |

注：Pearson 相关系数；***、**、* 表示在 1%、5%和 10%水平下显著。

在对相关系数矩阵分析的基础上，对模型（2－1）进行回归，结果列示于表2－7。方程1至方程6的主要差别是以不同变量来反映短期盈利能力，分别为扣除非经常性损益后的净利润（*Npaei*）、每股收益（*EPS*）、营业利润（*Oprof*）及其变化量。从6个方程中可以看出，无论采取哪个变量来衡量短期盈利能力，其影响均显著为负，而盈利持续性（*EP*）在6个方程中的影响也显著为负。这些结果强有力地支持了本研究的理论预期：过去盈利能力较差的公司更倾向于选择AC项目。当期盈利状况（*Npaei*，*EPS*，*Oprof*）较差和增长较少时，管理层由于担心未来盈利持续下滑，更可能利用新会计准则提供的利润调节机会；同时，当过去盈利持续性（*EP*）较低时，管理层采取增强未来盈利能力的行动的可能性也会增大。这意味着如果给定所有公司选择表2－1中AC项目的交易成本相同，只有当选择AC项目带来的收益更大时，上市公司才会选择它。

三大盈余管理动机中除薪酬动机外，实际检验结果都与预期符号不一致。政治成本假说认为管理层应该采取降低利润的会计选择行为，所以在此假说下管理层不会选择AC项目，预期符号为负；债务契约假说认为若管理层为更好地履行契约，降低借款成本，会采取增加盈余的操作，预期符号为正；薪酬计划假说认为若管理层的薪酬与公司经营状况相关，则会采取增加盈余的操作，预期符号也为正。但表2－6的回归结果不支持政治成本假说和债务契约假说，因为*LogTA*的影响显著为正，而*LEV*的影响为负，但不显著。之所以与预期不符，一方面可能是因为选取的替代变量无法有效刻画经济变量的含义（Fields et al.，2001），另一方面可能说明这两种盈余管理动机在我国的确很少出现。

**表2－7　会计选择原因分析的Logistic回归结果**

| 变量 | 预期符号 | 方程1 | 方程2 | 方程3 | 方程4 | 方程5 | 方程6 |
|---|---|---|---|---|---|---|---|
| *Intercept* | | −14.083*** | −13.620*** | −14.500*** | −12.381*** | −12.403*** | −12.517*** |
| | | (<.000 1) | (<.000 1) | (<.000 1) | (<.000 1) | (<.000 1) | (<.000 1) |
| *Npaei* | − | −0.665** | | | | | |
| | | (0.024 8) | | | | | |
| *EPS* | − | | −0.484* | | | | |
| | | | (0.095 7) | | | | |
| *Oprof* | − | | | −0.626** | | | |
| | | | | (0.013 3) | | | |

续表

| 变量 | 预期符号 | 方程 1 | 方程 2 | 方程 3 | 方程 4 | 方程 5 | 方程 6 |
|---|---|---|---|---|---|---|---|
| *ΔNpaei* | − | | | | −0.887** | | |
| | | | | | (0.019 1) | | |
| *UE* | − | | | | | −0.766** | |
| | | | | | | (0.026 4) | |
| *ΔOprof* | − | | | | | | −0.761** |
| | | | | | | | (0.031 4) |
| *EP* | − | −0.751** | −0.699** | −0.780** | −0.698** | −0.688** | −0.671* |
| | | (0.034 7) | (0.049 6) | (0.028 7) | (0.045 0) | (0.048 4) | (0.053 1) |
| *LogTA* | − | 0.584*** | 0.561*** | 0.604*** | 0.502*** | 0.502*** | 0.507*** |
| | | (<.000 1) | (<.000 1) | (<.000 1) | (0.000 1) | (0.000 1) | (0.000 1) |
| *LEV* | + | −0.410 | −0.392 | −0.402 | −0.346 | −0.338 | −0.342 |
| | | (0.119 5) | (0.136 2) | (0.126 8) | (0.185 8) | (0.197 0) | (0.193 6) |
| *SAL* | + | 667.6** | 644.8** | 676.2** | 612.8** | 617.0** | 607.9** |
| | | (0.020 3) | (0.025 4) | (0.018 5) | (0.033 3) | (0.032 3) | (0.034 3) |
| *DA* | − | −2.029* | −2.195** | −1.948* | −2.296** | −2.313** | −2.290** |
| | | (0.056 5) | (0.039 3) | (0.068 2) | (0.028 5) | (0.028 2) | (0.029 7) |
| *Aud*4 | − | −0.037 | −0.035 | −0.054 | −0.035 | −0.033 | −0.057 |
| | | (0.923 3) | (0.927 3) | (0.887 9) | (0.926 8) | (0.931 8) | (0.880 1) |
| *SOS* | + | −1.075* | −1.037* | −1.055* | −0.970 | −0.935 | −0.970 |
| | | (0.083 2) | (0.093 8) | (0.089 6) | (0.116 3) | (0.130 5) | (0.116 6) |
| *CR*1 | − | 0.475 | 0.559 | 0.753 | 0.471 | 0.612 | 0.582 |
| | | (0.831 8) | (0.802 6) | (0.736 0) | (0.832 9) | (0.784 2) | (0.793 8) |
| *H*3 | − | −0.110 | −0.301 | −0.484 | −0.257 | −0.470 | −0.406 |
| | | (0.969) | (0.914 5) | (0.862 5) | (0.927 2) | (0.867 2) | (0.884 7) |
| *Observation* | | 911 | 911 | 911 | 911 | 911 | 911 |
| *Pseudo* $R^2$ | | 0.052 0 | 0.049 1 | 0.053 7 | 0.052 9 | 0.052 3 | 0.051 9 |

注：被解释变量为盈余管理变量 *AC*，如果上市公司存在表 2－1 的项目，则 *AC*＝1，否则为 0；括号内为相应的 *p* 值；***、**、*表示在 1%、5%和 10%水平下显著。

### 2.4.4　稳健性检验

（1）将表 2－7 中操纵性应计项实际值（*DA*）改为绝对值（|*DA*|），重新对模型（2－1）进行检验，检验的结果除 | *DA* | 的影响不显著外，其他变量的影响没有改变。

（2）从表 2－6 中发现第一大股东持股比例（*CR*1）与前三大股东的赫芬达尔指数（*H*3）存在很强的相关性，为了避免模型（2－1）回归中存在严重的多重共线性，分别将反映股权集中度的两个指标纳入回归，结果仍与表 2-7 一致。

(3) 在多变量回归中，我们增加了是否被 ST 或 PT、是否存在增发配股等作为控制变量，结果仍与表 2-7 一致。

## 2.5 本章小结

本章结合此次会计准则变更的特点，考察了新会计准则实施时的上市公司会计选择行为及其对未来盈利能力的影响。为了做好新准则实施期间会计制度的衔接工作，证监会要求上市公司对存在的经济事项按新会计准则进行重述和调整，并说明拟采取的会计政策，这些影响都反映在“新旧会计准则股东权益差异调节表”中。本章以股东权益差异调节表为研究对象，并将调节表中的内容分为两大类（详见表 2-1）：非会计选择项目（NAC）和会计选择项目（AC）。前者（NAC）涉及的项目只有一种会计处理方式，上市公司无法进行选择，或者公司无论是在新准则实施时选择还是在实施后选择对公司未来盈利的影响没有差别；而对于后者（AC）涉及的项目，公司可以进行选择，而且在新准则实施时进行选择能够显著增强公司调节未来盈利的能力。研究结果发现：新会计准则提供了平滑多期利润的会计方法，上市公司能够通过费用提前确认、收益递延确认等方式增强未来盈利调节能力；尤其是那些当期盈利能力较差、盈利增长缓慢或过去盈利持续性较差的公司更可能选择这些会计方法。这些结果说明，在新会计准则实施之初，一些上市公司就利用会计准则的变更进行有利于自身的盈余管理。本研究不仅有助于监管层了解新会计准则实施期间的上市公司行为，为监管层制定监管政策、方向提供参考，而且能提醒市场参与者注意上市公司利用这些会计方法在未来进行盈余管理的可能，以便做出正确的投资决策。

新会计准则的实施是为了提高我国上市公司会计信息披露的质量，减少管理层进行盈余管理和利润平滑的可能。但利润平滑是否总意味着会计信息质量较低，仍然存在很多争议。从理论上讲，管理层机会主义的利润平滑行为的确降低了会计信息质量，但也有大量研究证据表明，为满足市场需求的利润平滑行为有助于投资者对公司内在价值进行判断，提高了会计信息质量（Dechow，1994；Kirschenheiter and Melumad，2002）。本章的研究仅说明管理层在新会计准则实施时进行了利润平滑，保留了调节未来利润的权力，但这种行为会带来什么样的市场反应，则是未来研究的方向之一。

# 第 3 章　金融资产与具体盈余管理行为

## 3.1　概述

本章以体现新会计准则后续影响的金融资产为研究对象，考察上市公司利用可供出售金融资产进行盈余管理的行为，以此说明新准则后续影响的行为效应。金融资产采用公允价值计量模式是国际会计准则在中国应用的一个突出特点，并且在实施后的两年内对上市公司、证券市场产生了显著影响。人们不断观察到，很多上市公司因为拥有大量金融资产而影响了会计业绩，如上证联合研究计划最新课题报告指出，2007 年上半年公允价值变动损益平均为上市公司带来近 3 000 万元巨额利润，平均占上市公司税前利润的 59.44%；而具有公允价值净收益的上市公司则平均得到5 600万元利润，平均占税前利润的 79.78%。在对已公布的 2008 年年报的 1 047 家 A 股公司的统计中可以看到，有 307 家公司披露了公允价值变动损益，共计损失 258.14 亿元，平均每家损失近 1 亿元。同时，证券市场也因新会计准则的采用而经历了“过山车”式的涨跌。这引出了一系列理论和现实问题：公允价值的影响为什么如此巨大？我国上市公司的会计业绩与公允价值的应用存在什么样的关系？市场应如何看待这些影响和变化？

由于新会计准则实施之前，我国存在股权分置的特殊制度背景，所以公允价值在我国证券市场的首次使用具有不同于西方成熟市场的特征，这些特征表现为原始投资成本与股票市价的巨大差异。而交易性金融资产和可供出售金融资产会计处理上的差异使上市公司能够将这部分差异保留下来，作为未来盈余管理的手段。由于可供出售金融资产的公允价值变动计入股东权益，所以为管理层提供了更加灵活的选择权，管理层可以通过卖出可供出售金融资产来调节当期会计收益，也就是说，可供出售金融资产能够作为盈余管理手段。本章试图分析公允价值的重要性和上市公司应该在什么情况下使用这种盈余管理手段。相应的实证证据表明，公允价值在金融资产中的应用对我国上市公司具有重要影响。因为在非金融行业中，几乎有50%的上市公司拥有或买卖金融资产，且公允价值变动带来的未实现收益和已实现收益对利润的贡献在金融行业与非金融行业没有显著差异。进一步研究发现，那些主营业务亏损、主营业务业绩较差或业绩增长率较低的公司，通过出售可供出售金融资产产生的已实现收益更大，但这种现象并未在交易性金融资产中出现，这一结果说明，上市公司的确在利用可供出售金融资产进行盈余管理。最后，本章进一步考察市场反应，结果发现：无论是在全样本情况下还是在将样本分为盈利组和亏损组的情况下，可供出售金融资产产生的已实现收益与累计非正常回报率并不存在显著的统计关系。这些结果说明市场能够看穿可供出售金融资产带来的收益属于暂时性收益，不具有信息含量。

本章有如下几方面贡献：第一，现有的大量文献都从价值相关性角度来研究公允价值会计（如 Barth，1994；Barth et al.，1996；Eccher et al.，1996；Nelson，1996），本研究从盈余管理角度入手，最终结合市场反应进行分析，因此可以帮助人们从盈余管理角度重新审视价值相关性与可靠性的关系。本章的研究说明，如果将以公允价值计量的金融资产作为盈余管理手段，那么市场能够看穿这种收益是暂时性的，并不会做出反应。第二，虽然 Dechow et al.(2008) 发现资产证券化过程中公允价值的估计能够为管理层提供盈余管理机会，但本研究发现公允价值能够确定计量的金融资产也能作为盈余管理手段，并且是通过买卖时点来操纵利润的，因此补充了公允价值作为盈余管理手段的证据。第三，以前的大量研究（如 Barth，1994；Barth et al.，1996；Eccher et al.，1996；Nelson，1996）主要针对金融行业的公司展开，本章结合中国特殊的制度背景，研究了非金融行业拥有的金融资产情况，提供了更多的公允价值会计应用的证据，为国际会计准则修订相应规则提供了依据和支持。本章后面部分将从以下几个方面进行讨论：文献回顾；理论分析与研究假说；实证分析；研究结论。

## 3.2　文献回顾

关于公允价值的研究大多从相关性和可靠性入手进行分析。基于美国的制度环境，大多数研究者（Barth，1994；Eccher et al.，1996）以银行业为样本进行公允价值研究。Barth（1994）对银行业金融资产的研究发现公允价值相对于历史成本具有增量的价值相关性，但并未发现未实现收益具有相关性；Ahmed and Takeda（1995）在 Barth（1994）的基础上加入了可能存在的相关缺失变量，如其他资产增值、利率变化等，重新检验未实现盈余和已实现盈余的价值相关性问题，发现这两种盈余都具有价值相关性。其后，Eccher et al.(1996)，Nelson（1996)，Barth et al.(1996) 进一步研究了美国财务会计准则第 107 号（SFAS 107）要求银行业披露证券投资、金融资产、贷款、存单和表外工具的公允价值问题。虽然他们一致得出了证券投资公允价值披露的价值相关性的结论，但在其他几项上的结论却不一致；另外，他们的研究结果也一致性地支持公允价值比历史成本更具有价值相关性的结论。

银行持有的证券投资往往存在活跃的交易市场，价值比较容易确认，因此对证券投资的研究很少涉及可靠性问题。在对其他资产（如无形资产或有形资产）公允价值计量的研究中，研究者将范围扩展到可靠性、及时性等方面（Aboody et al.，1999；Barth et al.，1998；Barth and Clinch，1998；Easton et al.，1993；Kallapur and Kwan，2004）。Barth and Clinch（1998）考察了澳大利亚公司的金融资产、PPE 和无形资产重估的相关性、可靠性和及时性问题。由于对这些资产的重估需要评估师或董事会进行，所以作者还考察了由不同主体的估值所产生的相关性是否有差别，但证据表明投资者并不能完全区别。研究还发现，那些较早进行估值的数量也具有价值相关性，说明及时性对于长期资产重估并不重要。Kallapur and Kwan（2004）则详细考察了英国上市公司确认的商标资产的价值相关性和可靠性。可靠性低源于资产价值重估中存在一些主观判断。他们考虑了其他契约方对商标资产重估的可靠性的影响，如管理层在薪酬激励条件下，存在高估的可能，这使得商标估值的可靠性降低。但研究发现，即使管理层有动机去高估商标价值，也仍然具有价值相关性，这说明即使缺乏可靠性，市场也没有被误导。

以上的研究说明，公允价值不仅应用在证券投资中，在有些国家也应用到无形或有形资产中（如澳大利亚和英国），但研究者的视角均局限在相关性、可靠性等对会计信息质量的分析上，也就是关注公允价值相对于历史成本，是否有助于提高会计信息质量。Dechow et al.（2008）的研究从另一角度来看这一问题，他们在考察资产证券化（asset securitization）过程中发现，管理层可能利用公允价值判断进行盈余管理。具体表现在：当证券化收益前的利润较低或增长较少时，公司会报告更多的证券化收益。他们的研究进一步发现，这种收益也是管理层薪酬的计算依据。Dong et al.（2009）考察了证券投资的未实现收益在进行重分类后，相应的价值相关性及其与公司经营状况的关系，结果发现，将这些未实现收益从资产负债表分类到利润表后，仍然具有价值相关性，这令人困惑，但作者并未进一步分析产生困惑的原因，也未详细分析公允价值、会计业绩与公司价值之间的关系。既然公允价值在资产证券化过程中可作为盈余管理手段，那么在其他资产计量中是否也可能出现同样的情况呢？人们很容易想到和发现的是，如果在有形或无形资产中应用公允价值，并且需要定期评估的话，容易给管理层提供操纵资产价格的机会，但是如果在具有活跃交易市场情况下的证券投资采取公允价值计量模式，是否仍可以作为盈余管理手段呢？本章试图以我国上市公司中采取公允价值计量的金融资产为研究对象，考察这种能够确定重估价值的资产是否也能够进行盈余管理。

## 3.3 理论分析与研究假说

### 3.3.1 制度背景分析与公允价值引入

我国基本放弃了原有的会计准则，构建了与国际会计准则接轨的财务报告准则体系，这一新准则体系从 2007 年 1 月 1 日开始实施。新旧会计准则的主要差异就是引入公允价值计量模式，并在很多具体准则中使用，如投资性房地产、证券投资、债务重组等。本章主要关注公允价值在证券投资中的应用，因为这些资产存在公开活跃的交易市场，价值很容易确认，能够避免管理层的操纵。这一特点与西方那些没有采取国际会计准则的国家一致（如美国），但我国特殊的制度背景决定了公允价值在金融资产中的应用具有极其特殊的特征，下面将进行详细分析。

我国证券市场存在一个特殊的制度现象——股权分置，即占上市公司2/3的国有股和法人股不上市流通，只有另外的1/3社会公众股上市交易。股权分置这一体制性缺陷造成股票市场的三个主要功能——融资功能、定价功能、资源配置功能——失效。我们不会具体讨论股权分置对三大功能的影响，而是关注定价功能的特点是如何对公允价值在金融资产中的应用产生影响的。由于国有股和法人股无法上市流通，其持有者更关心净资产价值，这成为非流通股持股成本的基础，而流通股的股票价格远远高于非流通股的持股成本，这些差异主要体现在我国新发行公司的股票上市首日的收益率方面（即抑价率）。例如，1993—2004年，上市首日收益率平均为117.42%（何如，2006），而在西方成熟市场，上市首日收益率一般在10%～20%之间。可见，由于股权分置，非流通股股东的持股成本远远低于市场价格。而从2005年开始的股权分置改革试图通过非流通股股东向流通股股东支付一定对价的方式来实现股票的全流通，即非流通股股东持股成本与股票市价的巨大差异能够在全流通后变现。股权分置改革基本在2006年年底完成，也就是说，从2007年1月1日起，很多上市公司股票会进入全流通时代。而在同一时间，新会计准则开始实施，交叉持股产生的金融资产将按公允价值计量，这将对公司资产价值、公司盈利产生巨大影响。

按照新会计准则的规定，金融资产分为交易性金融资产和可供出售金融资产两种，两者在会计处理上有所不同，前者将公允价值变动计入当期损益，后者计入股东权益①。由于我国首次在证券投资中采用公允价值计量模式，因此公允价值与原始投资成本之间的巨大差异会对两种金融资产产生不同影响。如果将持有其他上市公司的股票确认为交易性金融资产，作为会计政策变更需要追溯调整，即认为以前年度该股票投资也按交易性金融资产列示，那么2007年1月1日之前形成的公允价值变动将计入以前年度损益，即使在未来出售该股票，计入以前年度损益的公允价值变动也无法体现在出售当年的投资收益中；如果确认为可供出售金融资产，上面提及的公允价值变动会计入股东权益，将来卖出时在投资收益中确认，这会对当期利润产生影响。虽然金融资产的期末价值根据市场价格确定，管理层无法操纵，但什么时候卖出金融资产是管理层可以控制的。相对于交易性金融资产，可供出售金融资产不仅能够将股权分置带来的股票市价

① 2010年前后，可供出售金融资产公允价值变动列示于其他综合收益。

与持股成本之间的差异保留下来，而且股票价格的当期波动不会影响当期利润，所以通过对卖出时点的把握，上市公司能够灵活调节当期会计利润。因此，可供出售金融资产能够作为一种盈余管理手段，帮助上市公司调节会计收益。

股权分置和公允价值的首次实施，都是我国金融资产不同于西方成熟市场的特殊情况，前者产生了股票价格与原始持股成本之间的巨大差异，后者保证了这种差异能够在两种金融资产选择过程中产生不同影响。首次实施时，对证券投资是确认为交易性金融资产还是可供出售金融资产这一问题，有研究者进行了分析和考察（如王玉涛等，2009a；叶建芳等，2009）。而本研究考察 2007 年以后，上市公司在什么情况下通过可供出售金融资产来调节当期收益，分析可供出售金融资产作为盈余管理手段是如何实现的。

### 3.3.2 研究假说

可供出售金融资产作为一种盈余管理手段，并不是通过价值评估来调节利润的，而是通过卖出金融资产的时点来调节利润，因此我们可以合理预期，当公司主营业务亏损、利润较少或增长放慢时，管理层可能利用可供出售金融资产来调节当期利润，而调节的动机主要是避免亏损和利润下滑（Burgstahler and Dichev，1997）。盈余管理的大部分研究都是结合某个动机展开的，因为对于以应计和递延为特征的会计估计和判断所得出的结果（即会计利润），报表使用者很难判定是否存在会计操纵情况，只有结合某种特定的动机，如 IPO、增发、换股合并、股权激励等，才能判断受托人是否进行了盈余管理。这方面已有大量的研究，如 IPO 过程中的盈余管理（Aharony et al.，2000）、增发过程中的盈余管理（Teoh et al.，1998）、换股合并中的盈余管理（Erickson and Wang，1999；Gong et al.，2008a）、股票回购过程中的盈余管理（Balachandran et al.，2008；Gong et al.，2008b），以及 Watts and Zimmerman（1986）定义的三大盈余管理动机：薪酬计划（Bergstresser and Philippon，2006；Healy，1985；McAnally et al.，2008）、债务契约和政治成本（Han and Shiing-Wu，1998；Key，1997；Monem，2003）。从动机的角度来研究和识别盈余管理是一种简单易行的研究范式，但有一些研究是在对某种方式或手段进行分析的基础上，发现盈余管理能够用于调节会计利润，并结合相应的动机加以论证，如 Phillips et al.（2003）发现递延所得税费用（deferred tax expenses）可以作为一种盈余管理手段，Kasanen et al.（1996）发现股利可以作为盈余管理手段，Chen et al.（2008）发现政府补贴也可以作为一种盈余管理手段。Dechow et al.（2008）发现以公允价值计量的资产证券化是一种盈余管理手段，并进一步发现如果证券化收益前的公司盈利较低或低于以前年度，资产证券化收益对利润调节的程度会更大。证监会对中国的上市公司有严格的要求，尤其是在会计收益方面，如两年连续亏损就要被特别处理（即ST），或增发时要求股东权益报酬率（ROE）达到10%或6%，围绕证券监管，上市公司更多地出于应付监管需要而进行盈余管理（Chen and Yuan，2004；Chen et al.，2008；Haw et al.，2005），也因此，我国上市公司进行盈余管理的动机更多是避免亏损和盈利下滑（Burgstahler and Dichev，1997）。另外，不同于西方国家的资本市场，我国的上市公司除有实现市值最大化的目的，还有通过业绩考核的动机。当为达到业绩考核标准成为普遍现象时，上市公司就会利用各种机会来调节会计利润。由于卖出可供出售金融资产带来的收益是暂时性的，与一般企业的主营业务无关，因此为了避免亏损或净利润下滑，或者为了达到业绩考核标准，可以合理预期管理层会在亏损、营业利润较小或营业利润增长较少时①，通过卖出可供出售金融资产来调节会计盈利。

## 3.4 实证分析

### 3.4.1 样本选择与描述性统计

表3-1列示了样本筛选过程。首先选取2007—2008年所有上市公司样本共计3 367个，然后删除B股和当年IPO或退市的公司，得到样本观察值2 946个。当年IPO或退市的公司存在财务数据缺失或市场数据不全的情况，因此将这些公司从样本中剔除。我们在Panel A中保留了所有公司（包括金融保险业），是为了对比金融资产对公司财务状况的影响在两类公司中的不同。Panel B仅包含非金融保险业，初始样本2 901个，在此基础上剔除了财务数据缺失的样本，得到2 857个样本。在这一样本中，发出与金融资产有关业务的公司样本有1 408个，占总体样本近

① 这里的营业利润扣除了所有与金融资产相关的未实现收益和已实现收益。

50%；截至各年年末，财务报表中金融资产余额不为 0 的公司样本有 1 142 个，占总体样本的 40%；通过买卖交易性金融资产（785 个）或可供出售金融资产（314 个）产生已实现收益的公司样本有 978 个，占总体样本近 35%。相关财务数据来源于 CSMAR 数据库，金融资产公允价值变动产生的未实现收益、买卖产生的已实现收益通过逐个查找年报附注获得。

**表 3-1　样本筛选过程**

| 筛选过程 | All | 2007 年 | 2008 年 |
|---|---|---|---|
| Panel A：所有行业 | | | |
| 所有上市公司（2007—2008 年） | 3 367 | 1 657 | 1 710 |
| step 1：删除 B 股 | 217 | 109 | 108 |
| step 2：删除当年 IPO 或退市的公司 | 204 | 127 | 77 |
| 样本观察值 | 2 946 | 1 421 | 1 525 |
| 其中：金融保险业 | 45 | 17 | 28 |
| Panel B：非金融保险业 | | | |
| 初始样本 | 2 901 | 1 404 | 1 497 |
| step 1：删除财务数据缺失的观察值 | 44 | 3 | 41 |
| 样本观察值 | 2 857 | 1 401 | 1 456 |
| 其中：发生与金融资产有关业务的公司 | 1 408 | 687 | 721 |
| 金融资产余额不为 0 的公司 | 1 142 | 560 | 582 |
| 拥有已实现收益的公司 | 978 | 508 | 470 |
| 通过交易性金融资产实现收益的公司 | 785 | 396 | 389 |
| 通过可供出售金融资产实现收益的公司 | 314 | 141 | 173 |

如果一个公司拥有的金融资产余额、未实现收益或已实现收益不等于 0，那么就认为该公司发生了与金融资产相关的业务，这样的公司样本分布见表 3-2。从 Panel A 中可以看出，除金融保险业外，信息技术业，社会服务业，批发和零售贸易，农、林、牧、渔业，交通运输、仓储业，房地产业，电力、煤气及水的生产和供应业、传播与文化产业等行业中，有一半以上公司拥有金融资产，在占上市公司绝大多数的制造业中，也有近 45%拥有金融资产。2007 年（Panel B）和 2008 年（Panel C）中也有相同的特征。这些结果表明，我国的上市公司交叉持股较多，一些公司未将资金投入自己的主业，而是通过持有其他上市公司股票等多元化方式来分散经营风险。

后续研究所涉及的变量及其定义列示于表 3-3。与金融资产有关的内容和事项分为买卖产生的已实现收益、持有过程中公允价值变动带来的未实现收益和期末余额，因此分别给出定义。*RGL* 指买卖交易性金融资产、

**表 3-2 样本行业分布**

| 项目 | 采掘业 | 传播与文化产业 | 电力、煤气及水的生产和供应业 | 房地产业 | 建筑业 | 交通运输、仓储业 | 金融、保险业 | 农、林、牧、渔业 | 批发和零售贸易 | 社会服务业 | 信息技术业 | 制造业 | 综合类 | 合计 | 非金融保险业 |
|---|---|---|---|---|---|---|---|---|---|---|---|---|---|---|---|
| Panel A：所有样本 | | | | | | | | | | | | | | | |
| 无金融 | 34 | 10 | 62 | 54 | 34 | 63 | 1 | 34 | 70 | 39 | 79 | 949 | 45 | 1 474 | 1 473 |
| 资产 | 59.65 | 50 | 50 | 41.22 | 53.13 | 49.22 | 2.22 | 45.33 | 38.46 | 44.83 | 42.25 | 55.82 | 30.82 | | 50.78 |
| 有金融 | 23 | 10 | 62 | 77 | 30 | 65 | 44 | 41 | 112 | 48 | 108 | 751 | 101 | 1 472 | 1 428 |
| 资产 | 40.35 | 50 | 50 | 58.78 | 46.88 | 50.78 | 97.78 | 54.67 | 61.54 | 55.17 | 57.75 | 44.18 | 69.18 | | 49.22 |
| 合计 | 57 | 20 | 124 | 131 | 64 | 128 | 45 | 75 | 182 | 87 | 187 | 1 700 | 146 | 2 946 | 2 901 |
| Panel B：2007 年 | | | | | | | | | | | | | | | |
| 无金融 | 17 | 5 | 31 | 29 | 16 | 32 | 1 | 18 | 33 | 17 | 36 | 460 | 22 | 717 | 716 |
| 资产 | 65.38 | 55.56 | 50 | 44.62 | 51.61 | 50.79 | 5.88 | 48.65 | 36.26 | 42.5 | 40 | 56.3 | 30.14 | | 51 |
| 有金融 | 9 | 4 | 31 | 36 | 15 | 31 | 16 | 19 | 58 | 23 | 54 | 357 | 51 | 704 | 688 |
| 资产 | 34.62 | 44.44 | 50 | 55.38 | 48.39 | 49.21 | 94.12 | 51.35 | 63.74 | 57.5 | 60 | 43.7 | 69.86 | | 49 |
| 合计 | 26 | 9 | 62 | 65 | 31 | 63 | 17 | 37 | 91 | 40 | 90 | 817 | 73 | 1 421 | 1 404 |
| Panel C：2008 年 | | | | | | | | | | | | | | | |
| 无金融 | 17 | 5 | 31 | 25 | 18 | 31 | 0 | 16 | 37 | 22 | 43 | 489 | 23 | 757 | 757 |
| 资产 | 54.84 | 45.45 | 50 | 37.88 | 54.55 | 47.69 | 0 | 42.11 | 40.66 | 46.81 | 44.33 | 55.38 | 31.51 | | 50.57 |
| 有金融 | 14 | 6 | 31 | 41 | 15 | 34 | 28 | 22 | 54 | 25 | 54 | 394 | 50 | 768 | 740 |
| 资产 | 45.16 | 54.55 | 50 | 62.12 | 45.45 | 52.31 | 100 | 57.89 | 59.34 | 53.19 | 55.67 | 44.62 | 68.49 | | 49.43 |
| 合计 | 31 | 11 | 62 | 66 | 33 | 65 | 28 | 38 | 91 | 47 | 97 | 883 | 73 | 1 525 | 1 497 |

可供出售金融资产产生的已实现收益，*TFARGL* 指买卖交易性金融资产产生的已实现收益，*AFSRGL* 指买卖可供出售金融资产产生的已实现收益。未实现收益、期末余额都是类似的定义。其他变量中，*OPROF* 为扣除公允价值变动损益后的营业利润，*LOSS* 为 dummy 变量，当 *OPROF* 为负时，该值为 1，否则为 0，这两个变量用于反映与公司主营业务有关的营业状况是盈还是亏。*NI _ G* 为扣除金融资产相关收益后的净利润增长率，与金融资产有关的收益影响了当期会计利润，包括：公允价值变动损益、买卖金融资产产生的已实现收益（包括 *TFARGL* 和 *AFSRGL*，计入投资收益），而 $NI\_G=(NI_t-NI_{t-1})/NI_t$，用于反映其他与金融资产无关的盈利增长情况。其他变量如表中所述，定义较清楚，这里不再赘述。

**表 3-3 变量定义**

| 变量名称 | 变量定义 |
|---|---|
| 已实现收益 | |
| *RGL* | 买卖金融资产（包含交易性金融资产和可供出售金融资产）产生的已实现收益 |
| *TFARGL* | 买卖交易性金融资产产生的已实现收益 |
| *AFSRGL* | 买卖可供出售金融资产产生的已实现收益 |
| 未实现收益 | |
| *URGL* | 金融资产（包含交易性金融资产和可供出售金融资产）产生的未实现收益 |
| *TFAURGL* | 交易性金融资产产生的未实现收益 |
| *AFSURGL* | 可供出售金融资产产生的未实现收益 |
| 金融资产余额 | |
| *FA* | 金融资产（包含交易性金融资产和可供出售金融资产）期末余额 |
| *TFA* | 交易性金融资产期末余额 |
| *AFS* | 可供出售金融资产期末余额 |
| 其他变量 | |
| *OPROF* | 扣除公允价值变动损益后的营业利润 |
| *LOSS* | 如果公司扣除公允价值变动损益后的营业利润为负，*LOSS*=1，否则 *LOSS*=0 |
| *NI _ G* | 扣除金融资产相关收益后的净利润增长率 |
| *Invest _ Income* | 投资收益 |
| *Total _ Income* | 总利润 |
| *Net _ Income* | 净利润 |
| *Net _ Asset* | 净资产 |
| *Distress* | 如果公司当年被 ST 或 PT，*Distress*=1，否则=0 |
| *NewCAP* | 如果公司存在增发或配股，*NewCAP*=1，否则=0 |

续表

| 变量名称 | 变量定义 |
|---|---|
| *CR* | 流动比率 |
| *DEBT* | 资产负债率 |
| *LogTA* | 总资产自然对数 |
| *OP* | 公司被出具标准无保留意见，该值为 0，否则为 1 |
| *BIG*4 | 审计师如果为国际"四大"，该值为 1，否则为 0 |
| *CAR* | 根据市场调整模型计算的累计非正常回报率 |
| *UE* | 未预期盈余（当期净利润－上期净利润） |
| *LogMV* | 权益市值的自然对数 |

表 3－2 只说明了非金融行业中有近 50％的公司拥有金融资产，但未说明金融资产对这些公司的总体影响。下面通过对比已实现收益、未实现收益在金融、非金融业之间的差异来说明这一影响。根据会计准则，已实现收益都计入利润表，因此为了控制规模的影响，所有变量分别除以投资收益（*Invest _ Income*）、总利润（*Total _ Income*）和净利润（*Net _ Income*）；而未实现收益中，交易性金融资产产生的计入利润表，因此分别除以扣除公允价值变动损益后的营业利润（*OPROF*）、总利润（*Total _ Income*）和净利润（*Net _ Income*），可供出售金融资产产生的公允价值变动计入股东权益，因此分别除以净资产（*Net _ Asset*）和总资产（*TA*）。金融资产带来的收益对金融业、非金融业的不同影响列示于表 3－4。Panel A 中描述了已实现收益（总额、交易性金融资产产生的、可供出售金融资产产生的）的均值，以及两类行业的对比情况；Panel B 中描述了未实现收益的均值，以及两类行业的对比情况。从 Panel A 可以看出，非金融业中已实现收益对投资收益（*RGL _ II*）、利润总额（*RGL _ TI*）和净利润（*RGL _ NI*）的贡献与金融业没有显著差异，这一情况在总体样本和分年度样本中都存在。将已实现收益分为交易性金融资产产生的和可供出售金融资产产生的，会发现另外一些有意思的结果。从交易性金融资产产生的已实现收益对利润的贡献来看，非金融业与金融业之间没有显著差异，与已实现收益的总体影响一致。但从可供出售金融资产产生的已实现收益对投资收益（*AFSRGL _ II*）的影响来看，非金融业显著高于金融业，对利润总额（*AFSRGL _ TI*）、净利润（*AFSRGL _ NI*）的影响也有相同的趋势，只是并不显著。这种非金融业大于金融业的情况在 2007 年表现得最明显，*AFSRGL _ TI* 和 *AFSRGL _ NI* 都表现出非金融业显著大于金融业的趋势。这些结果说明，我国交叉持股情况比较多的非金融业

表 3-4　已实现收益和未实现收益在金融业、非金融业间的比较

| 变量 | 行业类型 | All | | | 2007 年 | | | 2008 年 | | |
|---|---|---|---|---|---|---|---|---|---|---|
| | | *N* | 均值 | No Finan vs. Finan | *N* | 均值 | No Finan vs. Finan | *N* | 均值 | No Finan vs. Finan |
| Panel A：已实现收益 | | | | | | | | | | |
| *RGL_II* | 非金融业 | 989 | 0.449 | 1.27 | 508 | 0.596 | 1.67 | 481 | 0.294 | 0.22 |
| | 金融业 | 40 | 0.325 | | 13 | 0.449 | | 27 | 0.266 | |
| *RGL_TI* | 非金融业 | 989 | 0.204 | −0.60 | 508 | 0.255 | 1.60 | 481 | 0.151 | −1.04 |
| | 金融业 | 40 | 0.249 | | 13 | 0.179 | | 27 | 0.283 | |
| *RGL_NI* | 非金融业 | 989 | 0.269 | −0.92 | 508 | 0.324 | 0.98 | 481 | 0.211 | −1.24 |
| | 金融业 | 40 | 0.396 | | 13 | 0.259 | | 27 | 0.462 | |
| *AFSRGL_II* | 非金融业 | 318 | 0.624 | 1.90* | 141 | 0.636 | 0.77 | 177 | 0.613 | 1.53 |
| | 金融业 | 27 | 0.455 | | 3 | 0.464 | | 24 | 0.454 | |
| *AFSRGL_TI* | 非金融业 | 318 | 0.348 | 0.52 | 141 | 0.350 | 9.24*** | 177 | 0.346 | 0.10 |
| | 金融业 | 27 | 0.299 | | 3 | 0.016 | | 24 | 0.334 | |
| *AFSRGL_NI* | 非金融业 | 318 | 0.438 | 0.04 | 141 | 0.435 | 9.17*** | 177 | 0.440 | −0.29 |
| | 金融业 | 27 | 0.432 | | 3 | 0.023 | | 24 | 0.483 | |
| *TFARGL_II* | 非金融业 | 793 | 0.285 | 0.66 | 396 | 0.502 | 0.73 | 397 | 0.070 | −0.54 |
| | 金融业 | 34 | 0.222 | | 11 | 0.404 | | 23 | 0.135 | |
| *TFARGL_TI* | 非金融业 | 793 | 0.071 | 1.53 | 396 | 0.150 | −0.80 | 397 | −0.009 | 1.48 |
| | 金融业 | 34 | 0.016 | | 11 | 0.207 | | 23 | −0.075 | |
| *TFARGL_NI* | 非金融业 | 793 | 0.093 | 1.22 | 396 | 0.192 | −1.18 | 397 | −0.006 | 1.55 |
| | 金融业 | 34 | 0.038 | | 11 | 0.299 | | 23 | −0.087 | |

续表

| 变量 | 行业类型 | All | | | 2007 年 | | | 2008 年 | | |
|---|---|---|---|---|---|---|---|---|---|---|
| | | *N* | 均值 | No Finan vs. Finan | *N* | 均值 | No Finan vs. Finan | *N* | 均值 | No Finan vs. Finan |
| Panel B：未实现收益 | | | | | | | | | | |
| *TFAURGL_OPROF* | 非金融业 | 677 | −0.066 | 1.21 | 321 | 0.048 | −0.64 | 356 | −0.168 | 1.10 |
| | 金融业 | 42 | −0.143 | | 15 | 0.066 | | 27 | −0.26 | |
| *TFAURGL_TI* | 非金融业 | 677 | −0.044 | 1.56 | 321 | 0.022 | −0.64 | 356 | −0.103 | 1.42 |
| | 金融业 | 42 | −0.124 | | 15 | 0.03 | | 27 | −0.21 | |
| *TFAURGL_NI* | 非金融业 | 677 | −0.05 | 1.48 | 321 | 0.026 | −0.88 | 356 | −0.118 | 1.35 |
| | 金融业 | 42 | −0.129 | | 15 | 0.041 | | 27 | −0.223 | |
| *AFSURGL_NA* | 非金融业 | 734 | −0.000 2 | 2.08** | 386 | 0.080 | 0.75 | 348 | −0.089 | 0.74 |
| | 金融业 | 39 | −0.058 | | 13 | 0.051 | | 26 | −0.113 | |
| *AFSURGL_TA* | 非金融业 | 734 | 0.001 | 1.47 | 386 | 0.040 | 2.41** | 348 | −0.044 | −2.05** |
| | 金融业 | 39 | −0.011 | | 13 | 0.017 | | 26 | −0.025 | |

注：***、**、*表示在 1%、5%和 10%水平下显著。

公司利用出售可供出售金融资产获得收益从而增加会计利润的情况很普遍。至于这些操作与公司的什么特征有关系，则是我们后面将要探讨的。从 Panel B 中可以看出，在两类行业的对比中，从可供出售金融资产未实现收益对净资产（*AFSURGL _ NA*）的贡献来看，非金融业显著高于金融业，对总资产（*AFSURGL _ TA*）的影响在两类公司之间的显著差异仅在 2007 年出现。我们知道，可供出售金融资产的公允价值变动能够为已实现收益存储利润，因此，可以推断可供出售金融资产对非金融业公司财务状况的影响将很大。

所有已实现收益、未实现收益带来的影响，在非金融业和金融业之间没有显著差异，在某些情况下甚至出现前者高于后者的状况，这说明在我国证券市场中存在着大量公司偏离主业而进行证券投资的情况，这也是在我国上市公司中交叉持股现象较多的原因。

### 3.4.2 非金融业中金融资产的重要性

上面的分析不仅表明持有金融资产的上市公司较多，而且表明与其相关的已实现收益、未实现收益对公司利润、净资产的影响均与金融业不存在显著差异，有些情况下（可供出售金融资产的影响）显著大于金融业。单从表 3－4 的结果中似乎很难区分金融业和非金融业的特征，二者似乎都以证券投资为主业，但这恰恰说明我国存在非金融业公司不重主业而进行多元化投资的情况。这一现象是本研究以非金融业公司为样本、考察公允价值会计的基础，也是与以前研究（如 Barth et al.，1996）的主要差异。为了进一步突出金融资产在非金融业公司的重要性，需要单独以这些公司为样本，详细分析这一问题。

首先，分析金融资产余额（包括交易性金融资产和可供出售金融资产）对总资产、净资产的影响，结果列示于表 3－5。我们将金融资产占总资产、净资产的比重分为 7 组：0～5%，5%～10%，10%～20%，20%～30%，30%～40%，40%～50%和 50%以上，分组统计公司数目、比重及均值。Panel A 列示了不分年度的情况，Panel B 和 Panel C 分别描述了 2007 年和 2008 年的情况。从 Panel A 可以看出，有近 1%的公司的金融资产占总资产的比重（*FA _ TA*）在 50%以上，这些公司的均值达 0.611 4，也就是说，公司的总资产中有 60%以上为金融资产，其中贡献最大的是可供出售金融资产，它占总资产的 60%；有 10%的公司的金融资产占总资产的比重在 10%以上，且两类金融资产中可供出售金融资产的贡献更大。金融资产对净资产的影响就更大了，有 3.11%的公司的金融资产占净资产的比重（*FA_NA*）超过 50%，其均值为 0.789 2，也就是说，净资产中近 80%为金融资产，其中可供出售金融资产占比最大，为 77.49%；而有近 20%的公司，该比重在 10%以上。分年度以相同的方法进行统计（见 Panel B 和 Panel C），结果发现 2007 年的状况与总体样本类似，而 2008 年占比在 50%以上的公司样本较少，这是因为 2007 年总体市场状况较好。同时，我们还发现，无论是总资产还是净资产，可供出售金融资产的占比都显著大于交易性金融资产的占比，突出说明了可供出售金融资产在非金融业公司中的重要性，这也是本研究重点分析可供出售金融资产的原因。

其次，本章进一步考察了买卖金融资产带来的已实现收益对利润的贡献及其分布，从金融资产合计、交易性金融资产和可供出售金融资产三个方面分别进行统计，结果列示于图 3-1 至图 3-3，每个图中分别描述了 2007 年和 2008 年的情况。从图 3-1 可以看出，出售金融资产（包括交易性金融资产和可供出售金融资产）带来的已实现收益对净利润的贡献集中在 3 个区间：0%，5%和 95%，在有些年份，如 2007 年，已实现收益占净利润的比重（*RGL_NI*）达到 95%的公司有近 50 家，这说明金融资产带来的已实现收益对利润的影响很大，影响范围也很广。进一步观察图 3-3 可以发现，可供出售金融资产带来的已实现收益对净利润（*AFSRGL_NI*）的影响更大，2007 年已实现收益占净利润的比重达 95%的公司最多，2008 年虽然有所减少，但在所有分布中占第 2 位。从图 3-2 可以看出，在 2007 年，交易性金融资产带来的已实现收益对利润（*TFARGL_NI*）的贡献主要分布在 0 点以后，但在 2008 年，较多地分布在 0 点以前，结合交易性金融资产的特征（短期持有），这一结果与两年的股市行情变化是一致的。相比之下，可供出售金融资产（图 3-3）并未受市场行情剧烈变化的影响，主要分布在 0 点以后。这一结果说明，交易性金融资产更容易受整个资本市场的影响，容易造成利润波动；相反，可供出售金融资产对利润的贡献较稳定（绝大多数为正）。这从一定程度上支持了本文的预期，可供出售金融资产的特征使其更容易作为利润调节的工具，管理层能够通过选择出售时机来实现保留的利润，从而调节当期收益。

**表 3-5 金融资产余额占总资产、净资产比重的分布**

| *FA_TA* | N | Perc. | *FA_TA* | *TFA_TA* | *AFS_TA* | *FA_NA* | N | Perc. | *FA_NA* | *TFA_NA* | *AFS_NA* |
|---|---|---|---|---|---|---|---|---|---|---|---|
| Panel A：非金融行业，不分年度 | | | | | | | | | | | |
| >0 and <=0.05 | 946 | 81.76% | 0.009 0 | 0.002 5 | 0.006 5 | >0 and <=0.05 | 811 | 70.10% | 0.010 8 | 0.003 7 | 0.007 1 |
| >0.05 and <=0.10 | 82 | 7.09% | 0.073 5 | 0.015 0 | 0.058 5 | >0.05 and <=0.10 | 115 | 9.94% | 0.069 6 | 0.018 1 | 0.051 5 |
| >0.10 and <=0.20 | 71 | 6.14% | 0.141 1 | 0.025 7 | 0.115 4 | >0.10 and <=0.20 | 93 | 8.04% | 0.141 4 | 0.030 7 | 0.110 7 |
| >0.20 and <=0.30 | 25 | 2.16% | 0.247 6 | 0.020 8 | 0.226 8 | >0.20 and <=0.30 | 56 | 4.84% | 0.244 8 | 0.029 3 | 0.215 5 |
| >0.30 and <=0.40 | 15 | 1.30% | 0.336 8 | 0.027 0 | 0.309 8 | >0.30 and <=0.40 | 26 | 2.25% | 0.346 6 | 0.070 0 | 0.276 6 |
| >0.40 and <=0.50 | 7 | 0.61% | 0.455 5 | 0.004 0 | 0.451 6 | >0.40 and <=0.50 | 20 | 1.73% | 0.444 7 | 0.016 4 | 0.428 3 |
| >0.50 | 11 | 0.95% | 0.611 4 | 0.002 0 | 0.609 4 | >0.50 | 36 | 3.11% | 0.789 2 | 0.014 4 | 0.774 9 |
| Panel B：2007 年非金融行业 | | | | | | | | | | | |
| >0 and <=0.05 | 426 | 75.94% | 0.010 5 | 0.003 2 | 0.007 3 | >0 and <=0.05 | 349 | 62.21% | 0.012 4 | 0.004 5 | 0.007 9 |
| >0.05 and <=0.10 | 44 | 7.84% | 0.075 9 | 0.014 9 | 0.061 0 | >0.05 and <=0.10 | 69 | 12.30% | 0.069 5 | 0.021 6 | 0.047 9 |
| >0.10 and <=0.20 | 48 | 8.56% | 0.140 8 | 0.021 9 | 0.118 8 | >0.10 and <=0.20 | 43 | 7.66% | 0.139 8 | 0.026 0 | 0.113 8 |
| >0.20 and <=0.30 | 17 | 3.03% | 0.245 1 | 0.017 6 | 0.227 5 | >0.20 and <=0.30 | 39 | 6.95% | 0.249 0 | 0.029 3 | 0.219 7 |
| >0.30 and <=0.40 | 11 | 1.96% | 0.343 4 | 0.008 6 | 0.334 7 | >0.30 and <=0.40 | 19 | 3.39% | 0.346 6 | 0.042 4 | 0.304 2 |
| >0.40 and <=0.50 | 5 | 0.89% | 0.454 3 | 0.004 2 | 0.450 1 | >0.40 and <=0.50 | 13 | 2.32% | 0.443 5 | 0.023 8 | 0.419 7 |
| >0.50 | 10 | 1.78% | 0.616 2 | 0.002 2 | 0.614 1 | >0.50 | 29 | 5.17% | 0.795 1 | 0.017 2 | 0.777 9 |
| Panel C：2008 年非金融行业 | | | | | | | | | | | |
| >0 and <=0.05 | 520 | 87.25% | 0.007 8 | 0.002 0 | 0.005 9 | >0 and <=0.05 | 462 | 77.52% | 0.009 6 | 0.003 1 | 0.006 4 |
| >0.05 and <=0.10 | 38 | 6.38% | 0.070 8 | 0.015 1 | 0.055 7 | >0.05 and <=0.10 | 46 | 7.72% | 0.069 8 | 0.012 9 | 0.056 8 |
| >0.10 and <=0.20 | 23 | 3.86% | 0.141 8 | 0.033 6 | 0.108 1 | >0.10 and <=0.20 | 50 | 8.39% | 0.142 7 | 0.034 7 | 0.108 0 |
| >0.20 and <=0.30 | 8 | 1.34% | 0.252 9 | 0.027 6 | 0.225 3 | >0.20 and <=0.30 | 17 | 2.85% | 0.235 1 | 0.029 2 | 0.205 9 |
| >0.30 and <=0.40 | 4 | 0.67% | 0.318 5 | 0.077 3 | 0.241 2 | >0.30 and <=0.40 | 7 | 1.17% | 0.346 6 | 0.144 8 | 0.201 8 |
| >0.40 and <=0.50 | 2 | 0.34% | 0.458 7 | 0.003 4 | 0.455 3 | >0.40 and <=0.50 | 7 | 1.17% | 0.446 9 | 0.002 7 | 0.444 2 |
| >0.50 | 1 | 0.17% | 0.562 9 | 0.000 0 | 0.562 9 | >0.50 | 7 | 1.17% | 0.765 1 | 0.002 6 | 0.762 6 |

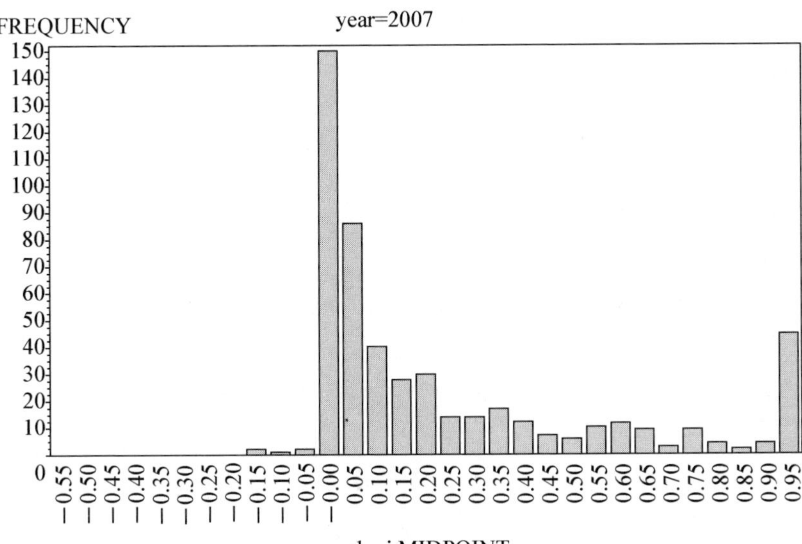


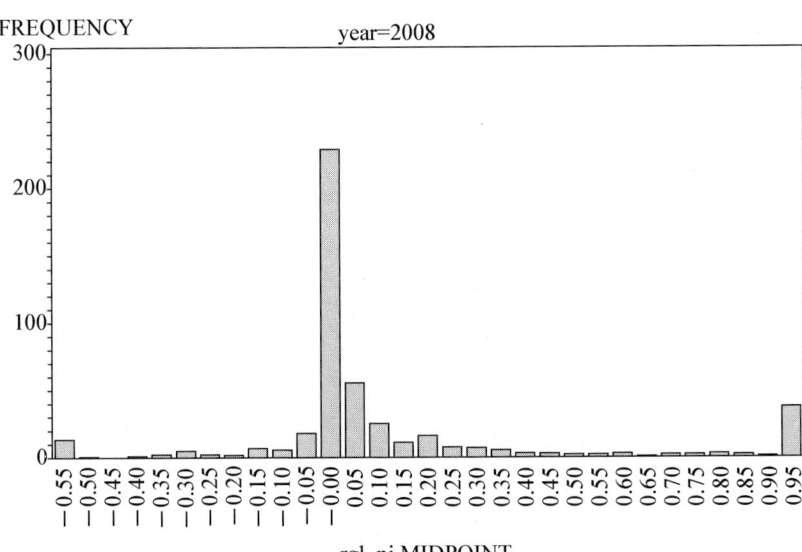


**图 3-1　已实现收益占净利润比重的分布图**

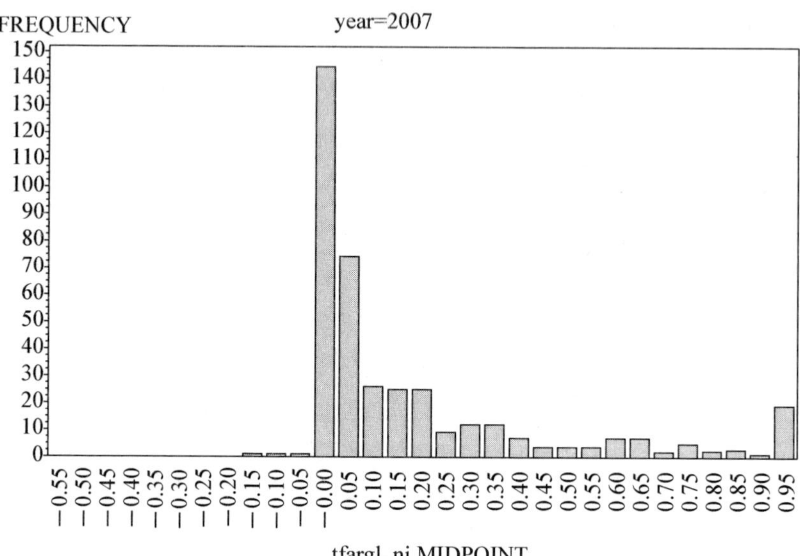


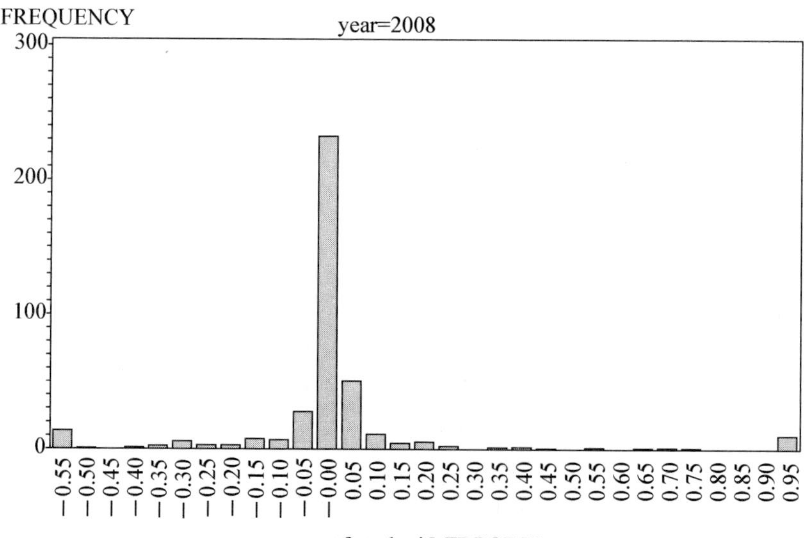


**图 3-2　交易性金融资产带来的已实现收益占净利润比重的分布图**

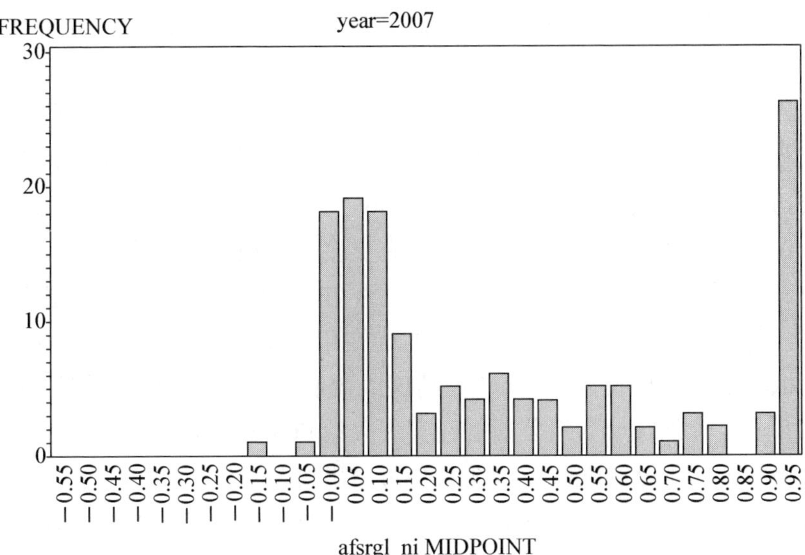


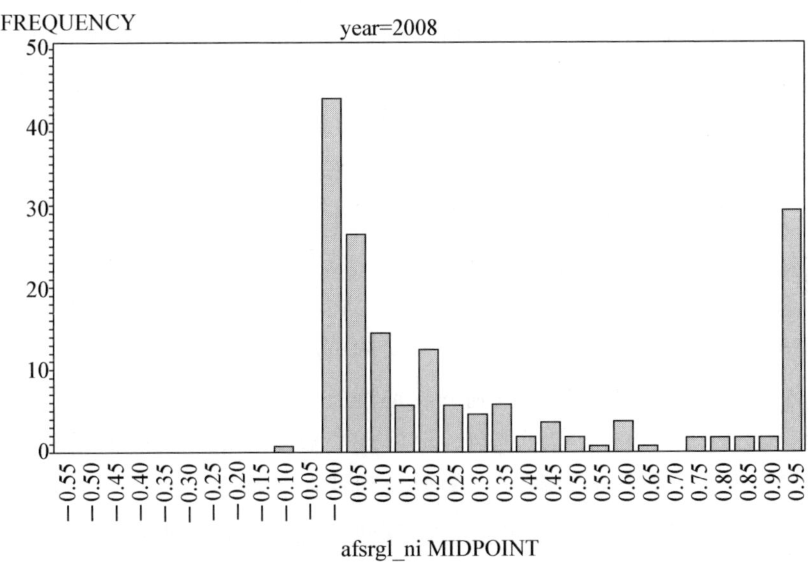


**图 3-3　可供出售金融资产带来的已实现收益占净利润比重的分布图**

### 3.4.3　公允价值、盈余管理与公司特征分析

1. 单变量分析

前面的分析说明，上市公司更可能利用可供出售金融资产作为利润调节的工具，接下来将进一步分析，什么样的公司会利用金融资产进行盈余管理。我们预期那些主营业务亏损、营业利润较低或营业利润增长较少的

公司更容易通过买卖金融资产进行盈余管理。首先进行单变量分析，结果列示于表 3-6。Panel A 根据公司的营业利润是大于 0 还是小于 0 分为两组：一组为盈利公司；另一组为亏损公司。对比两组公司未实现收益和已实现收益的大小，为控制规模的影响，均除以公司净资产。结果发现，亏损公司的已实现收益显著大于盈利公司，且主要由可供出售金融资产产生。这种结果并不是由于亏损公司拥有更多未实现收益而产生的，而是因为盈利公司的未实现收益（*URGL _ NA* 和 *AFSURGL _ NA*）显著高于亏损公司，这一结果说明亏损公司的确在用可供出售金融资产调节利润，从而抵减了未实现收益。Panel B 则仅限盈利公司，将公司根据盈利大小分为 5 组，分别统计 5 组公司的已实现收益和未实现收益，结果发现，盈利最小的公司组已实现收益（尤其是可供出售金融资产带来的）要显著高于盈利最高的公司组，且在盈利逐渐增加的过程中，相应的已实现收益在逐渐减少。盈余管理可能用于避免盈利下降（Burgstahler and Dichev, 1997），因此我们进一步考察了利润增长的情况，结果列示于 Panel C 中。将当期净利润[①]增长组（$NI_t \geqslant NI_{t-1}$）和当期净利润减少组（$NI_t < NI_{t-1}$）进行对比，考察两组之间未实现收益和已实现收益的差异，结果发现，利润下降组的可供出售金融资产带来的已实现收益显著高于利润增长组，未实现收益则相反，即前者显著低于后者，这些结果说明利润下降的公司通过出售可供出售金融资产来避免盈利下降，使当期未实现收益减少。这些结果支持了本文的预期，亏损公司、盈利较小公司或盈利下滑的公司更有可能利用可供出售金融资产来调节利润。

本研究还进一步考察了盈利的其他特征，如盈利持续性、盈利波动性与由金融资产产生的未实现收益、已实现收益的关系。我们根据公司的盈利持续性[②]、过去 5 年的利润（净利润和营业利润）波动性将公司分为 5 组，考察 5 组之间未实现收益和已实现收益的差异，并列示于 Panel D 至 Panel F 中，可以发现盈利持续性最差公司组的 *AFSRGL _ NA* 显著大于持续性最好的公司组（见 Panel D），这一现象在交易性金融资产中也出现过（*TFARGL _ NA*）。这些结果表明，那些盈利持续性较差的公司利用可供出售金融资产来调节利润，从而增加公司的盈利持续性。在 Panel E

---

① 净利润为扣除金融资产影响后的净利润，即从净利润中减去公允价值变动损益、投资收益中出售金融资产产生的已实现收益。

② 盈利持续性参考 Dechow and Dichev（2002）的研究，以每个公司过去 8 年的净利润为研究样本，利用模型 $NI_{i,t}=\beta_0+\beta_1 NI_{i,t-1}+\varepsilon$ 计算得出，$\beta_1$ 即盈利持续性。

**表 3-6　买卖金融资产产生的收益与会计利润的关系**

| | $N$ | $URGL\_NA$ | $TFAURGL\_NA$ | $AFSURGL\_NA$ | $RGL\_NA$ | $TFARGL\_NA$ | $AFSRGL\_NA$ | $TFA\_NA$ | $AFS\_NA$ |
|---|---|---|---|---|---|---|---|---|---|
| Panel A：亏损、盈利公司对比 | | | | | | | | | |
| 盈利公司 | 2 070 | 0.001 9 | −0.000 3 | 0.002 4 | 0.004 6 | 0.002 0 | 0.002 2 | 0.003 7 | 0.023 3 |
| 亏损公司 | 787 | −0.008 0 | −0.000 4 | −0.006 0 | 0.007 6 | 0.002 5 | 0.004 3 | 0.004 0 | 0.034 7 |
| Diff. | 0.009 7 | 0.000 1 | 0.008 9 | −0.003 0 | −0.000 5 | −0.002 0 | −0.000 4 | −0.011 0 | |
| $t$ 值 | 2.19** | 0.32 | 2.09** | −3.24*** | −0.93 | −3.37*** | −0.49 | −2.37** | |
| Panel B：盈利大小不同的公司行为 | | | | | | | | | |
| 0 | 414 | 0.007 3 | −0.000 1 | 0.007 6 | 0.005 9 | 0.001 8 | 0.003 9 | 0.002 7 | 0.042 6 |
| 1 | 414 | 0.005 9 | −0.000 2 | 0.006 1 | 0.006 5 | 0.002 5 | 0.003 4 | 0.004 3 | 0.029 7 |
| 2 | 414 | −0.001 3 | −0.000 3 | −0.001 0 | 0.004 0 | 0.002 1 | 0.001 6 | 0.003 0 | 0.018 2 |
| 3 | 414 | 0.002 4 | −0.000 1 | 0.002 7 | 0.003 0 | 0.002 0 | 0.000 9 | 0.004 9 | 0.019 2 |
| 4 | 414 | −0.004 6 | −0.000 7 | −0.003 4 | 0.003 5 | 0.001 8 | 0.001 5 | 0.003 4 | 0.007 0 |
| $F$ 值 | 1.72 | 0.91 | 1.61 | 3.39*** | 0.32 | 6.33*** | 1.25 | 9.35*** | |
| 0−4 | 0.011 9** | 0.000 5 | 0.011* | 0.002 4** | 0 | 0.002 4*** | −0.000 8 | 0.035 6*** | |
| Panel C：利润增长正负对比 | | | | | | | | | |
| $NI_t<NI_{t-1}$ | 1 184 | −0.006 0 | −0.000 2 | −0.005 0 | 0.007 7 | 0.002 8 | 0.004 2 | 0.004 3 | 0.030 1 |
| $NI_t\geqslant NI_{t-1}$ | 1 673 | 0.002 7 | −0.000 4 | 0.003 3 | 0.003 8 | 0.001 7 | 0.001 9 | 0.003 4 | 0.023 9 |
| Diff. | −0.008 0 | 0.000 2 | −0.008 0 | 0.003 9 | 0.001 1 | 0.002 3 | 0.000 9 | 0.006 1 | |
| $t$ 值 | −2.33** | 0.98 | −2.35** | 5.03*** | 2.56** | 4.51*** | 1.34 | 1.61 | |
| Panel D：盈利持续性大小 | | | | | | | | | |
| 0 | 570 | −0.003 3 | −0.000 2 | −0.002 4 | 0.011 5 | 0.003 4 | 0.006 9 | 0.004 6 | 0.044 4 |
| 1 | 571 | −0.006 0 | −0.000 3 | −0.004 8 | 0.005 3 | 0.001 8 | 0.003 2 | 0.003 2 | 0.034 9 |

续表

| | N | URGL _ NA | TFAURGL _ NA | AFSURGL _ NA | RGL _ NA | TFARGL _ NA | AFSRGL _ NA | TFA _ NA | AFS _ NA |
|---|---|---|---|---|---|---|---|---|---|
| 2 | 570 | 0.005 4 | 0.000 0 | 0.005 4 | 0.003 9 | 0.001 9 | 0.001 6 | 0.002 8 | 0.025 1 |
| 3 | 571 | 0.001 0 | −0.000 5 | 0.001 3 | 0.002 7 | 0.001 9 | 0.000 6 | 0.004 0 | 0.013 8 |
| 4 | 570 | −0.000 9 | −0.000 6 | 0.000 3 | 0.003 7 | 0.001 8 | 0.001 6 | 0.004 2 | 0.014 3 |
| *F* 值 | 1.34 | 1.48 | 1.15 | 20.36*** | 2.18* | 23.06*** | 1.01 | 10.15*** | |
| 0−4 | −0.002 3 | 0.000 4 | −0.002 7 | 0.007 9*** | 0.001 6** | 0.005 3*** | 0.000 4 | 0.030 1*** | |
| Panel E：净利润波动性 | | | | | | | | | |
| 0 | 571 | −0.000 6 | −0.000 1 | −0.000 3 | 0.005 4 | 0.002 9 | 0.002 3 | 0.003 3 | 0.031 2 |
| 1 | 571 | −0.001 0 | −0.000 4 | −0.000 4 | 0.006 3 | 0.002 4 | 0.003 4 | 0.003 1 | 0.028 5 |
| 2 | 573 | 0.001 7 | −0.000 2 | 0.002 6 | 0.005 8 | 0.002 2 | 0.003 1 | 0.004 5 | 0.028 0 |
| 3 | 571 | −0.010 2 | −0.000 6 | −0.009 0 | 0.004 7 | 0.001 1 | 0.003 3 | 0.003 9 | 0.021 0 |
| 4 | 571 | 0.006 4 | −0.000 2 | 0.006 9 | 0.004 8 | 0.002 3 | 0.001 9 | 0.004 0 | 0.023 6 |
| *F* 值 | 2.66** | 0.81 | 2.64** | 0.67 | 1.95 | 1.55 | 0.61 | 0.97 | |
| 0−4 | −0.007 1 | 0.000 1 | −0.007 2 | 0.000 7 | 0.000 6 | 0.000 4 | −0.000 8 | 0.007 6 | |
| Panel F：营业利润波动性 | | | | | | | | | |
| 0 | 571 | 0.000 7 | −0.000 1 | 0.001 1 | 0.005 4 | 0.002 8 | 0.002 3 | 0.003 1 | 0.031 1 |
| 1 | 571 | −0.002 8 | −0.000 2 | −0.002 4 | 0.006 2 | 0.002 1 | 0.003 6 | 0.004 0 | 0.029 6 |
| 2 | 573 | 0.001 4 | −0.000 2 | 0.002 5 | 0.006 4 | 0.002 5 | 0.003 4 | 0.004 0 | 0.027 6 |
| 3 | 571 | −0.003 8 | −0.000 6 | −0.002 6 | 0.005 2 | 0.001 6 | 0.003 4 | 0.004 8 | 0.028 5 |
| 4 | 571 | 0.000 8 | −0.000 3 | 0.001 2 | 0.003 8 | 0.001 8 | 0.001 4 | 0.002 9 | 0.015 6 |
| *F* 值 | 0.41 | 0.79 | 0.41 | 1.71 | 1.20 | 3.07** | 1.06 | 2.22* | |
| 0−4 | 0.000 0 | 0.000 1 | −0.000 1 | 0.001 7 | 0.001 0 | 0.000 9 | 0.000 2 | 0.015 5*** | |

注：***、**、*表示在1%、5%和10%水平下显著。

和 Panel F 中，利润（包括净利润和营业利润）的波动性与未实现收益和已实现收益都不存在一定的关联，最差组和最好组并不存在显著差异，因此可以推断管理层并未利用可供出售金融资产来减少盈利波动性。

大量研究表明，内外部治理因素可能限制公司的盈余管理行为（Cahan et al.，2008；Cornett et al.，2008；Davidson et al.，2005；Gaver and Paterson，2001；Klein，2002；Laux and Laux，2009；Nelson et al.，2002），如公司治理委员会、公司治理结构、外部审计师（Cahan et al.，2008）等。因此，我们将进一步分析这些治理因素对管理层利用可供出售金融资产进行盈余管理的影响，结果列示于表 3-7。Panel A 考察了前一期审计意见，Panel B 考察了审计师规模（代替审计质量），Panel C 考察了实际控制人，Panel D 考察了公司治理指数的影响。结果表明这些限制因素与已实现收益、未实现收益不存在统计关系，这表明公司治理因素并未起到限制公司盈余管理行为的作用。当然，这些变量与金融资产余额（*TFA _ NA* 和 *AFS _ NA*）存在统计关系，但这并不是本研究的分析重点，在此不予讨论。

2. 多变量分析

通过上述单变量分析结果，可以发现公司的盈利特征与金融资产带来的已实现收益存在显著的统计关系，为了进一步控制其他因素的影响，我们拟构建如下模型进行多元回归分析：

$$
\begin{aligned}
FARGL_{i,t} = {} & \alpha_0 + \alpha_1 Profit_{i,t} + \alpha_2 AFS_{i,t-1} + \alpha_3 TFA_{i,t-1} \\
& + \alpha_4 AFSURGL_{i,t} + \alpha_5 TFAURGL_{i,t} \\
& + \alpha_6 Distress_{i,t} + \alpha_7 NewCAP_{i,t} + \alpha_8 OP_{i,t-1} \\
& + \alpha_9 BIG4_{i,t} + \alpha_{10} CR_{i,t} + \alpha_{11} DEBT_{i,t} \\
& + \alpha_{12} LogTA_{i,t} + \varepsilon
\end{aligned}
\tag{3-1}
$$

式中，$FARGL_{i,t}$指买卖金融资产带来的已实现收益，分别代表出售交易性金融资产产生的已实现收益$TFARGL_{i,t}$和出售可供出售金融资产带来的已实现收益$AFSRGL_{i,t}$。$Profit_{i,t}$指公司盈利能力，在本研究中包括反映公司主营业务是否亏损的指标、当期营业利润的大小以及当期净利润增长率，分别以$LOSS_{i,t}$，$OPROF_{i,t}$和 $NI_G_{i,t}$来代替。$LOSS_{i,t}$为虚拟变量，当年营业利润为负时，该值为 1，否则为 0；$OPROF_{i,t}$为扣除公允价值变动损益后的余额；$NI_G_{i,t}$中的净利润为扣除金融资产相关收益后的余额，即从净利润中减去公允价值变动损益、出售金融资产（包括交易性金

表 3-7 买卖金融资产产生的收益与一些限制因素的关系

| | N | URGL_NA | TFAURGL_NA | AFSURGL_NA | RGL_NA | TFARGL_NA | AFSRGL_NA | TFA_NA | AFS_NA |
|---|---|---|---|---|---|---|---|---|---|
| Panel A：前一期审计意见 | | | | | | | | | |
| 标准意见 | 2 606 | −0.002 0 | −0.000 3 | −0.000 8 | 0.005 3 | 0.002 1 | 0.002 7 | 0.003 8 | 0.027 2 |
| 非标意见 | 251 | 0.007 6 | 0.000 0 | 0.007 8 | 0.006 7 | 0.002 5 | 0.003 6 | 0.003 5 | 0.019 1 |
| Diff. | −0.009 0 | −0.000 3 | −0.009 0 | −0.001 0 | −0.000 3 | −0.000 8 | 0.000 3 | 0.008 1 | |
| $t$ 值 | 0.93 | −0.59 | 1.00 | 0.94 | 0.64 | 0.25 | 2.25** | 3.02*** | |
| Panel B：审计师规模 | | | | | | | | | |
| 非四大 | 2 681 | −0.000 6 | −0.000 3 | 0.000 0 | 0.005 5 | 0.002 2 | 0.002 8 | 0.003 8 | 0.026 5 |
| 四大 | 176 | −0.003 0 | −0.000 3 | −0.000 3 | 0.004 2 | 0.001 6 | 0.002 5 | 0.003 7 | 0.026 4 |
| Diff. | 0.002 0 | 0.000 0 | 0.000 3 | 0.001 3 | 0.000 6 | 0.000 3 | 0.000 0 | 0.000 1 | |
| $t$ 值 | 0.29 | −0.02 | 0.05 | 1.30 | 1.25 | 0.35 | 0.02 | 0.01 | |
| Panel C：实际控制人 | | | | | | | | | |
| 民营 | 988 | 0.002 3 | −0.000 3 | 0.002 9 | 0.006 1 | 0.002 4 | 0.003 3 | 0.005 1 | 0.020 2 |
| 地方政府 | 1 312 | −0.001 6 | −0.000 4 | −0.000 8 | 0.004 8 | 0.002 0 | 0.002 6 | 0.002 9 | 0.033 3 |
| 中央政府 | 557 | −0.004 1 | −0.000 2 | −0.003 3 | 0.005 5 | 0.002 1 | 0.002 6 | 0.003 5 | 0.021 5 |

续表

| | N | URGL _ NA | TFAURGL _ NA | AFSURGL _ NA | RGL _ NA | TFARGL _ NA | AFSRGL _ NA | TFA _ NA | AFS _ NA |
|---|---|---|---|---|---|---|---|---|---|
| 民营 vs. 地方国企 | 0.003 8 | 0.000 1 | 0.003 7 | 0.001 3 | 0.000 4 | 0.000 7 | 0.002 2*** | −0.013 1*** | |
| 民营 vs. 央企 | 0.006 4 | −0.000 1 | 0.006 2 | 0.000 6 | 0.000 4 | 0.000 7 | 0.001 6 | −0.001 3 | |
| 地方国企 vs. 央企 | 0.002 6 | −0.000 1 | 0.002 5 | −0.000 7 | 0.000 0 | 0.000 0 | −0.000 6 | 0.011 8*** | |
| Panel D：公司治理指数 | | | | | | | | | |
| 0 | 554 | −0.003 3 | −0.000 3 | −0.002 7 | 0.005 9 | 0.002 5 | 0.003 0 | 0.002 4 | 0.034 9 |
| 1 | 556 | 0.002 6 | −0.000 2 | 0.003 3 | 0.004 6 | 0.002 2 | 0.002 1 | 0.002 8 | 0.026 4 |
| 2 | 555 | −0.000 9 | −0.000 4 | −0.000 4 | 0.005 7 | 0.001 5 | 0.003 5 | 0.003 9 | 0.033 9 |
| 3 | 556 | −0.003 1 | −0.000 4 | −0.002 0 | 0.005 2 | 0.001 9 | 0.002 9 | 0.004 0 | 0.020 4 |
| 4 | 555 | 0.002 1 | −0.000 2 | 0.002 5 | 0.005 3 | 0.002 8 | 0.002 3 | 0.005 6 | 0.012 7 |
| F 值 | 0.57 | 0.23 | 0.56 | 0.42 | 1.30 | 1.32 | 2.72** | 5.21*** | |
| 0−4 | −0.005 4 | −0.000 1 | −0.005 1 | 0.000 6 | −0.000 3 | 0.000 8 | −0.003 2*** | 0.022 2*** | |

注：***、**、*表示在1%、5%和10%水平下显著。

融资产和可供出售金融资产）产生的已实现收益。$AFS_{i,t-1}$为前一期可供出售金融资产余额，$TFA_{i,t-1}$为前一期交易性金融资产余额，$AFSURGL_{i,t}$为当期可供出售金融资产产生的未实现收益，$TFAURGL_{i,t}$为当期交易性金融资产产生的未实现收益，这四个指标决定了公司有多大能力通过卖出金融资产来调节当期利润，因此可以预期$\alpha_1$，$\alpha_2$，$\alpha_3$，$\alpha_4$ 和 $\alpha_5$ 均为正。模型（3-1）的变量均除以 $t$ 期净资产。利用该模型进行回归分析的结果列示于表 3-8。Panel A 对比亏损公司和盈利公司，Panel B 对比公司盈利大小，Panel C 对比公司盈利增长率。结果表明，在控制其他因素的影响后，$LOSS_{i,t}$对$AFSRGL_{i,t}$的影响显著为正（见 Panel A），但对$TFARGL_{i,t}$的影响并不显著，说明亏损公司通过买卖更多可供出售金融资产来进行盈余管理。在 Panel B 中，$OPROF_{i,t}$与$AFSRGL_{i,t}$存在显著负相关关系，相应的结果并未出现在$TFARGL_{i,t}$和$RGL_{i,t}$中，这说明公司在主营业务较差时，会卖出更多的可供出售金融资产来进行盈余管理。在 Panel C 中，$NI_G_{i,t}$对$RGL_{i,t}$和$AFSRGL_{i,t}$的影响显著为负，说明公司净利润增长率较低时，会卖出更多的可供出售金融资产来进行盈余管理。这些实证结果在控制了其他因素的情况下，强有力地支持了本文的预期，公司根据主营业务的盈利状况决定是否利用以及用多少可供出售金融资产来调节利润。

**表 3-8　盈余管理的多变量分析**

| 变量 | $RGL_{i,t}$ | | $TFARGL_{i,t}$ | | $AFSRGL_{i,t}$ | |
|---|---|---|---|---|---|---|
| | Coeff. | $t$ value | Coeff. | $t$ value | Coeff. | $t$ value |
| Panel A：盈利公司 vs. 亏损公司 | | | | | | |
| *Intercept* | −0.008 | (−1.18) | −0.003 | (−0.74) | −0.004 | (−0.79) |
| $LOSS_{i,t}$ | 0.002** | (2.51) | 0.000 | (0.85) | 0.001** | (2.38) |
| $AFS_{i,t-1}$ | 0.050*** | (16.11) | 0.007*** | (4.01) | 0.039*** | (18.93) |
| $TFA_{i,t-1}$ | 0.267*** | (10.93) | 0.233*** | (16.28) | 0.002 | (0.13) |
| $AFSURGL_{i,t}$ | 0.051*** | (10.54) | 0.016*** | (5.50) | 0.027*** | (8.50) |
| $TFAURGL_{i,t}$ | 0.626*** | (8.28) | 0.705*** | (15.91) | −0.089* | (−1.77) |
| $Distress_{i,t}$ | −0.001 | (−0.63) | −0.000 | (−0.03) | −0.001 | (−1.02) |
| $NewCAP_{i,t}$ | −0.002 | (−0.89) | −0.001 | (−0.78) | −0.001 | (−0.46) |
| $OP_{i,t-1}$ | 0.002 | (1.58) | 0.000 | (0.43) | 0.002* | (1.83) |
| $BIG4_{i,t}$ | −0.002 | (−1.02) | −0.001 | (−0.63) | −0.000 | (−0.50) |
| $CR_{i,t}$ | 0.001*** | (2.91) | 0.001*** | (4.57) | −0.000 | (−0.12) |
| $DEBT_{i,t}$ | −0.000 | (−0.33) | 0.000 | (0.03) | −0.000 | (−0.44) |
| $LogTA_{i,t}$ | 0.000 | (1.47) | 0.000 | (0.88) | 0.000 | (1.10) |
| *Obs.* | 2 857 | | 2 857 | | 2 857 | |
| $Adj.R^2$ | 0.136 3 | | 0.135 3 | | 0.122 7 | |

续表

| 变量 | $RGL_{i,t}$ | | $TFARGL_{i,t}$ | | $AFSRGL_{i,t}$ | |
|---|---|---|---|---|---|---|
| | Coeff. | *t* value | Coeff. | *t* value | Coeff. | *t* value |
| Panel B：公司盈利大小 | | | | | | |
| *Intercept* | −0.006 | (−0.79) | −0.004 | (−0.81) | −0.000 | (−0.08) |
| $OPROF_{i,t}$ | −0.004 | (−1.14) | 0.001 | (0.40) | −0.005** | (−2.21) |
| $AFS_{i,t-1}$ | 0.051*** | (12.13) | 0.007*** | (2.79) | 0.042*** | (15.61) |
| $TFA_{i,t-1}$ | 0.310*** | (11.62) | 0.259*** | (15.74) | 0.019 | (1.13) |
| $AFSURGL_{i,t}$ | 0.040*** | (7.05) | 0.016*** | (4.67) | 0.020*** | (5.56) |
| $TFAURGL_{i,t}$ | 0.763*** | (9.17) | 0.755*** | (14.73) | −0.020 | (−0.38) |
| $Distress_{i,t}$ | 0.005*** | (2.59) | 0.000 | (0.06) | 0.004*** | (3.00) |
| $NewCAP_{i,t}$ | −0.001 | (−0.77) | −0.001 | (−0.77) | −0.000 | (−0.27) |
| $OP_{i,t-1}$ | 0.001 | (0.61) | 0.001 | (0.46) | 0.000 | (0.04) |
| $BIG4_{i,t}$ | −0.002 | (−1.12) | −0.001 | (−0.73) | −0.001 | (−0.60) |
| $CR_{i,t}$ | 0.000** | (2.01) | 0.000*** | (3.53) | −0.000 | (−0.19) |
| $DEBT_{i,t}$ | −0.002 | (−1.38) | −0.001 | (−1.46) | −0.000 | (−0.48) |
| $LogTA_{i,t}$ | 0.000 | (1.23) | 0.000 | (1.04) | 0.000 | (0.49) |
| *Obs.* | 2 070 | | 2 070 | | 2 070 | |
| $Adj.R^2$ | 0.141 4 | | 0.156 1 | | 0.121 | |
| Panel C：公司盈利增长率 | | | | | | |
| *Intercept* | −0.006 | (−0.93) | −0.003 | (−0.62) | −0.003 | (−0.55) |
| $NI\_G_{i,t}$ | −0.000*** | (−2.95) | −0.000 | (−0.45) | −0.000*** | (−2.93) |
| $AFS_{i,t-1}$ | 0.051*** | (16.34) | 0.007*** | (4.10) | 0.040*** | (19.16) |
| $TFA_{i,t-1}$ | 0.267*** | (10.97) | 0.233*** | (16.31) | 0.002 | (0.15) |
| $AFSURGL_{i,t}$ | 0.051*** | (10.59) | 0.016*** | (5.51) | 0.027*** | (8.54) |
| $TFAURGL_{i,t}$ | 0.620*** | (8.21) | 0.704*** | (15.89) | −0.092* | (−1.85) |
| $Distress_{i,t}$ | −0.000 | (−0.20) | 0.000 | (0.11) | −0.001 | (−0.61) |
| $NewCAP_{i,t}$ | −0.002 | (−0.98) | −0.001 | (−0.82) | −0.001 | (−0.55) |
| $OP_{i,t-1}$ | 0.003* | (1.93) | 0.000 | (0.53) | 0.002** | (2.17) |
| $BIG4_{i,t}$ | −0.001 | (−0.95) | −0.001 | (−0.60) | −0.000 | (−0.44) |
| $CR_{i,t}$ | 0.001*** | (2.83) | 0.001*** | (4.52) | −0.000 | (−0.20) |
| $DEBT_{i,t}$ | −0.000 | (−0.21) | 0.000 | (0.04) | −0.000 | (−0.32) |
| $LogTA_{i,t}$ | 0.000 | (1.28) | 0.000 | (0.78) | 0.000 | (0.92) |
| *Obs.* | 2 857 | | 2 857 | | 2 857 | |
| $Adj.R^2$ | 0.137 | | 0.135 2 | | 0.123 6 | |

注：括号内为相应的 *t* 值；***、**、* 表示在 1%、5%和 10%水平下显著。

另外，控制变量中，前一期的交易性金融资产、可供出售金融资产余额（$TFA_{i,t-1}$和$AFS_{i,t-1}$），以及本期的交易性金融资产、可供出售金融资产的未实现收益（$TFAURGL_{i,t}$和$AFSURGL_{i,t}$）几乎都对已实现收益产生了显著正的影响，这与预期一致。它们都是公司调节利润的基础。

### 3.4.4 市场反应

既然上市公司利用可供出售金融资产进行盈余管理，那么市场能否看穿这一过程或影响呢？我们利用以下两个模型来考察这一问题。

$$CAR=\beta_0+\beta_1 UE+\beta_2 URGL+\beta_3 RGL+\beta_4 LogMV+\varepsilon \tag{3-2}$$

$$CAR=\gamma_0+\gamma_1 UE+\gamma_2 TFAURGL+\gamma_3 AFSURGL+\gamma_4 TFARGL+\gamma_5 AFSRGL+\gamma_6 LogMV+\varepsilon \tag{3-3}$$

*CAR* 为正负 10 个交易日的累计非正常回报率，利用市场调整模型计算得出，即非正常回报率 *AR* 等于个股回报率减去市场回报率；*UE* 为未实现收益，通过随机游走模型计算得到，即两期利润相减；*TFAURGL* 和 *AFSURGL* 分别代表交易性金融资产和可供出售金融资产产生的未实现收益，*TFARGL* 和 *AFSRGL* 分别代表买卖交易性金融资产和可供出售金融资产产生的已实现收益，*URGL* 和 *RGL* 代表两类金融资产产生的未实现收益与已实现收益。以上变量均除以前一年年底的总市值。利用式（3-2）和式（3-3）进行回归的结果列示于表 3-9。结果表明，市场并未对已实现收益的总体做出反应（见方程 1）；在方程 2 的所有公司中，可供出售金融资产产生的已实现收益与 *CAR* 不存在显著相关性，而交易性金融资产则带来负的市场反应。这些结果在将所有公司分为盈利组和亏损组的情况下仍然保持一致。实证结果充分表明，由于管理层可能利用可供出售金融资产进行盈余管理，虽然增加了当期业绩，但却属于非正常损益，不具有持续性，因此市场并未被愚弄。

**表 3-9 市场回报率（*CAR*）**

| 变量 | 方程 1 | 方程 2 | | |
|---|---|---|---|---|
| | | 所有公司 | 盈利公司 | 亏损公司 |
| *Intercept* | 0.278*** | 0.270*** | 0.150*** | 0.755*** |
| | (6.72) | (6.50) | (3.42) | (6.64) |
| *UE* | 0.000** | 0.000** | 0.000*** | 0.000 |
| | (2.39) | (2.50) | (3.95) | (0.80) |
| *URGL* | −0.000*** | | | |
| | (−3.07) | | | |
| *RGL* | −0.000 | | | |
| | (−0.58) | | | |

续表

| 变量 | 方程 1 | 方程 2 | | |
|---|---|---|---|---|
| | | 所有公司 | 盈利公司 | 亏损公司 |
| *TFAURGL* | | −0.002 | −0.000 | −0.005 |
| | | (−1.17) | (−0.28) | (−1.37) |
| *AFSURGL* | | −0.000** | −0.000 | −0.000 |
| | | (−2.47) | (−1.62) | (−1.52) |
| *TFARGL* | | −0.002* | −0.003** | −0.000 |
| | | (−1.94) | (−2.19) | (−0.15) |
| *AFSRGL* | | 0.000 | 0.001 | 0.001 |
| | | (0.71) | (0.70) | (0.81) |
| *LogMV* | −0.018*** | −0.017*** | −0.009*** | −0.051*** |
| | (−6.43) | (−6.22) | (−3.23) | (−6.51) |
| *Obs.* | 2 817 | 2 817 | 2 045 | 772 |
| *Adj.* $R^2$ | 0.018 6 | 0.019 7 | 0.015 1 | 0.056 |

注：被解释变量为 *CAR*(−10，10)；括号内为相应的 *t* 值；***、**、*表示在 1%、5%和 10%水平下显著。

### 3.4.5 稳健性检验

首先，增加盈利持续性指标作为控制变量，重新对模型（3-1）进行回归，结果列示于表 3-10，本研究关心的变量与表 3-8 完全一致。

**表 3-10 盈余管理的多变量分析——稳健性检验 1**

| 变量 | $RGL_{i,t}$ | | $TFARGL_{i,t}$ | | $AFSRGL_{i,t}$ | |
|---|---|---|---|---|---|---|
| | Coeff. | *t* value | Coeff. | *t* value | Coeff. | *t* value |
| Panel A：盈利公司 vs. 亏损公司 | | | | | | |
| *Intercept* | −0.008 | (−1.10) | −0.003 | −0.60 | −0.004 | (−0.81) |
| $LOSS_{i,t}$ | 0.002** | (2.47) | 0.000 | 0.78 | 0.001** | (2.39) |
| $AFS_{i,t-1}$ | 0.050*** | (16.09) | 0.007*** | 3.98 | 0.039*** | (18.93) |
| $TFA_{i,t-1}$ | 0.266*** | (10.89) | 0.232*** | 16.23 | 0.002 | (0.13) |
| $AFSURGL_{i,t}$ | 0.051*** | (10.52) | 0.016*** | 5.46 | 0.027*** | (8.50) |
| $TFAURGL_{i,t}$ | 0.625*** | (8.27) | 0.704*** | 15.89 | −0.089* | (−1.77) |
| $Distress_{i,t}$ | −0.001 | (−0.62) | −0.000 | −0.01 | −0.001 | (−1.02) |
| $NewCAP_{i,t}$ | −0.002 | (−0.88) | −0.001 | −0.77 | −0.001 | (−0.47) |
| $OP_{i,t-1}$ | 0.002 | (1.50) | 0.000 | 0.29 | 0.002* | (1.84) |
| $BIG4_{i,t}$ | −0.002 | (−1.00) | −0.001 | −0.60 | −0.001 | (−0.50) |
| $CR_{i,t}$ | 0.001*** | (2.89) | 0.001*** | 4.54 | −0.000 | (−0.11) |
| $DEBT_{i,t}$ | −0.000 | (−0.40) | −0.000 | −0.09 | −0.000 | (−0.42) |
| $LogTA_{i,t}$ | 0.000 | (1.33) | 0.000 | 0.64 | 0.000 | (1.12) |

续表

| 变量 | $RGL_{i,t}$ | | $TFARGL_{i,t}$ | | $AFSRGL_{i,t}$ | |
|---|---|---|---|---|---|---|
| | Coeff. | t value | Coeff. | t value | Coeff. | t value |
| $EP_{i,t}$ | 0.001 | (0.96) | 0.001* | 1.75 | −0.000 | (−0.26) |
| Obs. | 2 857 | | 2 857 | | 2 857 | |
| Adj. $R^2$ | 0.136 3 | | 0.136 | | 0.122 4 | |
| Panel B：公司盈利大小 | | | | | | |
| Intercept | −0.006 | (−0.79) | −0.004 | −0.92 | 0.000 | (0.07) |
| $OPROF_{i,t}$ | −0.011 | (−1.54) | 0.002 | 0.45 | −0.011** | (−2.46) |
| $AFS_{i,t-1}$ | 0.121*** | (12.87) | 0.018*** | 3.19 | 0.099*** | (16.55) |
| $TFA_{i,t-1}$ | 0.531*** | (10.93) | 0.468*** | 15.59 | 0.016 | (0.52) |
| $AFSURGL_{i,t}$ | 0.079*** | (7.47) | 0.033*** | 5.00 | 0.041*** | (6.05) |
| $TFAURGL_{i,t}$ | 1.481*** | (8.96) | 1.553*** | 15.23 | −0.138 | (−1.31) |
| $Distress_{i,t}$ | 0.005*** | (2.61) | 0.000 | 0.19 | 0.004*** | (2.90) |
| $NewCAP_{i,t}$ | −0.001 | (−0.78) | −0.001 | −0.81 | −0.000 | (−0.22) |
| $OP_{i,t-1}$ | 0.001 | (0.68) | 0.001 | 0.57 | −0.000 | (0.00) |
| $BIG4_{i,t}$ | −0.002 | (−1.15) | −0.001 | −0.70 | −0.001 | (−0.68) |
| $CR_{i,t}$ | 0.000 | (1.41) | 0.000*** | 2.82 | −0.000 | (−0.45) |
| $DEBT_{i,t}$ | −0.002 | (−1.11) | −0.001 | −1.09 | −0.000 | (−0.37) |
| $LogTA_{i,t}$ | 0.000 | (1.10) | 0.000 | 1.06 | 0.000 | (0.23) |
| $EP_{i,t}$ | 0.003** | (2.04) | 0.001 | 1.26 | 0.001 | (1.60) |
| Obs. | 2 070 | | 2 070 | | 2 070 | |
| Adj. $R^2$ | 0.145 9 | | 0.158 1 | | 0.136 1 | |
| Panel C：公司盈利增长率 | | | | | | |
| Intercept | −0.006 | (−0.85) | −0.002 | −0.49 | −0.003 | (−0.56) |
| $NI\_G_{i,t}$ | −0.000*** | (−2.95) | −0.000 | −0.45 | −0.000*** | (−2.92) |
| $AFS_{i,t-1}$ | 0.051*** | (16.31) | 0.007*** | 4.06 | 0.040*** | (19.15) |
| $TFA_{i,t-1}$ | 0.267*** | (10.93) | 0.232*** | 16.26 | 0.003 | (0.16) |
| $AFSURGL_{i,t}$ | 0.051*** | (10.56) | 0.016*** | 5.47 | 0.028*** | (8.54) |
| $TFAURGL_{i,t}$ | 0.619*** | (8.20) | 0.703*** | 15.88 | −0.092* | (−1.84) |
| $Distress_{i,t}$ | −0.000 | (−0.20) | 0.000 | 0.12 | −0.001 | (−0.61) |
| $NewCAP_{i,t}$ | −0.002 | (−0.97) | −0.001 | −0.81 | −0.001 | (−0.55) |
| $OP_{i,t-1}$ | 0.003* | (1.84) | 0.000 | 0.38 | 0.002** | (2.17) |
| $BIG4_{i,t}$ | −0.001 | (−0.93) | −0.001 | −0.57 | −0.000 | (−0.44) |
| $CR_{i,t}$ | 0.001*** | (2.81) | 0.001*** | 4.50 | −0.000 | (−0.20) |
| $DEBT_{i,t}$ | −0.000 | (−0.29) | −0.000 | −0.08 | −0.000 | (−0.31) |
| $LogTA_{i,t}$ | 0.000 | (1.13) | 0.000 | 0.54 | 0.000 | (0.93) |
| $EP_{i,t}$ | 0.001 | (1.07) | 0.001* | 1.78 | −0.000 | (−0.16) |
| Obs. | 2 857 | | 2 857 | | 2 857 | |
| Adj. $R^2$ | 0.137 | | 0.135 8 | | 0.123 3 | |

注：EP 反映公司盈利持续性；括号内为相应的 t 值；***、**、* 表示在 1%、5%和 10%水平下显著。

其次，在模型（3－1）的基础上增加公司治理指数作为控制变量。一些研究（Davidson et al.，2005；Klein，2002）发现公司治理特征能够起到约束管理层行为的作用，因此本研究添加了公司治理指数作为控制变量。构建公司治理指数使用的变量参考了白重恩等（2005）的研究，包括两职合一、外部董事的比例、五大高管人员的持股量、第一大股东持股比例、第二至第十大股东持股量的赫芬达尔指数、公司是否在其他市场挂牌上市、第一大股东是否为国有股，通过主成分分析法计算的第一主成分作为本研究使用的公司治理指数。相应的回归结果列示于表 3－11，结果仍与表 3－8 一致。

**表 3－11　盈余管理的多变量分析——稳健性检验 2**

| 变量 | $RGL_{i,t}$ | | $TFARGL_{i,t}$ | | $AFSRGL_{i,t}$ | |
|---|---|---|---|---|---|---|
| | Coeff. | *t* value | Coeff. | *t* value | Coeff. | *t* value |
| Panel A：盈利公司 vs. 亏损公司 | | | | | | |
| *Intercept* | −0.006 | (−0.83) | −0.001 | (−0.33) | −0.004 | (−0.87) |
| $LOSS_{i,t}$ | 0.002*** | (2.77) | 0.001 | (1.18) | 0.001** | (2.50) |
| $AFS_{i,t-1}$ | 0.050*** | (14.90) | 0.008*** | (4.24) | 0.038*** | (16.91) |
| $TFA_{i,t-1}$ | 0.259*** | (10.62) | 0.233*** | (16.18) | −0.000 | (−0.03) |
| $AFSURGL_{i,t}$ | 0.050*** | (9.91) | 0.018*** | (6.11) | 0.024*** | (7.29) |
| $TFAURGL_{i,t}$ | 0.635*** | (8.37) | 0.699*** | (15.63) | −0.058 | (−1.15) |
| $Distress_{i,t}$ | −0.001 | (−0.53) | −0.000 | (−0.27) | −0.001 | (−0.97) |
| $NewCAP_{i,t}$ | −0.002 | (−0.85) | −0.001 | (−0.69) | −0.001 | (−0.52) |
| $OP_{i,t-1}$ | 0.002 | (1.02) | 0.000 | (0.31) | 0.002 | (1.63) |
| $BIG4_{i,t}$ | −0.001 | (−0.97) | −0.001 | (−0.59) | −0.001 | (−0.55) |
| $CR_{i,t}$ | 0.001*** | (3.00) | 0.001*** | (4.75) | −0.000 | (−0.09) |
| $DEBT_{i,t}$ | −0.000 | (−0.32) | −0.000 | (−0.02) | −0.000 | (−0.37) |
| $LogTA_{i,t}$ | 0.000 | (1.10) | 0.000 | (0.44) | 0.000 | (1.17) |
| $Cgindex_{i,t}$ | −0.000 | (−0.53) | −0.000 | (−1.01) | 0.000 | (0.21) |
| *Obs.* | 2 776 | | 2 776 | | 2 776 | |
| $Adj.R^2$ | 0.127 1 | | 0.138 4 | | 0.102 9 | |
| Panel B：公司盈利大小 | | | | | | |
| *Intercept* | −0.010 | (−1.23) | −0.004 | (−0.78) | −0.004 | (−0.77) |
| $OPROF_{i,t}$ | −0.005 | (−1.38) | 0.000 | (0.12) | −0.005** | (−2.25) |
| $AFS_{i,t-1}$ | 0.050*** | (12.06) | 0.007*** | (2.78) | 0.042*** | (15.42) |

续表

| 变量 | $RGL_{i,t}$ | | $TFARGL_{i,t}$ | | $AFSRGL_{i,t}$ | |
|---|---|---|---|---|---|---|
| | Coeff. | t value | Coeff. | t value | Coeff. | t value |
| $TFA_{i,t-1}$ | 0.300*** | (11.22) | 0.251*** | (15.37) | 0.018 | (1.06) |
| $AFSURGL_{i,t}$ | 0.040*** | (6.98) | 0.016*** | (4.73) | 0.020*** | (5.38) |
| $TFAURGL_{i,t}$ | 0.730*** | (8.78) | 0.729*** | (14.34) | −0.021 | (−0.38) |
| $Distress_{i,t}$ | 0.004** | (2.15) | −0.001 | (−0.71) | 0.004*** | (3.17) |
| $NewCAP_{i,t}$ | −0.002 | (−0.93) | −0.001 | (−0.82) | −0.001 | (−0.44) |
| $OP_{i,t-1}$ | 0.000 | (0.16) | −0.000 | (−0.17) | 0.000 | (0.09) |
| $BIG4_{i,t}$ | −0.002 | (−1.27) | −0.001 | (−0.80) | −0.001 | (−0.74) |
| $CR_{i,t}$ | 0.000** | (1.97) | 0.000*** | (3.64) | −0.000 | (−0.33) |
| $DEBT_{i,t}$ | −0.002 | (−1.43) | −0.001 | (−1.57) | −0.000 | (−0.49) |
| $LogTA_{i,t}$ | 0.001* | (1.67) | 0.000 | (1.02) | 0.000 | (1.16) |
| $Cgindex_{i,t}$ | 0.000 | (1.27) | −0.000 | (−0.17) | 0.000* | (1.96) |
| *Obs.* | 2 017 | | 2 017 | | 2 017 | |
| $Adj.R^2$ | 0.140 2 | | 0.155 9 | | 0.122 2 | |
| Panel C：公司盈利增长率 | | | | | | |
| $Intercept$ | −0.004 | (−0.51) | −0.001 | (−0.14) | −0.003 | (−0.60) |
| $NI\_G_{i,t}$ | −0.000*** | (−3.02) | −0.000 | (−0.56) | −0.000*** | (−2.94) |
| $AFS_{i,t-1}$ | 0.051*** | (15.06) | 0.009*** | (4.33) | 0.038*** | (17.05) |
| $TFA_{i,t-1}$ | 0.260*** | (10.66) | 0.233*** | (16.22) | 0.000 | (0.00) |
| $AFSURGL_{i,t}$ | 0.050*** | (9.93) | 0.018*** | (6.13) | 0.024*** | (7.31) |
| $TFAURGL_{i,t}$ | 0.629*** | (8.29) | 0.699*** | (15.60) | −0.062 | (−1.22) |
| $Distress_{i,t}$ | −0.000 | (−0.06) | −0.000 | (−0.07) | −0.001 | (−0.55) |
| $NewCAP_{i,t}$ | −0.002 | (−0.95) | −0.001 | (−0.75) | −0.001 | (−0.61) |
| $OP_{i,t-1}$ | 0.002 | (1.40) | 0.000 | (0.45) | 0.002** | (1.99) |
| $BIG4_{i,t}$ | −0.001 | (−0.89) | −0.000 | (−0.54) | −0.000 | (−0.48) |
| $CR_{i,t}$ | 0.001*** | (2.90) | 0.001*** | (4.67) | −0.000 | (−0.18) |
| $DEBT_{i,t}$ | −0.000 | (−0.21) | −0.000 | (−0.01) | −0.000 | (−0.26) |
| $LogTA_{i,t}$ | 0.000 | (0.84) | 0.000 | (0.28) | 0.000 | (0.96) |
| $Cgindex_{i,t}$ | −0.000 | (−0.67) | −0.000 | (−1.06) | 0.000 | (0.09) |
| *Obs.* | 2 776 | | 2 776 | | 2 776 | |
| $Adj.R^2$ | 0.127 5 | | 0.138 | | 0.103 6 | |

注：*Cgindex* 指根据主成分分析法构建的公司治理指数；括号内为相应的 *t* 值；***、**、*表示在1%、5%和10%水平下显著。

再次，为了控制具体公司治理特征对管理层盈余管理行为的限制作用，本研究单独将第一大股东持股比例、是否两职合一和外部董事的比例作为控制变量，重新对模型（3－1）进行回归，结果列示于表 3－12，结果也与表 3－8 一致。

**表 3－12　盈余管理的多变量分析——稳健性检验 3**

| 变量 | $RGL_{i,t}$ | | $TFARGL_{i,t}$ | | $AFSRGL_{i,t}$ | |
|---|---|---|---|---|---|---|
| | Coeff. | *t* value | Coeff. | *t* value | Coeff. | *t* value |
| Panel A：盈利公司 vs. 亏损公司 | | | | | | |
| *Intercept* | −0.008 | (−1.10) | −0.002 | (−0.39) | −0.006 | (−1.23) |
| $LOSS_{i,t}$ | 0.002*** | (2.61) | 0.001 | (1.14) | 0.001** | (2.28) |
| $AFS_{i,t-1}$ | 0.050*** | (14.92) | 0.009*** | (4.31) | 0.038*** | (16.87) |
| $TFA_{i,t-1}$ | 0.258*** | (10.56) | 0.233*** | (16.18) | −0.002 | (−0.12) |
| $AFSURGL_{i,t}$ | 0.050*** | (9.91) | 0.018*** | (6.14) | 0.024*** | (7.25) |
| $TFAURGL_{i,t}$ | 0.635*** | (8.37) | 0.700*** | (15.66) | −0.058 | (−1.16) |
| $Distress_{i,t}$ | −0.001 | (−0.49) | −0.000 | (−0.19) | −0.001 | (−0.98) |
| $NewCAP_{i,t}$ | −0.002 | (−0.99) | −0.001 | (−0.81) | −0.001 | (−0.64) |
| $OP_{i,t-1}$ | 0.001 | (1.00) | 0.000 | (0.26) | 0.002* | (1.66) |
| $BIG4_{i,t}$ | −0.001 | (−0.96) | −0.001 | (−0.59) | −0.001 | (−0.52) |
| $CR_{i,t}$ | 0.001*** | (3.01) | 0.001*** | (4.78) | −0.000 | (−0.11) |
| $DEBT_{i,t}$ | −0.000 | (−0.26) | 0.000 | (0.04) | −0.000 | (−0.33) |
| $LogTA_{i,t}$ | 0.000 | (1.47) | 0.000 | (0.68) | 0.000 | (1.55) |
| $shareratio_{i,t}$ | −0.000 | (−1.19) | −0.000 | (−0.59) | −0.000 | (−1.50) |
| $ceo\_topdir_{i,t}$ | −0.001 | (−0.62) | −0.001* | (−1.84) | 0.001 | (0.93) |
| $out\_ratio_{i,t}$ | 0.002 | (0.29) | −0.001 | (−0.21) | 0.002 | (0.57) |
| *Obs.* | 2 778 | | 2 778 | | 2 778 | |
| *Adj.* $R^2$ | 0.126 9 | | 0.138 5 | | 0.103 4 | |
| Panel B：公司盈利大小 | | | | | | |
| *Intercept* | −0.010 | (−0.89) | −0.004 | (−0.75) | −0.004 | (−0.41) |
| $OPROF_{i,t}$ | −0.004 | (−0.95) | 0.001 | (0.30) | −0.004* | (−1.80) |
| $AFS_{i,t-1}$ | 0.050*** | (12.09) | 0.007*** | (2.87) | 0.041*** | (15.33) |
| $TFA_{i,t-1}$ | 0.299*** | (11.20) | 0.251*** | (15.35) | 0.018 | (1.03) |
| $AFSURGL_{i,t}$ | 0.040*** | (6.97) | 0.016*** | (4.74) | 0.020*** | (5.34) |
| $TFAURGL_{i,t}$ | 0.734*** | (8.85) | 0.731*** | (14.39) | −0.019 | (−0.36) |
| $Distress_{i,t}$ | 0.004** | (2.18) | −0.001 | (−0.64) | 0.004*** | (3.14) |
| $NewCAP_{i,t}$ | −0.002 | (−1.06) | −0.001 | (−0.99) | −0.001 | (−0.48) |
| $OP_{i,t-1}$ | 0.001 | (0.41) | −0.000 | (−0.07) | 0.000 | (0.35) |
| $BIG4_{i,t}$ | −0.002 | (−1.20) | −0.001 | (−0.80) | −0.001 | (−0.67) |
| $CR_{i,t}$ | 0.000** | (2.11) | 0.000*** | (3.71) | −0.000 | (−0.23) |

续表

| 变量 | $RGL_{i,t}$ | | $TFARGL_{i,t}$ | | $AFSRGL_{i,t}$ | |
|---|---|---|---|---|---|---|
| | Coeff. | t value | Coeff. | t value | Coeff. | t value |
| $DEBT_{i,t}$ | −0.002* | (−1.69) | −0.002* | (−1.78) | −0.001 | (−0.63) |
| $LogTA_{i,t}$ | 0.001* | (1.83) | 0.000 | (1.29) | 0.000 | (1.17) |
| $shareratio_{i,t}$ | −0.000*** | (−2.72) | −0.000 | (−1.59) | −0.000** | (−2.26) |
| $ceo\_topdir_{i,t}$ | −0.001 | (−1.06) | −0.001* | (−1.69) | 0.000 | (0.62) |
| $out\_ratio_{i,t}$ | −0.003 | (−0.46) | −0.001 | (−0.17) | −0.002 | (−0.38) |
| Obs. | 2 019 | | 2 019 | | 2 019 | |
| $Adj.R^2$ | 0.142 4 | | 0.157 2 | | 0.122 2 | |
| Panel C：公司盈利增长率 | | | | | | |
| Intercept | −0.007 | (−0.88) | −0.001 | (−0.24) | −0.005 | (−1.06) |
| $NI\_G_{i,t}$ | −0.000*** | (−2.91) | −0.000 | (−0.48) | −0.000*** | (−2.84) |
| $AFS_{i,t-1}$ | 0.051*** | (15.07) | 0.009*** | (4.40) | 0.038*** | (17.01) |
| $TFA_{i,t-1}$ | 0.258*** | (10.59) | 0.233*** | (16.21) | −0.002 | (−0.11) |
| $AFSURGL_{i,t}$ | 0.050*** | (9.93) | 0.018*** | (6.16) | 0.024*** | (7.27) |
| $TFAURGL_{i,t}$ | 0.629*** | (8.30) | 0.700*** | (15.64) | −0.062 | (−1.24) |
| $Distress_{i,t}$ | −0.000 | (−0.04) | 0.000 | (0.00) | −0.001 | (−0.60) |
| $NewCAP_{i,t}$ | −0.002 | (−1.10) | −0.001 | (−0.87) | −0.001 | (−0.73) |
| $OP_{i,t-1}$ | 0.002 | (1.36) | 0.000 | (0.39) | 0.002** | (1.99) |
| $BIG4_{i,t}$ | −0.001 | (−0.89) | −0.000 | (−0.54) | −0.000 | (−0.47) |
| $CR_{i,t}$ | 0.001*** | (2.91) | 0.001*** | (4.71) | −0.000 | (−0.19) |
| $DEBT_{i,t}$ | −0.000 | (−0.15) | 0.000 | (0.06) | −0.000 | (−0.21) |
| $LogTA_{i,t}$ | 0.000 | (1.29) | 0.000 | (0.56) | 0.000 | (1.41) |
| $shareratio_{i,t}$ | −0.000 | (−1.33) | −0.000 | (−0.70) | −0.000 | (−1.61) |
| $ceo\_topdir_{i,t}$ | −0.001 | (−0.63) | −0.001* | (−1.85) | 0.001 | (0.92) |
| $out\_ratio_{i,t}$ | 0.003 | (0.38) | −0.001 | (−0.18) | 0.003 | (0.64) |
| Obs. | 2 778 | | 2 778 | | 2 778 | |
| $Adj.R^2$ | 0.127 4 | | 0.138 2 | | 0.104 3 | |

注：***、**、*表示在1%、5%和10%水平下显著；括号内为相应的 t 值。

最后，在市场反应方面，本研究进一步考察了其他窗口下的情况，如正负6～9个交易日、11～12个交易日，检验结果与表3-9一致。

## 3.5　本章小结

本章考察了国际会计准则在中国应用的一个主要表现：公允价值在金融资产中的使用对我国上市公司行为的影响。结合我国存在的股权分置的特殊制度背景，即首次采用公允价值和大量交叉持股现象的存在，研究了采用公允价值计量的金融资产被管理层作为盈余管理手段的问题。原来的股权分置决定了投资成本与股票市价存在很大差异，这种差异在首次实施时会被管理层确认为不同的金融资产类型而保留下来，因此能够在未来用于盈余管理。由于会计处理的不同，当证券投资被确认为可供出售金融资产时，这部分差异会保留在股东权益中，未来卖出时可以转到当期损益中，因此可供出售金融资产可以作为一种盈余管理手段。经过统计分析我们发现，在中国证券市场中，有近 50%的非金融行业公司存在交叉持股情况，而金融资产所产生的影响在金融行业和非金融行业没有显著差异。这一统计结果表明，非金融行业的公司进行了大量主营业务以外的投资，即持有其他上市公司的股权。一些研究（王玉涛等，2009；叶建芳等，2009）表明，在新会计准则实施时，上市公司更倾向于将证券投资确认为可供出售金融资产，本研究则进一步考察了管理层是否真的会利用可供出售金融资产进行盈余管理，以及在什么情况下使用该方法。研究结果表明，当反映主营业务经营状况的营业利润为负或较小，扣除金融资产相关收益后的净利润增长率较小时，管理层更愿意通过卖出更多的可供出售金融资产进行盈余管理。这些结果意味着，虽然金融资产的公允价值能够可靠计量，不受管理层操纵，但基于中国的制度背景，上市公司仍能够通过选择买卖可供出售金融资产的时点来进行盈余管理，因此本研究提供了公允价值作为盈余管理手段的新证据，补充了相关研究成果（Dechow et al.，2008；Dhaliwal et al.，2004；Hribar et al.，2006；Kasanen et al.，1996；McVay，2006；Phillips et al.，2003）。

需要强调的是，上市公司卖出可供出售金融资产的原因很多，本章只是在众多可能中找到盈余管理的证据，但并不排除其他原因。我们的实证结果是在控制很多因素后进行的检验，并结合金融资产的特征进行了合理的逻辑推理和分析，为盈余管理的动机提供了经验证据。此外，上市公司在主营业务利润较差或亏损时卖出可供出售金融资产这一事实也与我国特殊的制度背景有关，上市公司中存在大量国有企业，这些企业管理层为了达成业绩考核指标，有很强的动机去利用可供出售金融资产调节当期会计收益，本章的研究发现能够为这一动机提供证据支持。

既然可供出售金融资产被上市公司作为一种盈余管理手段用来进行利润调节，那么市场是否被愚弄了呢？本研究进一步考察了市场反应。在控制当期未预期盈余的情况下，结果发现可供出售金融资产带来的已实现收益与累计非正常回报率不存在显著的统计关系，这说明市场识别了这一现象，认为该暂时性收益并不具有信息含量。

关于公允价值的大量研究从价值相关性、可靠性、及时性角度展开（Aboody et al.，1999；Barth，1994；Barth et al.，1998；Barth et al.，1996；Barth and Clinch，1998；Eccher et al.，1996；Kallapur and Kwan，2004；Nelson，1996），本研究从另一角度分析了公允价值会计的使用可能作为一种盈余管理手段，不仅补充了公允价值相关领域的研究成果，而且为盈余管理方面的研究提供了更多的证据，这是本研究的理论贡献。本研究还提供了国际会计准则在中国特殊的制度背景下应用的现实证据，因此能够为国际会计准则的制定、改进和完善提供借鉴和支持，同时也能为我国监管层了解新会计准则的实施效果提供政策依据。

# 第 2 篇

# 信息环境变化与信息传递者行为

# 第 4 章　信息环境变化与海外分析师预测行为

## 4.1　概述

本章通过考察会计准则改革对海外分析师行为的影响，试图说明国际会计准则在中国证券市场的应用对海外投资者的影响。2007 年 1 月 1 日开始实施的新会计准则是我国会计准则与国际准则接轨的一次重要制度变革，是实现企业“请进来、走出去”战略的重要举措[①]，其目的之一是提高会计准则的可比性，方便外国投资者了解我国公司的财务报表信息，同时帮助我国企业走出国门，为企业海外融资以及国际交流和合作提供便利。但现有关于新会计准则实施效果的研究大都站在国内资本市场角度，从价值相关性和盈余管理程度的变化等方面来说明（罗婷等，2008；叶建芳等，2009），很少站在国外报表使用者或国外投资者角度来看会计准则改革带来的影响。由于海外投资者的行为和偏好在很大程度上会反映在海外分析师的行为中，因此本章以海外分析师为研究对象，并以国内分析师为参照样本，考察新旧会计准则下不同财务报表信息对海外分析师盈利预测行为产生的影响，从而说明会计准则改革对海外投资者的影响[②]，检验“请进来”战略的实施效果。

---

① “请进来、走出去”战略是财政部部长金人庆在新会计准则和新审计准则颁布实施之际关于准则变革的重要意义的谈话中提到的，他认为实施新会计审计准则是完善我国市场经济体制、推动企业实施“请进来、走出去”战略的重要举措（财政部会计司编写组. 企业会计准则讲解（2008）. 北京：人民出版社，2008）。我们认为，“请进来”是让国外投资者（包括海外分析师）看懂我们的财务报告，“走出去”是为我国企业看懂国外企业的财务报告提供方便。

② 注意我们并没有强调新会计准则对会计质量的影响。严格来说，海外分析师预测误差的降低并不一定说明会计信息质量的提高，更可能是由于信息成本的降低。

相对于国内分析师，海外分析师更了解国际会计准则①。与国际会计准则接轨的我国新会计准则实施之后，海外分析师学习中国会计准则的成本即获取公开信息的成本降低，所以他们利用新会计准则下的财务报表信息对公司盈利进行预测的能力要强于利用旧会计准则进行预测的能力。本章预测并验证了这种变化关系，基于分析师个体特征进行检验的结果发现：在新会计准则实施后，无论是绝对数还是相对数，海外分析师预测误差（以国内分析师为控制样本）都显著降低；此外，新会计准则实施后，对我国上市公司盈利进行预测的海外分析师数量显著增加了。如果海外分析师同海外投资者面临的信息集相同，则意味着新会计准则与国际准则接轨会降低海外投资者的信息成本，这有助于我国上市公司的国际交流与合作，而更多投资者的参与会提高资本市场的资源配置效率。

本章有以下几方面的贡献：第一，研究结果对市场参与者以及政策制定者都具有非常重要的现实意义。新会计准则实施最主要的目的是通过与国际会计准则趋同来提高财务报告的国际可比性，进而吸引更多海外投资者的参与，最终提高市场竞争力和整个资本市场的配置效率。然而据我们所知，目前没有任何研究能够直接回答新会计准则的实施是否达到了这一最主要的目的。虽然海外投资者的行为和偏好很难直接观测到，但在很大程度上会通过海外分析师的行为反映出来。本章着眼于检验会计准则改革对海外分析师预测行为的影响，能够较有针对性地考察新会计准则对海外投资者的实施效果。第二，本章为会计准则改革的效果研究提供了重要的经验证据。与国际上其他关于国际会计准则实施效果的研究相比，本章重点关注了中国会计准则实施前后的分析师行为：在中国，国际会计准则的实施是强制性的，由此我们可以避免以前文献中遇到的因自愿实施产生的样本自选择问题（如 Leuz and Verrecchia（2000）在研究德国部分公司对国际会计准则的自愿采用时就面临这一问题），进而可以保证我们的研究结果不受自选择问题影响。最近的一些研究也考察了强制实施国际会计准则的影响（Armstrong et al.，2010；Tan et al.，2009），但就本章所研究的问题而言，利用中国的数据能够更好地对这一问题进行探索。一方面，

① 并不是所有海外分析师所在的国家都采用了国际会计准则，例如美国。在本章中由于数据的限制，我们无法将这些国家区分开来。但即使是那些所在国家没有采用国际会计准则的分析师，他们对国际会计准则的了解也不会少于对我国会计准则的了解。因此，新会计准则至少不会增加这些分析师的信息成本。在检验中包括这些分析师样本，将不利于我们发现显著统计结果，但不会影响本文的结论。

利用中国的数据可以避免跨国研究中不同国家制度差异造成的遗漏变量问题（omitted variable）。另一方面，中国有发展迅速的国内分析师行业作为控制样本，这可以进一步帮助我们排除其他因素对研究结果的影响。第三，与国内其他检验会计准则改革实施效果的研究相比，本章着重从海外分析师（海外投资者）角度进行检验，从而能够拓展新的研究视角并提供新的经验证据。之前的国内研究主要针对国内投资者，例如对市场反应的研究（王玉涛等，2009a）、对管理层行为的研究（王玉涛等，2009b；叶建芳等，2009），虽然这些研究也能为新会计准则对分析师的影响提供一定的证据，但是必须注意其本身存在的局限性：首先，从信息成本的角度来看，国内投资者对之前的国内会计准则相当了解，虽然新会计准则具有一些优势，但国内投资者（分析师）需要重新学习和理解这些新会计准则。因此，如果将投资者理解新准则所要花费的时间考虑在内的话，那么在新准则实施之后他们的信息成本可能会增加而不是减少。如果只关注国内投资者（分析师），可能会混淆我们对这一问题的判断。其次，信息成本增加带来的管理层盈余管理行为的增加以及国内分析师行为的改变也增加了我们对这一问题进行考察和分析的难度。而对海外分析师的关注则为我们探索这一问题提供了更干净的研究环境，因为海外分析师对国内原有会计准则的了解相对有限，信息成本的降低更容易反映在他们的行为中。所以对海外分析师的研究能够更好地揭示新会计准则在降低信息成本方面所扮演的重要角色。

## 4.2　研究假说和实证模型

### 4.2.1　中国会计准则改革的制度背景

自 1992 年颁布基本会计准则和 1997 年颁布第一部具体会计准则（《企业会计准则——关联方关系及其交易的披露》）起，我国财务报告准则体系的历史变革大体经历了三个阶段（包括本次变革）：1992—2000 年为第一阶段，执行的具体会计准则数量为 10 项，其总体思想是自由，企业只要进行充分披露，任何增加或减少利润的处理方式都是可以接受的（刘峰等，2004）。2001—2006 年为第二阶段，其间会计准则发生了重大变化，具体表现在：具体会计准则数量增加到 16 项，同时取消公允价值；

对计入利润的项目加以限制，很多原先可以计入利润的项目（如债务重组所得）只能计入资本公积；要求上市公司计提 8 项减值准备，并要求对于开办费等一次冲销，而不是分期冲销；对关联方交易可能产生的利润给出上限。2007 年以后为第三阶段，即本次准则变革。2007 年的新准则发生了巨大变化，基本构建了我国完整的财务报告会计准则体系，具体表现在：修订基本会计准则和颁布实施 38 项具体会计准则，实现了与国际财务报告准则的实质性趋同；指导思想较自由，与第二阶段相比，一些原先限制计入利润的项目（如债务重组所得）又可以直接计入利润表；大量引入公允价值计量模式，在会计处理中给企业提供了更多的选择权。以上三个阶段的分水岭是两个重要的准则变革，分别是 2001 年和 2007 年，本章关注的是 2007 年的变革，涉及 2007 年后的新会计准则和之前的旧会计准则。

整体来说，在自 2001 年起的第二阶段，我国会计准则的总体思想仍然受原来基本准则的影响，强调会计的受托责任功能，在具体准则上则表现为，尽一切可能限制上市公司调节利润的行为，对于那些不可避免的经济事项，通过规定将这些收益（如债务重组收益）计入股东权益来减少管理层进行盈余管理的机会。在这一阶段，我国试图建立有中国特色的会计准则和会计制度。为了帮助企业实施企业“请进来、走出去”的战略，2007 年会计准则的变革实现了与国际财务报告准则的实质性趋同，强调会计决策有用和提供信息的功能，大量引入公允价值计量模式并给企业提供了更多的自由选择权。因此，在 2007 年之前，国内准则无论在指导思想上，还是在数量上，都与国际财务报告准则存在较显著的差异；而在 2007 年以后，由于与国际财务报告准则实现实质性趋同，二者之间的差异大大减少①。这种巨大变化必然对我国经济社会和资本市场产生深远影响。故本章以 2007 年会计准则变革为契机来考察新会计准则对海外分析师的影响，以检验这种“请进来”战略的实施效果。

### 4.2.2 研究假说

我国会计准则的国际化改革属于会计准则一体化（accounting harmonization）的一部分。虽然国际财务报告准则在很多国家得到实施，但学

① 新会计准则虽然与国际财务报告准则实现实质性趋同，但仍然关注了中国特色，如资产减值不允许转回以及关联方认定的规定等，与国际财务报告准则存在一些差异。

术界对于会计准则国际一体化能否改善财务报告质量和信息环境质量仍存在很多争议。准则一体化的支持者认为，国际财务报告准则能够提高各国财务报告的可比性，从而限制企业的盈余管理行为；此外，由于大量采取公允价值计量模式，所以能够提高财务数字的价值相关性。Barth et al.（2008）的研究发现，国际财务报告准则实施后会计质量提高了，具体表现在盈余管理更少、损失确认更加及时、会计数字更有价值相关性等方面。从会计质量的整体特征角度，Beuselinck et al.（2009）的研究发现，国际财务报告准则的实施改善了信息环境，提高了会计信息透明度。这些经验结果说明，会计准则国际化改革的确改善了会计信息环境，减少了投资者面临的信息不对称情况，有助于提高资本市场运行效率和资源配置效率。

准则一体化的反对者则认为，各国的制度背景、文化、历史发展等差异决定了每个国家应该拥有独特的财务报告准则体系，一体化的会计准则不利于提高财务会计信息质量，不利于改善当地的信息环境。因此，统一的准则体系不一定适合所有国家，强制实施国际财务报告准则还可能产生巨大的转换成本（transition costs)。Daske（2006）从权益资本预期成本（expected cost of equity capital）角度考察了实施国际财务报告准则带来的经济后果，发现采取国际财务报告准则之后权益资本成本并未降低，在过渡期间采取国际财务报告准则反而导致权益资本成本增加。这些证据表明强制实施国际财务报告准则会带来巨大转换成本（transition cost)。从盈余管理角度，Van Tendeloo and Vanstraelen（2005）提供了支持反对者的经验证据，他们的研究发现，采取国际财务报告准则似乎增加了管理层盈余管理的可能性，且实施国际财务报告准则并未导致盈余管理的减少。这些经验证据说明，会计准则国际化改革并不能限制管理层的机会主义行为，也没有改善信息环境、减少投资者面临的信息不对称。

国内关于会计准则国际化改革的实证研究也未得出一致的结论。一些研究发现改革有助于提高会计信息含量、价值相关性等（金智，2010；罗婷等，2008；王玉涛等，2009b)；另一些研究则发现改革降低了价值相关性（朱凯等，2009)，增加了盈余管理机会（叶建芳等，2009)。

以上文献回顾说明两点：第一，学术界对国际财务报告准则实施效果的看法还存在分歧，这使得目前对新准则实施效果的理解仍然十分有限；第二，国内研究主要从本国财务报表使用者的角度进行考察，没有研究检验会计准则改革给海外投资者带来的影响。本研究则通过考察资本市场中的一个特殊群体——海外分析师的行为，为会计准则变革的实施效果提供新的经验证据并弥补上述研究的不足。海外分析师行为之所以与会计准则有关，原因有两个：其一，大量文献表明会计准则对分析师行为有重要影响。Ashbaugh and Pincus（2001）的研究表明，当地准则与国际财务报告准则的差异越大，分析师预测的准确度就越低，但在国际财务报告准则改革后，预测准确度提高了。Hope（2003a）发现会计政策披露水平与预测准确度呈正相关；Hope（2003b）进一步发现，会计准则实施的有效性也与分析师预测准确度呈正相关。Basu et al.（1998）的研究表明，在那些更少应计基础会计（accrual-based accounting）、更多市场基础会计（market-based accounting）和更少会计选择的国家，预测准确度更低。Guan et al.（2006）则讨论了本地会计准则与美国公认会计原则（GAAP）的相似程度对分析师预测行为的影响，结果发现两个准则之间的差异越小，分析师预测准确度越高。其二，会计准则国际化改革降低了海外分析师面临的信息不对称程度。海外分析师相对更了解国际会计准则，而我国会计准则国际化改革减少了海外分析师所在国的会计准则与我国会计准则的差异，这使他们更容易获取和处理公共信息，减少了信息不对称，进而可以投入更多成本和资源去获取私有信息，提高预测的准确度。Bae et al.（2008）通过跨国研究发现，各国会计准则差异越小，跟踪的海外分析师越多，预测准确度越高。这说明会计准则国际化改革减少了海外分析师所在国的会计准则与我国会计准则的差异，降低了海外分析师获取和解读公共信息的成本，最终导致跟踪数量和预测准确度的变化。

本研究关注会计准则国际化改革对海外分析师行为变化的影响，可以为关于会计准则一体化效果的争议提供更有效的经验证据。国际会计准则推行的目的是提高各国准则的可比性，改善会计信息环境，降低投资者和公司之间的信息不对称。因为海外投资者面临较高的信息搜集和加工成本，所以会计准则一体化目标能否实现，更容易从海外投资者的行为变化中观察到。Bae et al.（2008）检验了各国会计准则差异对海外分析师的影响，结果发现分析师所在国和跟踪公司所在国之间会计准则差异越大，跟踪的海外分析师越少，预测准确度越低。这说明海外分析师在会计准则一体化之前面临较高的信息不对称程度和信息加工成本。Tan et al.（2009）进一步检验了会计准则一体化后海外分析师的预测准确度是否有提高，结果发现实施国际财务报告准则后，预测误差减少了。本研究也考察了我国会计准则国际化改革对海外分析师的影响，与 Tan et al.（2009）的研究相比，本章的研究具有以下两个方面的特点：（1）跨国研究存在一些局限性，如更容易遭遇遗漏变量问题；（2）我国有迅速发展的国内分析师市场，为本研究提供了一个天然的参照样本，有利于更严谨地考察国际财务报告准则对海外分析师的影响。与国内分析师相比，海外分析师有其优势和劣势，优势是对国际会计准则更熟悉①，劣势是对中国资本市场相对不熟悉和获取信息的成本相对较高。这些特征使海外分析师更倚重会计准则规范下的财务报告信息进行盈利预测。2007 年新会计准则实现了与国际会计准则的实质性趋同，使海外分析师更能发挥其优势，利用对国际会计准则的熟悉之利降低获取信息的成本。获取信息成本的降低促使海外分析师可以投入更多资源，或者以相同资源获得更多收益，这势必会吸引更多海外分析师跟踪我国上市公司，并提高预测效率。基于上述讨论，我们提出本章的两个研究假说：

H1：在中国实施国际会计准则后，海外分析师对中国上市公司的预测误差降低；

H2：在中国实施国际会计准则后，跟踪中国上市公司的海外分析师数量增加。

### 4.2.3　实证模型

本研究关心的是会计准则改革是否影响海外分析师的行为。在准则变革的同时，其他一些因素也可能影响分析师预测，比如随着公司信息披露水平的提高，分析师预测误差会相应降低（Lang and Lundholm，1996）。如果这些因素的影响同会计准则改革的影响一致，则很难对这一问题进行检验。本章引入国内分析师作为控制样本，这样就能消除那些对国内和海外分析师产生相似影响的因素，进而增强本文的说服力。我们构建如下两个检验模型：

$$\begin{aligned} AFEP_{i,j,t} = {} & \alpha_0 + \alpha_1 Post + \alpha_2 Gexp_{i,t} + \alpha_3 Fexp_{i,j,t} + \alpha_4 Ncom_{i,t} \\ & + \alpha_5 Nind_{i,t} + \alpha_6 Brktop10_{i,t} + \alpha_7 Ananum_{j,t} \\ & + \alpha_8 Size_{j,t} + \alpha_9 Oprofvar_{j,t} + \alpha_{10} ROE_{j,t} \\ & + \alpha_{11} Ret\_EPS_{j,t} + \alpha_{12} LogQFII_t \end{aligned}$$

① 2007 年以前的我国会计准则与国际会计准则差异很大，因此，相对于海外分析师，国内分析师相对不熟悉国际财务报告准则。

$$+\alpha_{13} LogFH_{i,j,t}+IndustryFE+\varepsilon_{i,j,t} \tag{4-1}$$

模型（4－2）是在模型（4－1）的基础上，加入哑变量 $Forana_t$（如果是海外分析师则为 1，否则为 0）以及 $Forana_t\_Post$，这样处理能够将国内分析师作为参照样本，具体的模型如下：

$$\begin{aligned}AFEP_{i,j,t}=&\beta_0+\beta_1 Post+\beta_2 Forana_t+\beta_3 Forana_t\_Post+\beta_4 Gexp_{i,t}\\&+\beta_5 Fexp_{i,j,t}+\beta_6 Ncom_{i,t}+\beta_7 Nind_{i,t}+\beta_8 Brktop10_{i,t}\\&+\beta_9 Ananum_{j,t}+\beta_{10} Size_{j,t}+\beta_{11} Oprofvar_{j,t}\\&+\beta_{12} ROE_{j,t}+\beta_{13} Ret\_EPS_{j,t}+\beta_{14} LogQFII_t\\&+\beta_{15} LogFH_{i,j,t}+IndustryFE+\varepsilon_{i,j,t}\end{aligned} \tag{4-2}$$

为检验、跟踪国内上市公司的分析师数量在新会计准则实施前后的变化情况，构建如下模型：

$$\begin{aligned}Ananum_{j,t}=&\gamma_0+\gamma_1 Post+\gamma_2 Forana_t+\gamma_3 Forana_t\_Post\\&+\gamma_4 Size_{j,t}+\gamma_5 Oprofvar_{j,t}+\gamma_6 ROE_{j,t}\\&+\gamma_7 Ret\_EPS_{j,t}+\gamma_8 LogQFII_t\\&+IndustryFE+\varepsilon_{i,j,t}\end{aligned} \tag{4-3}$$

上述模型中各变量的下标：$i$ 代表分析师，$j$ 代表公司，$t$ 代表时间。根据研究假说，我们预期 $\alpha_1<0$（对于海外分析师），$\beta_3<0$ 和 $\gamma_1<0$。在计算预测误差变量 $APEP$ 时，分析师盈利预测值为当年年报公布日前 6 个月（180 天）内的数据，实际盈利值为数据库对应的数值。① 另外，在模型（4－1）和（4－2）中，我们主要控制了三类影响预测误差的因素，第一类是个体分析师特征变量，根据 Clement（1999）的研究，这些特征包括分析师的一般经验（$Gexp_{i,t}$）、分析师跟踪某一公司的经验（$Fexp_{i,j,t}$）、分析师跟踪的上市公司数目（$Ncom_{i,t}$）、分析师跟踪的行业数目（$Nind_{i,t}$）、分析师所在机构的规模大小（$Brktop10_{i,t}$）、分析师预测报告日距年报公布日的实际天数加 1 后取自然对数（$LogFH_{i,j,t}$）；第二类是公司特征变量，如 $Ananum_{j,t}$，$Size_{j,t}$，$Oprofvar_{j,t}$，$ROE_{j,t}$，$Ret\_EPS_{j,t}$；第三类是宏观变量，如 $QFII$ 的水平值并取自然对数（$LogQFII_t$）、行业 Dummy 变量。变量的详细定义见表 4－1。

① 本文之所以这样处理，是为了避免两类数据库中对盈利的定义存在差异。

**表 4-1　变量定义表**

| 变量符号 | 定义 |
|---|---|
| Panel A：被解释变量 | |
| $AFEP_{i,j,t}$ | 单个分析师的预测值①减实际值之差的绝对值，除以年底收盘价 |
| $Ananum_{j,t}$ | 跟踪某一公司的分析师数量 |
| Panel B：解释变量 | |
| $Post$ | Dummy 变量，如果分析师预测在 2007 年以后，则为 1，否则为 0 |
| $Forana_{t}$ | Dummy 变量，如果为海外分析师，则为 1，否则为 0 |
| $Forana_{t}\_Post$ | $Forana$ 与 $Post$ 的交叉项 |
| Panel C：控制变量（个体特征、公司特征） | |
| $Gexp_{i,t}$ | 单个分析师的一般经验，定义为来源于数据库该分析师的从业年度数 |
| $Fexp_{i,j,t}$ | 单个分析师跟踪某一公司的经验，定义为来源于数据库该分析师对某一公司进行预测的年度数 |
| $Ncom_{i,t}$ | 单个分析师跟踪的上市公司数目，基于数据库的所有数据 |
| $Nind_{i,t}$ | 单个分析师跟踪的行业数目，基于数据库的所有数据，行业为证监会二级行业分类 |
| $Brktop10_{i,t}$ | 单个分析师所在机构的规模大小，如果该机构拥有的分析师数量位于当年前 10，则为 1，否则为 0 |
| $Size_{j,t}$ | 上市公司规模，定义为总资产的自然对数 |
| $Oprofvar_{j,t}$ | 公司最近 3 年的营业利润离散系数，计算公式为：$Oprofvar_{j,t}=\frac{Std(NI_i)}{Abs[Mean(NI_i)]}\quad i=-3,\ -2,\ -1$ |
| $ROE_{j,t}$ | 净资产收益率 |
| $Ret\_EPS_{j,t}$ | 上市公司最近 5 年回报率与每股收益的相关系数 |
| $LogQFII_{t}$ | $QFII$ 年度值的自然对数，单位为百万元 |
| $LogFH_{i,j,t}$ | 盈余预测报告日距年报公布日的实际天数（forecast horizon），回归分析中取其自然对数 |

① 海内外分析师预测的盈利数据是对公司正常经营活动的结果的预测，而非经常性损益是无法预测的，因此来源于国泰安 CSMAR 数据库和 I/B/E/S 的数据对盈利的定义一致的。

## 4.3 实证分析

### 4.3.1 样本搜集和描述性统计

本研究以财政年度 2008 年（包括 2008 年）以前国内和海外分析师跟踪的我国所有上市公司①为初始样本，得到最初观察值 134 062 个（公司-年-分析师预测观察值）。在此基础上，首先，删除了金融保险业公司的观察值 8 859 个，剩余 125 203 个观察值。其次，由于国内分析师数据在 2002 年之后才开始逐渐增多，为了更好地与海外分析师行为做对比，又删除了 2002 年以前的公司②，得到 121 795 个观察值。再次，将分析师预测限制在半年报公布日至年报公布日之间，得到样本观察值 44 811 个。最后，删除分析师代码为空和相关变量缺失的样本，得到的最终样本观察值为 38 140 个。国内分析师数据和本章使用的财务数据来源于国泰安 CSMAR 数据库，海外分析师的数据来源于 I/B/E/S，控制变量 *QFII* 来源于 CEIC 数据库。样本筛选的过程详见表 4－2 的 Panel A。在该表中，我们同时列示了以下内容：公司-年-分析师样本、公司-年、公司和跟踪的分析师数量。公司-年-分析师样本与公司-年-分析师预测样本存在差异的原因是，有些分析师在样本期间进行了多次预测。表 4－2 的 Panel B 具体描述了公司被分析师跟踪数目和被预测次数在各年度间的分布情况，从中可以发现，海外分析师跟踪的公司数目从 2007 年开始有了明显的增加（从 2006 年的 398 增加到 2007 年的 482 和 2008 年的 642），平均每家公司被跟踪分析师数量也在 2007 年后显著增加，从 2006 年的 2.61 增加到 2008 年的 4.05，上升幅度超过 50%。这在一定程度上说明，新会计准则的实施吸引了更多海外分析师跟踪中国上市公司。同时还发现，平均每家公司被跟踪国内分析师数量增幅更大，从 2006 年的 2.85 增加到 2007 年的 5.04 和 2008 年的 6.94。进一步观察平均每家公司被预测次数可以发现，海外分

① 包括所有 A 股和 B 股公司。由于没有国内分析师跟踪 A 股公司，在涉及国内分析师的检验中我们只考察了 A 股公司。然而，在其中一项稳健性检验中，我们使用 B 股公司作为控制样本。

② 删除 2002 年之前数据的另一个原因是，2001 年是我国会计准则变迁的一个分界点，2002—2006 年我国会计准则的构建思想没有变化，参见刘峰等（2004）。

析师在 2007 年前后变化幅度小于国内分析师，原因可能是 2006 年之后有很多新加入的国内分析师。

**表 4-2　样本筛选过程与年度分布**

Panel A：样本筛选过程

| 筛选过程 | 公司-年-分析师预测 | 公司-年-分析师 | 公司-年 | 公司 | 跟踪的分析师 | |
|---|---|---|---|---|---|---|
| | | | | | 国内 | 海外 |
| 初始样本：海内外分析师预测的所有样本 | 134 062 | 51 624 | 6 009 | 1 472 | 2 155 | 1 355 |
| 删除金融保险业上市公司后剩余样本 | 125 203 | 48 939 | 5 891 | 1 443 | 2 032 | 1 275 |
| 将 2002 年以前的样本删除 | 121 795 | 47 684 | 5 555 | 1 429 | 2 032 | 1 203 |
| 将样本限制在半年报公布日至年报公布日之间 | 44 811 | 23 923 | 4 080 | 1 303 | 1 761 | 1 110 |
| 删除分析师代码为空的样本后剩余观察值 | 42 723 | 22 834 | 4 016 | 1 286 | 1 760 | 1 109 |
| 删除分析师预测误差等变量的缺失值后得到的最终观察值 | 38 140 | 19 621 | 3 553 | 1 160 | 1 663 | 1 058 |
| 其中：海外分析师跟踪的样本 | 19 371 | 6 329 | 2 078 | 789 | | |
| 国内分析师跟踪的样本 | 18 769 | 13 292 | 3 129 | 1 086 | | |

Panel B：样本年度分布①

| | 说明 | 2002 年 | 2003 年 | 2004 年 | 2005 年 | 2006 年 | 2007 年 | 2008 年 | 合计 |
|---|---|---|---|---|---|---|---|---|---|
| 总体样本② | 公司数目 | 87 | 258 | 389 | 524 | 611 | 782 | 902 | 3 553 |
| | 平均每家公司被跟踪分析师数量 | 1.17 | 1.98 | 3.13 | 3.62 | 4.13 | 6.46 | 9.23 | |
| | 平均每家公司被预测次数 | 1.59 | 3.08 | 6.59 | 6.55 | 7.42 | 12.10 | 19.08 | |
| 海外分析师 | 公司数目 | 12 | 78 | 234 | 232 | 398 | 482 | 642 | 2 078 |
| | 平均每家公司被跟踪分析师数量 | 1.25 | 1.62 | 2.58 | 2.34 | 2.61 | 2.90 | 4.05 | |
| | 平均每家公司被预测次数 | 3.83 | 4.95 | 7.92 | 7.35 | 6.67 | 7.99 | 13.83 | |
| 国内分析师 | 公司数目 | 76 | 223 | 292 | 468 | 521 | 725 | 824 | 3 129 |
| | 平均每家公司被跟踪分析师数量 | 1.14 | 1.73 | 2.10 | 2.89 | 2.85 | 5.04 | 6.94 | |
| | 平均每家公司被预测次数 | 1.21 | 1.83 | 2.43 | 3.69 | 3.61 | 7.74 | 10.12 | |

① 根据财务年度（fiscal year）进行统计。

② 在所有公司-年样本中，有 1 654 个样本由两类分析师同时跟踪，约占总体样本（3 553）的 47%。这些样本涉及 677 家公司，占公司总数（1 160）的 58%。

### 4.3.2　会计准则改革对海外分析师预测准确度的影响

为了检验假说 H1，本研究首先进行单变量分析，结果列示于表 4-3。表 4-3 描述了海外分析师和国内分析师在新会计准则实施前后预测误差的变化，从中可以看出，无论是海外分析师还是国内分析师，新会计准则实施后的分析师预测次数都显著增加，观察值（Obs.）分别从 5 625 增加到 13 746（海外分析师），从 4 678 增加到 14 091（国内分析师）。另外，海外分析师在新会计准则实施后的预测误差显著降低（均值从 0.054 降为 0.043，中位值从 0.030 降为 0.022），统计检验均显著；相反，国内分析师在新会计准则实施后，预测误差上升，均值从 0.011 变为 0.017。这些结果与 H1 一致，说明新会计准则提高了海外分析师对会计准则规范的熟悉程度，减少了利用财务报告信息预测未来盈利的不确定性，而信息不确定性的降低有助于提高预测准确度（Zhang，2006）。

**表 4-3　预测误差在海内外分析师之间、新准则实施前后的差异**

| 类型 | 说明 | Obs. | Mean | Median | T test | Wilcoxon |
|---|---|---|---|---|---|---|
| 海外分析师 | 新准则实施前 | 5 625 | 0.054 | 0.030 | 8.12*** | 10.79*** |
| | 新准则实施后 | 13 746 | 0.043 | 0.022 | | |
| 国内分析师 | 新准则实施前 | 4 678 | 0.011 | 0.005 | −12.24*** | −0.11 |
| | 新准则实施后 | 14 091 | 0.017 | 0.004 | | |

注：***、**、*表示在 1%、5%和 10%水平下显著。

表 4-4 进一步提供了本章使用变量的描述性统计结果和两类分析师的个体特征。Panel A 描述了除分析师个体特征外其他变量的统计结果。除变量 *Ananum* 基于公司-年样本进行统计外，其余变量均基于公司-年-分析师预测样本（样本观察值为 38 140 个）。Panel B 和 Panel C 分别描述了分析师的个体特征和基于单个分析师样本（海外样本 1 058 个、国内样本 1 663 个）的统计。从 Panel A 可以发现，分析师平均的预测误差为股票价格的 3.1%，公司被跟踪的分析师数量平均为 6 个左右，而分析师预测报告日距年报公布日的实际天数平均约 140 天（*FH*）。对比 Panel B 和 Panel C，可以发现：跟踪我国上市公司的海外分析师平均从业经验为 3.367 年（*Gexp*），高于国内分析师的 1.784 年；跟踪某一公司的经验平均为 1.073 年（*Fexp*），与国内分析师相近；平均每个海外分析师跟踪的公司数目约 10 家（*Ncom*），高于国内分析师的 6 家；平均每个海外分析师跟踪的行业数目为 1.852 个（*Nind*），与国内分析师（2.017 个）

接近；海外分析师的 75%分布在大券商机构（*Brktop*10），高于国内分析师 35%的比重。这些结果表明，跟踪我国上市公司的海外分析师从业经验较多，跟踪的公司数目高于国内分析师，且大都分布在较大的券商机构。

**表 4 - 4　变量的描述性统计**

| 变量 | Obs. | 均值 | 中位数 | 标准差 | 最小值 | 最大值 |
|---|---|---|---|---|---|---|
| Panel A：所有样本 | | | | | | |
| *AFEP* | 38 140 | 0.031 | 0.011 | 0.058 | 0.000 | 0.680 |
| *Ananum* | 3 553 | 5.522 | 3.000 | 6.511 | 1.000 | 45.000 |
| *Size* | 38 140 | 22.630 | 22.464 | 1.345 | 19.650 | 27.301 |
| *Oprofvar* | 38 140 | 0.581 | 0.326 | 1.118 | 0.012 | 13.819 |
| *ROE* | 38 140 | 0.130 | 0.126 | 0.116 | −0.605 | 0.624 |
| *Ret _ EPS* | 38 140 | 2.506 | 1.007 | 8.310 | −35.200 | 67.080 |
| *LogQFII* | 38 140 | 9.068 | 9.235 | 0.740 | 0.000 | 9.563 |
| *FH* | 38 140 | 139.345 | 147.000 | 68.985 | 0.000 | 293.000 |
| Panel B：海外分析师个体特征 | | | | | | |
| *Gexp* | 1 058 | 3.367 | 2.000 | 3.332 | 1.000 | 16.000 |
| *Fexp* | 1 058 | 1.073 | 1.000 | 0.391 | 1.000 | 6.000 |
| *Ncom* | 1 058 | 10.124 | 9.000 | 7.912 | 1.000 | 64.000 |
| *Nind* | 1 058 | 1.852 | 1.000 | 1.421 | 1.000 | 14.000 |
| *Brktop*10 | 1 058 | 0.751 | 1.000 | 0.432 | 0.000 | 1.000 |
| Panel C：国内分析师个体特征 | | | | | | |
| *Gexp* | 1 663 | 1.784 | 1.000 | 1.179 | 1.000 | 8.000 |
| *Fexp* | 1 663 | 1.061 | 1.000 | 0.330 | 1.000 | 7.000 |
| *Ncom* | 1 663 | 6.210 | 5.000 | 5.792 | 1.000 | 134.000 |
| *Nind* | 1 663 | 2.017 | 2.000 | 1.222 | 1.000 | 14.000 |
| *Brktop*10 | 1 663 | 0.348 | 0.000 | 0.476 | 0.000 | 1.000 |

表 4 - 3 和表 4 - 4 只提供了单变量分析结果，为了控制其他因素的影响，下面进行多变量回归分析。首先进行相关系数分析，结果列示于表 4 - 5。从表 4 - 5 可以看出，*AFEP* 与 *Gexp* 呈显著负相关，与 *Ncom*，*Nind* 显著正相关，这表明分析师的经验越少、跟踪的公司数目越多、跟踪的行业越多，预测误差越大；*AFEP* 与 *Fexp*，*Brktop*10 呈显著正相关，表明分析师跟踪公司的时间越长、所在的机构越大，预测误差越大，这与预期并不一致。

表 4-5　变量的相关系数矩阵

| 变量 | *AFEP* | *Gexp* | *Fexp* | *Ncom* | *Nind* | *Brktop*10 | *Ananum* | *Size* | *LogQFII* | *Oprofvar* | *ROE* | *Ret_EPS* | *FH* |
|---|---|---|---|---|---|---|---|---|---|---|---|---|---|
| *AFEP* | | 0.021*** | 0.009* | 0.115*** | 0.081*** | 0.026*** | −0.054*** | 0.164*** | −0.016*** | 0.075*** | −0.233*** | 0.05*** | 0.086*** |
| *Gexp* | −0.024*** | | 0.358*** | 0.128*** | 0.027*** | −0.024*** | 0.137*** | 0.117*** | 0.11*** | 0.017*** | 0.011** | 0.026*** | −0.057*** |
| *Fexp* | 0.035*** | 0.454*** | | 0.033*** | −0.021*** | −0.024*** | 0.15*** | 0.108*** | 0.132*** | −0.014*** | 0.004 | 0.015*** | −0.075*** |
| *Ncom* | 0.162*** | 0.232*** | 0.142*** | | 0.768*** | −0.167*** | −0.025*** | 0.005 | 0.083*** | 0.013** | −0.031*** | 0.02*** | −0.019*** |
| *Nind* | 0.064*** | 0.028*** | 0.025*** | 0.631*** | | −0.221*** | −0.092*** | −0.069*** | 0.057*** | −0.003 | −0.024*** | 0.008 | −0.016*** |
| *Brktop*10 | 0.074*** | −0.046*** | −0.021*** | −0.114*** | −0.174*** | | −0.163*** | 0.003 | −0.064*** | 0.013** | −0.037*** | −0.005 | −0.036*** |
| *Ananum* | −0.099*** | 0.224*** | 0.144*** | −0.003 | −0.092*** | −0.151*** | | 0.401*** | 0.258*** | −0.029*** | 0.14*** | 0.098*** | 0.103*** |
| *Size* | 0.193*** | 0.104*** | 0.12*** | 0.02*** | −0.092*** | 0.002 | 0.397*** | | 0.065*** | 0.013*** | −0.06*** | 0.043*** | 0.017*** |
| *LogQFII* | 0.108*** | 0.264*** | 0.184*** | 0.193*** | 0.106*** | −0.033*** | 0.379*** | 0.098*** | | 0.013** | −0.003 | 0.106*** | −0.021*** |
| *Oprofvar* | 0.103*** | 0.021*** | 0.001 | 0.019*** | 0.029*** | 0.006 | −0.019*** | 0.003 | 0.068*** | | −0.173*** | −0.019*** | −0.003 |
| *ROE* | −0.118*** | 0.036*** | 0.013*** | −0.039*** | −0.062*** | −0.032*** | 0.205*** | 0.008 | −0.074*** | 0.064*** | | −0.098*** | −0.034*** |
| *Ret_EPS* | 0.011** | 0.058*** | 0.028*** | 0.046*** | 0.039*** | −0.024*** | 0.13*** | −0.017*** | 0.224*** | 0.095*** | 0.024*** | | 0.013** |
| *FH* | 0.135*** | −0.06*** | −0.081*** | −0.036*** | −0.011** | −0.036*** | 0.099*** | 0.019*** | −0.164*** | 0.013*** | −0.032*** | 0.018*** | |

注：右上角为 Pearson 相关系数，左下角为 Spearman 相关系数；***、**、* 表示在 1%、5%和 10%水平下显著；涉及的样本观察值为 38 140 个。

利用模型（4－1）、模型（4－2）进行回归的结果列示于表 4－6。表 4－6 的前两列是海外分析师和国内分析师单独回归的结果，最右列是将国内分析师和海外分析师放在一起的结果。我们检验了各变量的 VIF 值（未列出），均小于 5，这表明模型（4－1）、模型（4－2）的变量并不存在严重多重共线性。从表 4－6 可以发现，海外分析师组反映新会计准则实施前后的变量 *Post* 显著为负，而国内分析师组的 *Post* 显著为正。这一结果意味着会计准则改革使海外分析师的预测误差降低，使国内分析师的预测误差上升。表 4－6 的最右列将两类分析师纳入统一回归模型，这样可以观察海外分析师预测误差降低的相对程度，从中可以发现 *Forana _ Post* 显著为负。这意味着海外分析师的预测误差在会计准则改革前后显著降低，且不受整个分析师行业预测准确度变化的影响，结果支持了 H1。

控制变量中，分析师个体特征变量 *Gexp*，*Fexp*，*Nind* 不显著，*Ncom* 显著为正，意味着分析师跟踪的公司越多，预测误差越大，这与 Clement（1999）的结果一致；*Brktop*10 显著为负，这与预期不符，但主要出现在国内分析师组，海外分析师组并不显著。此外，我们发现公司规模（*Size*）越大、盈利的波动性（*Oprofvar*）越大、预测报告日距年报公布日的实际天数（*LogFH*）越长、公司的业绩（*ROE*）越差，分析师预测误差越大，均与预期一致。同时还发现，当年的 *QFII* 越多，海外分析师组的预测误差越小，但同样的结果并未出现在国内分析师组（*LogQFII* 在该组不显著）。结合后面表 4－8 的结果可以说明，投入中国资本市场的 *QFII* 是促使海外分析师跟踪中国公司并提高预测质量的重要原因。综上，控制变量的结果与前人的研究结果基本一致。

**表 4－6　新会计准则实施前后国内外分析师预测误差的回归分析**

| 变量 | 海外分析师组 | 国内分析师组 | 全样本组 |
|---|---|---|---|
| *Constant* | －0.093* | －0.086*** | －0.117*** |
| | (－1.81) | (－4.68) | (－3.81) |
| *Post* | －0.012** | 0.002* | 0.003* |
| | (－2.15) | (1.95) | (1.92) |
| *Forana* | | | 0.041*** |
| | | | (6.87) |
| *Forana _ Post* | | | －0.016*** |
| | | | (－2.76) |
| *Gexp* | －0.000 2 | －0.000 1 | －0.000 1 |
| | (－0.41) | (－0.31) | (－0.24) |

续表

| 变量 | 海外分析师组 | 国内分析师组 | 全样本组 |
|---|---|---|---|
| *Fexp* | 0.000 7 | 0.001 | 0.000 6 |
| | (0.64) | (1.51) | (1.34) |
| *Ncom* | 0.000 4** | 0.000 2*** | 0.000 2*** |
| | (2.19) | (6.07) | (3.29) |
| *Nind* | 0.000 4 | −0.001*** | 0.000 05 |
| | (0.47) | (−4.69) | (0.120) |
| *Brktop*10 | −0.000 1 | −0.002*** | −0.002*** |
| | (−0.10) | (−4.36) | (−2.86) |
| *Ananum* | 0.000 2 | 0.000 2 | 0.000 1 |
| | (0.42) | (1.26) | (0.49) |
| *Size* | 0.007*** | 0.004*** | 0.005*** |
| | (2.69) | (4.54) | (3.74) |
| *Oprofvar* | 0.002 | 0.002*** | 0.002** |
| | (1.48) | (3.01) | (2.35) |
| *ROE* | −0.113*** | −0.128*** | −0.117*** |
| | (−4.94) | (−8.87) | (−6.80) |
| *Ret _ EPS* | 0.000 3* | 0.000 2** | 0.000 2** |
| | (1.92) | (2.09) | (2.03) |
| *LogQFII* | −0.004** | 0.000 3 | −0.001* |
| | (−2.30) | (0.87) | (−1.66) |
| *LogFH* | 0.004*** | 0.006*** | 0.005*** |
| | (4.33) | (14.6) | (8.767) |
| *Ind. Control* | Yes | Yes | Yes |
| *Obs.* | 19 371 | 18 769 | 38 140 |
| *Adj.* $R^2$ | 0.099 | 0.239 | 0.180 |

注：被解释变量为分析师盈利预测误差 *AFEP*；*LogFH* 为 *FH* 加 1 后取自然对数；括号内为相应的 *t* 值，并按公司进行 Cluster 调整；***、**、* 表示在 1%、5%和 10%水平下显著。

### 4.3.3 会计准则改革对海外分析师跟踪数量的影响

新会计准则实施后，海外分析师对国际会计准则的熟悉降低了他们获取信息的成本，因此可以合理预期他们会增加对中国上市公司的预测行为。为检验新会计准则对海外分析师跟踪数量的影响，我们将样本限制在公司-年的基础上，如果某公司在某一年有两类分析师跟踪，则存在两个观察值，否则存在一个观察值，这样的样本共计 5 207 个，其中海外分析师跟踪的公司-年样本为 2 078 个，国内分析师跟踪的公司-年样本为3 129 个（见表 4 - 2 的 Panel A）。本章首先对比海外分析师和国内分析师跟踪的公司中，会计准则变革前后每家公司平均被多少个分析师跟踪，差异是否显著。这些结果列示于表 4-7。结果显示，会计准则变革后，跟踪中国上市公司的海外分析师平均数目显著（左起第 5 列）增加，从准则实施前的 2.565 增加到实施后的 3.358，并且这种差异在 1%水平下显著。同时发现，跟踪的国内分析师平均数目也显著增加，从准则变革前的 2.490 增加到变革后的 5.954，上升幅度高于海外分析师。

在表 4-7 中，我们还统计了国内外分析师跟踪上市公司数目的变化。表 4-7 左起第 3 列（Obs.）为公司-年样本，被海外分析师跟踪的上市公司-年共计 2 078 个观察值，新会计准则实施前后分别为 818 个和 1 260 个；被国内分析师跟踪的上市公司-年共计 3 129 个观察值，新会计准则实施前后分别为 1 541 个和 1 588 个。左起第 4 列统计了会计准则变革前后被国内外分析师跟踪的上市公司数目。[①] 从中可以发现，在会计准则变革前，共计 397 家公司被海外分析师跟踪；而在会计准则变革后，跟踪的公司数目增加到了 740 家，增长了近一倍；相应地，被国内分析师跟踪的公司数目则增幅较小，从 723 家增加到 946 家。

**表 4-7　国内外分析师跟踪公司数量对比**

| 说明 | | Obs. | FmObs. | Mean | Median | T test | Wilcoxon |
|---|---|---|---|---|---|---|---|
| 海外分析师 | 会计准则变革前 | 818 | 397 | 2.565 | 2.000 | $-7.14^{***}$ | $-5.86^{***}$ |
| | 会计准则变革后 | 1 260 | 740 | 3.358 | 2.000 | | |
| 国内分析师 | 会计准则变革前 | 1 541 | 723 | 2.490 | 2.000 | $-22.44^{***}$ | $-19.81^{***}$ |
| | 会计准则变革后 | 1 588 | 946 | 5.954 | 4.000 | | |

注：***、**、*表示在 1%、5%和 10%水平下显著。

通过对模型（4-3）进行回归，表 4-8 进一步提供了多变量统计结果。可以发现，无论是海外分析师组还是国内分析师组，*Post* 均为正。这表明，会计准则变革后，跟踪国内上市公司的海外分析师数量显著增加，支持了研究假说 H2。同时发现，相应的国内分析师数量也显著增加，且增幅大于海外分析师（从全样本中交叉变量 *Forana _ Post* 可以推断出）。究其原因可能是随着我国资本市场持续繁荣，更多的国内新分析师进入这个行业。

控制变量中，*Size*，*ROE*，*LogQFII* 在三组中均显著为正，而 *Oprof-var* 显著为负，这表明公司规模越大、业绩越好、投入的 *QFII* 越大，越

① 即忽略了会计准则变革前和变革后的年度影响。例如，如果 A 公司在会计准则变革前的 2003 年、2004 年被任一海外分析师跟踪过，则视为一个公司；其他情况类似。

能吸引更多的分析师进行跟踪，但公司业绩波动（*Oprofvar*）越大，分析师跟踪数量越少。这与之前文献的结论基本一致。

**表 4-8 跟踪的分析师数量分析**

| 变量 | 海外分析师组 | 国内分析师组 | 全样本组 |
|---|---|---|---|
| *Constant* | −7.403*** | −6.307*** | −6.627*** |
| | (−16.14) | (−16.69) | (−18.83) |
| *Post* | 0.106*** | 0.538*** | 0.524*** |
| | (3.28) | (20.16) | (19.93) |
| *Forana* | | | −0.160*** |
| | | | (−5.44) |
| *Forana _ Post* | | | −0.375*** |
| | | | (−11.23) |
| *Size* | 0.321*** | 0.286*** | 0.302*** |
| | (16.55) | (17.34) | (19.90) |
| *Oprofvar* | −0.036 9*** | −0.043 2*** | −0.040 1*** |
| | (−2.71) | (−3.89) | (−3.91) |
| *ROE* | 1.316*** | 2.177*** | 1.803*** |
| | (7.50) | (12.42) | (11.75) |
| *Ret _ EPS* | 0.005** | 0.002 | 0.003* |
| | (2.15) | (1.08) | (1.76) |
| *LogQFII* | 0.132*** | 0.084*** | 0.091*** |
| | (6.98) | (12.38) | (14.25) |
| *Ind. Control* | Yes | Yes | Yes |
| *Obs.* | 2 078 | 3 129 | 5 207 |
| *Adj.* $R^2$ | 0.306 | 0.356 | 0.343 |

注：被解释变量为 *Ananum* 并取自然对数；括号内为相应的 $t$ 值，并按公司进行 Cluster 调整；***、**、* 表示在 1%、5%和 10%水平下显著。

### 4.3.4 稳健性检验

为了使结果更稳健，特进行了如下四个方面的稳健性检验：

第一，主检验包括所有曾被海内外分析师跟踪的公司，这里存在一个样本选择偏差问题，即如果海外分析师仅在会计准则改革之前跟踪，或者在会计准则改革之后新加入，那么之前发现的海外分析师预测误差降低的结果可能并不是会计准则改革导致的，而可能是由其他宏观因素的变化导致的。为了提高研究结果的可靠性，我们对样本做了进一步限制，要求每类分析师在会计准则改革前后都有跟踪，即删除如果某上市公司在会计准则改革前（或后）只有某一类分析师（如海外分析师或国内分析师）跟踪的样本，最终形成 31 542 个样本观察值。进行样本限制后，本研究依然控制分析师个体特征、公司特征以及宏观环境的影响，利用模型（4-1）

和模型（4－2）进行回归的结果列示于表 4－9 的方程（1），结果与表 4－6 一致，进一步支持了研究假说。

**表 4－9　稳健性检验结果**

| 变量 | 方程（1）<br>某类分析师 2007 年前后一直跟踪的样本 | 方程（2）<br>同一个体分析师 2007 年前后一直跟踪同一家公司的样本 | 方程（3）<br>删除 I/B/E/S 中不跟踪海外公司的分析师样本 |
|---|---|---|---|
| *Constant* | −0.130*** | −0.064 4*** | −0.110*** |
| | (−3.59) | (−3.73) | (−3.57) |
| *Post* | 0.002 9* | 0.001 1 | 0.003 4** |
| | (1.91) | (0.50) | (2.38) |
| *Forana* | 0.040 3*** | 0.032 0*** | 0.044 6*** |
| | (6.70) | (18.1) | (6.03) |
| *Forana _ Post* | −0.016 1*** | −0.009 3*** | −0.017 5** |
| | (−2.73) | (−3.88) | (−2.44) |
| *Gexp* | −0.000 2 | 0.000 6** | −0.000 5 |
| | (−0.46) | (2.22) | (−1.41) |
| *Fexp* | 0.001 0* | 0.001 7*** | 0.000 7 |
| | (1.70) | (2.86) | (1.54) |
| *Ncom* | 0.000 2*** | −0.000 3*** | 0.000 1*** |
| | (2.86) | (−3.30) | (2.70) |
| *Nind* | 0.000 2 | 0.001 0** | 0.000 6 |
| | (0.42) | (2.17) | (1.33) |
| *Brktop*10 | −0.002 3** | −0.002 5** | −0.001 5* |
| | (−2.55) | (−2.14) | (−1.71) |
| *Ananum* | 0.000 2 | 0.000 4** | 0.000 1 |
| | (0.84) | (2.52) | (0.33) |
| *Size* | 0.006 1*** | 0.004 0*** | 0.004 8*** |
| | (3.53) | (7.53) | (3.43) |
| *Oprofvar* | 0.001 6 | 0.001 7** | 0.001 8** |
| | (1.42) | (2.48) | (2.32) |
| *ROE* | −0.114*** | −0.084 6*** | −0.116*** |
| | (−5.43) | (−14.10) | (−6.66) |
| *Ret _ EPS* | −0.000 1 | −0.000 2 | 0.000 2* |
| | (−0.71) | (−1.55) | (1.95) |
| *LogQFII* | −0.001 5* | −0.002 8** | −0.000 5 |
| | (−1.94) | (−2.34) | (−0.75) |
| *LogFH* | 0.004 4*** | 0.002 8*** | 0.005 1*** |
| | (7.02) | (4.33) | (8.42) |
| *Ind. Control* | Yes | Yes | Yes |
| *Obs.* | 31 542 | 6 827 | 31 005 |
| *Adj.* $R^2$ | 0.180 | 0.132 | 0.192 |

注：被解释变量为分析师盈利预测误差 *AFEP*；*LogFH* 为 *FH* 加 1 后取自然对数；括号内为相应的 *t* 值，并按公司进行 Cluster 调整；***、**、* 表示在 1%、5%和 10%水平下显著。

第二，上面的稳健性检验（表 4－9 的方程（1））要求某一上市公司在会计准则改革前后必须由某一类分析师（海外或国内的）始终跟踪，下面进行更严格的限制，要求某一个体分析师（不分海外与国内）在会计准则改革前后对我国上市公司进行过跟踪和预测，这使样本量大大减少，观察值仅剩 6 827 个，依然控制个体因素、公司特征、宏观因素，利用模型（4－1）和模型（4－2）得到的结果列示于表 4－9 的方程（2），结果与表 4－6 一致。

第三，主检验中我们根据分析师数据来源区分国内外分析师，如果数据来源于 I/B/E/S，则为海外分析师，否则为国内分析师。一个潜在的问题是来源于 I/B/E/S 的数据是否包括了国内分析师的预测。为了增加结果的稳健性，我们考察来源于 I/B/E/S、跟踪我国上市公司的分析师是否同时跟踪了海外公司，如果是，则说明一定是海外分析师。这一方法的好处是使检验结果更稳健，缺点是可能错将一些海外分析师样本排除在外。经此处理后，海外分析师样本减少为 12 236 个，占海外分析师总体样本 19 371 的 63.17%。利用模型（4－1）和模型（4－2）进行多变量分析，结果列示于表 4－9 的方程（3），检验结果与表 4－6 一致。

第四，在主回归分析中，我们选择将国内分析师作为控制样本，考察会计准则改革对海外分析师的影响。然而由于 B 股公司一直采用国际财务报告准则，它们也是一个理想的控制样本选择，如果将 B 股公司作为控制样本，且本章的预期能够成立，那么应该可以观察到海外分析师仅对 A 股公司的预测误差产生变化，而对 B 股公司的预测误差不会产生变化。将海外分析师作为研究样本，并要求变革前后都有跟踪，进行的稳健性检验的结果列示于表 4－10。结果发现，A 股公司组的海外分析师预测误差显著降低（在 1%水平下显著），B 股公司组并未发生显著变化。但要注意的是，B 股公司组的 *Post* 的系数接近显著（$t=-1.67$），且大于 A 股公司样本组[①]。考虑到 B 股公司样本较少[②]且 $t$ 值较小，结果并不稳定，读者需要谨慎理解这一结果。

---

① 感谢匿名审稿人指出这一点。

② 经统计，由海外分析师跟踪的 B 股公司只有 32 家，样本量较少，单纯以 B 股公司作为控制样本提供的证据可能并不全面。

表 4-10　仅以海外分析师为研究样本

| 变量 | A 股公司组 | B 股公司组 |
| --- | --- | --- |
| *Constant* | −0.091 1** | −0.569 |
| | (−2.08) | (−0.55) |
| *Post* | −0.007 4*** | −0.067 4 |
| | (−3.80) | (−1.67) |
| *Gexp* | −0.000 1 | 0.002 8 |
| | (−0.13) | (0.35) |
| *Fexp* | 0.000 6 | 0.006 8 |
| | (0.75) | (0.55) |
| *Ncom* | 0.000 1 | −0.000 3 |
| | (1.05) | (−0.14) |
| *Nind* | 0.000 4 | 0.004 3 |
| | (0.81) | (0.42) |
| *Brktop*10 | 0.003 0** | −0.005 8 |
| | (2.01) | (−0.29) |
| *Ananum* | 0.001 5** | −0.003 3 |
| | (2.59) | (−0.48) |
| *Size* | 0.004 0** | 0.034 4 |
| | (2.42) | (0.73) |
| *Oprofvar* | 0.001 0 | −0.007 6 |
| | (0.84) | (−0.47) |
| *ROE* | −0.084 9*** | −0.514 |
| | (−4.72) | (−1.31) |
| *Ret _ EPS* | −0.000 2 | 0.006 3* |
| | (−1.21) | (1.76) |
| *LogQFII* | 0.001 1 | 0.006 9 |
| | (0.71) | (1.26) |
| *LogFH* | 0.001 9*** | 0.003 2 |
| | (3.32) | (0.30) |
| *Ind. Control* | Yes | Yes |
| *Obs.* | 10 113 | 1 321 |
| *Adj.* $R^2$ | 0.114 | 0.230 |

注：被解释变量为分析师盈利预测误差 *AFEP*；*LogFH* 为 *FH* 加 1 后取自然对数；括号内为相应的 *t* 值，并按公司进行 Cluster 调整；***、**、* 表示在 1%、5%和 10%水平下显著。

## 4.4　本章小结

本章考察了我国会计准则改革对海外分析师行为的影响，以此说明与国际接轨的新会计准则对海外投资者行为产生的影响。我们认为，与国际财务报告准则接轨的本次会计准则改革（2007 年）从两个角度影响了海外分析师行为：一方面，通过提高财务报告信息质量，降低了信息不确定性，从而降低了预测误差；另一方面，海外分析师相对熟悉国际财务报告准则，准则变革让更多海外分析师跟踪我国上市公司，其预测准确度也相应提高。我们的经验证据支持了上述预期。在研究设计中，为了突出会计准则改革对海外分析师预测行为的增量影响，我们以国内分析师作为参照样本，结果发现：会计准则改革吸引更多海外分析师对我国上市公司进行预测；在新准则实施后，海外分析师的预测误差降低，且降幅显著大于国内分析师。这意味着新会计准则与国际准则接轨增进了海外分析师对准则规范的了解，提高了其跟踪我国上市公司的积极性和预测准确度，有助于降低国外投资者了解我国上市公司的信息成本，提高资源配置效率。同时，研究结论有助于监管层和资本市场参与者正确认识和评估我国会计准则改革对海外投资者（或海外分析师）的影响，以便做出合理的经济决策。

# 第 5 章　信息环境变化与海内外分析师预测差异

## 5.1　概述

随着我国证券市场的发展和不断完善，越来越多的上市公司受到海外投资者的关注。伴随着海外投资者的进入，海外分析师逐渐进入我国资本市场，对我国上市公司进行跟踪和预测。国内外大量研究表明，分析师在预测上市公司盈利、提高资本市场效率方面发挥着重要的媒介作用（Fried and Givoly，1982；朱红军等，2007），国外分析师的进入无疑能增加我国资本市场中的信息含量，提高资本市场的效率。然而以往的文献指出（如 Bae et al.，2008），与本地分析师相比，国外分析师在信息收集能力方面相对处于劣势，本地分析师在盈余预测上优于国外分析师。那么在我国特殊的制度背景下，这一优势是否能继续保持？影响这种优势的因素有哪些？本章将试图回答这一问题。

关于国内外分析师预测优势差异的比较，现有研究大体总结了两个可能的原因：一是地理邻近性为本地分析师提供了更多的信息获取渠道，降低了信息成本，从而提高了预测准确度（Bae et al.，2008）；二是各国之间会计准则的差异，或者与国际会计准则的差异，影响了海外分析师的预测准确度（Ashbaugh and Pincus，2001；Bae et al.，2008）。这两个原因都可能导致我国分析师比海外分析师具有预测优势。但在以往研究中本地分析师往往同时具有地理邻近性以及熟悉准则两个优势，使得检验无法完全说明是哪个因素在起作用或是两个因素同时在起作用。借助于我国会计准则变革这一设定，在国内外分析师面临的会计准则发生巨变的情况下，本章试图区分和检验这两个因素的影响。

具体而言，本研究关注以下两个问题：第一，在预测中国上市公司盈利时，本地分析师的准确度是否高于海外分析师？第二，会计准则变革减少或消除了国内外分析师面临的会计准则差异后，本地分析师的预测优势是否仍然存在？形成这种本地优势的原因是地理邻近性还是会计准则差异？研究结果发现，在原有会计准则下，本地分析师的预测准确度高于海外分析师，这既可能是地理邻近性导致的，也可能是会计准则差异导致的，或者两者兼有；在会计准则变革后，本地分析师仍具有更高的预测准确度，但这一准确度的差异显著变小了。这些结果不仅意味着本地分析师比海外分析师具有预测优势，而且说明这种优势同时受到地理邻近性和会计准则差异两个因素的影响。

本章有以下几方面的贡献：第一，本章的研究结果对市场参与者以及政策制定者都具有非常重要的现实意义。目前，国外分析师开始大规模进入我国资本市场，他们能对我国资本市场产生什么样的影响是实务界和学术界都非常关心的问题。本章不仅比较了两类分析师的差异，而且进一步考察了造成这一差异的各种原因。这些实证结果可以帮助投资者理解国外分析师的行为，更好地认识他们的优势和不足，以便提高对他们提供的信息的利用效率。对于政策制定者，本章的结论能帮助他们引导和规范国内外分析师行为，更好地促进我国资本市场的发展。第二，本章补充了国内分析师行为研究的现有成果。现有国内研究中，很少有人关注海外分析师的行为。[①] 本章弥补了这一研究空白，不仅说明我国证券分析师比海外分析师具有预测优势，而且结合会计准则变革来分析存在这种优势的原因，对今后关于国外分析师的研究具有重要的借鉴意义。第三，本章的研究设计补充了相关领域的研究成果。以往的研究往往只针对某一个影响国内外分析师预测差异的因素，无法将地理邻近性和会计准则差异这两个因素区分开来，虽然这类研究也能帮助我们理解影响这一问题的各种因素，但无法从一个更全面的角度看这个问题，因此存在一定的局限性。在本章中，我们充分利用了我国会计准则变革这一事件，通过比较准则变革前后国内外分析师的预测差异来比较这两个因素的影响，以更好地揭示这一研究问题。后面分以下几部分进行讨论：文献回顾、研究设计与实证模型、实证分析、研究结论。

① 林小驰等（2007）是第一篇关注海外证券分析师的研究，但他们只分析了什么样的公司特征可以吸引海外分析师进行跟踪，而没有考察预测的准确度。

## 5.2　文献回顾

分析师在资本市场中发挥了重要的信息加工和传递的作用。投资者和公司之间存在不可避免的信息不对称，但具有专业背景的分析师可以通过公开信息、私有信息对公司经营情况进行分析，从而降低信息不对称。财务报告是重要的公开信息，一些研究表明，财务报告虽然不是充分的，但却是一个重要的信息源，有助于分析师做出盈余预测（Vergoossen，1993）。大量研究考察了财务报告方面的信息是否有助于分析师进行盈利预测（Baldwin，1984；Hodder et al.，2008；Langberg and Sivaramakrishnan，2008；Libby et al.，2006）。除了会依赖公开信息，分析师在做出盈利预测时是否也依赖于私有信息，或者说分析师对公开信息和私有信息的依赖程度如何？Chen and Jiang（2006）研究了这一问题，结果发现分析师更多依赖私有信息进行预测。这些研究表明，分析师盈利预测既依赖公开信息，也依赖私有信息，因此那些影响公开信息和私有信息质量和数量的因素也会影响分析师行为，于是大量研究对这些外生因素进行了考察。

财务报告是重要的公开信息，也是分析师能够获得的成本较低的信息源，因此影响财务报告的因素会间接对分析师行为产生影响。而影响财务报告的因素，除了个体因素外，还有起重要作用的会计准则规范。因此，为了考察各国会计准则的差异是否影响分析师盈利预测，很多学者进行了跨国研究。Ashbaugh and Pincus（2001）首先考察了本地会计准则与国际会计准则的差异对分析师的影响，结果发现在实施国际会计准则（IAS）之前，本地会计准则与国际会计准则的差异和分析师预测准确度呈负相关关系，同时也发现在实施 IAS 之后，分析师的预测准确度提高了。他们的研究基于一个重要的前提，即国际会计准则相对于本地准则能够提供更高质量的会计信息。Bae et al.（2008）考察了两国公认会计原则（GAAP）的差异大小对海外分析师行为的影响，他们认为海外分析师提高国外公司盈利预测准确度的成本随着两国（海外分析师所在国与其跟踪公司所在国）之间 GAAP 的差异增加而增加，这是由于海外分析师对跟踪公司所在国的会计准则相对不熟悉导致的。GAAP 差异越大，海外分析师获取信息的成本越大，提高预测准确度越难，因此海外分析师的预测准确度与两国GAAP的差异呈负相关关系。他们通过跨国比较提供了支持上述假说的实证证据。

相对于公开信息，私有信息的成本较高，因为它们取决于分析师花多少精力和时间去调研公司、分析各种非财务报告信息，因此，分析师获取信息的难易程度直接影响了信息成本的高低。但在实证研究中，很难观察分析师花费的时间和精力等，因此对于私有信息的研究都从间接指标入手，如分析师与上市公司的距离远近可能影响了他们获取私有信息的成本。Bae et al.（2008）的研究说明，本地分析师对本国公司进行跟踪调查的成本更低，获取信息的渠道更多，也更了解本国的制度环境，因此比海外分析师具有预测优势。他们的研究说明，地理邻近性是本地分析师比海外分析师具有预测优势的一个重要原因。

上述研究都是分开考察影响公开信息和私有信息的因素，如会计准则差异和地理邻近性。正因为如此，在考察某一外生因素对分析师预测行为的影响时，很难排除另一因素的作用。Bae et al.（2008）的研究说明本地分析师比海外分析师具有预测优势，这缘于地理邻近性产生的本地优势（local advantage）。海外分析师的预测准确度较低也可能是由另一原因导致的，即如果海外分析师所在国的GAAP与其跟踪公司所在国的GAAP存在差异，会导致预测误差更大（Bae et al.，2008），或者跟踪公司所在国的GAAP与IAS差异越大，预测误差也会增大（Ashbaugh and Pincus，2001）。因此，本地分析师的优势可能是地理邻近性、会计准则差异单独导致的，或者是两者共同导致的，但到底是哪种原因现有文献并没有给出答案。以上研究都是在不变的会计准则下进行的，因此很难区别两个因素的影响程度。而要分辨是两个因素中的哪一因素在起作用或是同时在起作用，就需要结合会计准则发生的变化来分析。当然，为了有效分离出两种影响，需要对会计准则施加以下两个重要条件：第一，原有会计准则与IAS或海外分析师所在国的GAAP存在很大差异；第二，会计准则变化后这种差异减少或消失。2007年我国会计准则变革为本研究检验该问题提供了绝好机会，后面我们会详细讨论这一过程。

在国内研究中，人们大都基于既定的会计准则和制度背景，研究哪些因素影响分析师的预测准确度（胡奕明等，2003），或研究分析师预测对投资价值（吴东辉，薛祖云，2005）、资本市场的作用（朱红军等，2007）。现有国内研究中，只有林小驰等（2007）研究了海外分析师，他们考察了影响海外分析师对我国上市公司做出预测的决定性因素，发现总体上分析师倾向于预测经营质量高且风险较小的公司。这些研究从未考察过国内外分析师在预测本国上市公司盈利上的质量差异，而这一问题对于上市公司、投资者选择哪些分析师的盈利预测极为重要，本章试图填补这一研究空白。

## 5.3　研究设计与实证模型

在 2007 年会计准则变革之前，我国财务报告准则体系处于不断发展和完善过程中，以 2001 年为界，由原先的自由会计处理思想过渡到建设有中国特色会计准则，这一阶段颁布和修订的准则都是为了减少企业的会计选择行为和动机，如很多可以计入利润的项目只能计入股东权益（刘峰等，2004），这一阶段的准则规范是规则导向的，而国际会计准则是原则导向的（平来禄等，2003），因此 2007 年 1 月 1 日前的会计准则与国际会计准则存在很大差异。这种差异表现在准则数量上，在新会计准则颁布之前，我国会计准则经过十几年的颁布和修订，共有 15 项具体准则，而在新会计准则实施之后，一次性颁布和修订了 38 项具体准则，这些具体准则几乎完全参照国际会计准则体系构建。一些研究表明，本次会计准则变革后，我国会计准则与国际会计准则基本实现了趋同（葛家澍，2006；刘玉廷，2007；罗婷等，2008）。这说明会计准则变革使我国的会计准则与国际会计准则的差异减少或消失，因此在会计准则变革后，海外分析师受会计准则差异的影响减少或消失了。[①] 这一制度背景变化为我们考察影响海内外分析师预测差异的因素提供了很好的研究契机。

关于分析师预测行为的国内研究中，尚无对比国内外分析师预测差异的研究，因此国内分析师是否比海外分析师具有信息优势仍然是一个悬而未决的问题。基于这些现实，本章根据现有的国外研究进行推断。Bae et al.（2008）的研究说明，本地分析师比海外分析师的预测准确度高的原因是地理邻近性，地理邻近性导致本地分析师获取信息的成本较低；而当分析师所在国的会计准则和跟踪公司所在国的会计准则差异较大，或本地

① 向国际会计准则（IAS）过渡后，如果海外分析师所在国实施 IAS，那么与我国会计准则的差异就消失了；如果海外分析师所在国不实施 IAS（如美国），但海外分析师相对更了解国际会计准则，那么相比会计准则变革之前，差异减少了。

GAAP 与 IAS 的差异较大时，分析师的预测准确度较低（Ashbaugh and Pincus，2001；Bae et al.，2008）。如果这两个因素中至少有一个因素起作用，都会导致本地分析师比海外分析师具有信息优势，因此我们预期本地分析师的预测准确度高于海外分析师。

还有一个问题是，在本地分析师具有预测优势的情况下，这种优势来源于地理邻近性还是会计准则差异，或者二者兼而有之？这也是以前研究尚未回答的问题。本章借助会计准则变革这一设定，试图分离这两种影响。根据以前的研究，海外分析师在跟踪我国上市公司的过程中，面临两种劣势：一是距离较远导致获取信息的成本较高，二是会计准则差异导致的信息不确定性较大，只要其中一个因素起作用，或者两者同时起作用，就会导致本地分析师比海外分析师具有信息优势。具体而言，会计准则变革前，我国会计准则与 IAS 存在很大差异，这种情况下本地分析师的两种优势都可能存在；但会计准则变革后，会计准则差异减少或消失了，如果本地分析师有预测优势的话，也只有地理邻近性这一个优势了。因此，借助于会计准则变革，可以检验两种因素的具体影响。具体过程如下：第一，如果变革前本地分析师的预测准确度较高，而在会计准则差异减少或消失后，本地分析师的预测准确度依然较高的话，就说明地理邻近性始终在起作用。第二，如果变革前本地分析师的预测准确度较高，但变革后本地分析师与海外分析师的预测准确度没有显著差异，则说明只有会计准则差异在起作用。第三，第一种情况并不能排除会计准则差异也在同时起作用，这时需要进一步对比国内外分析师预测差异程度的变化。如果会计准则变革前差异程度较大，变革后差异程度显著减少，则说明地理邻近性和会计准则差异都在起作用；如果变革后差异程度没有显著减少，则说明只有地理邻近性在起作用。

为了更好地说明上述分离过程，我们通过以下统计模型进行进一步解释。以变量 *Local* 区别海内外分析师，如果是本地分析师则为 1，否则为 0，分别构建会计准则变革前后的分析师预测误差模型，如模型（5－1）和模型（5－2），两个模型使用的变量相同，差异是模型（5－1）基于会计准则变革前，模型（5－2）基于会计准则变革后。如果$\alpha_1<0$，$\beta_1<0$，则说明地理邻近性在起作用；如果$\alpha_1<0$，$\beta_1=0$[①]，则说明只有会计准则差异

① 当然，也会出现 $\alpha_1=0$，$\beta_1=0$ 的情况，这说明本地分析师始终不具有信息优势，如果出现这种情况，就没必要对两种影响因素进行分离了。

在起作用。$\alpha_1<0$，$\beta_1<0$ 虽然说明地理邻近性在起作用，但并不能排除会计准则差异也在起作用，这时需要进一步考察$\alpha_1$ 和$\beta_1$ 的相对大小。如果$|\alpha_1|>|\beta_1|$，就说明会计准则差异同时在起作用；如果$|\alpha_1|=|\beta_1|$，则说明只有地理邻近性在起作用。

$$\begin{aligned}Ferror=&\alpha_0+\alpha_1 Local+\alpha_2 Ananum+\alpha_3 PB+\alpha_4 LogMV+\alpha_5 ROE\\&+\alpha_6 Top10+\alpha_7 Volatility+\alpha_8 Ret\_EPS+\alpha_9 Update\\&+IndustryFE+\varepsilon\end{aligned}\tag{5-1}$$

$$\begin{aligned}Ferror=&\beta_0+\beta_1 Local+\beta_2 Ananum+\beta_3 PB+\beta_4 LogMV\\&+\beta_5 ROE+\beta_6 Top10+\beta_7 Volatility+\beta_8 Ret\_EPS\\&+\beta_9 Update+IndustryFE+\varepsilon\end{aligned}\tag{5-2}$$

为了进一步有效检验 $\alpha_1$ 和 $\beta_1$ 的影响程度差异，拟构建实证模型（5-3）：

$$\begin{aligned}Ferror=&\gamma_0+\gamma_1 Local+\gamma_2 Post+\gamma_3 Local\_Post+\gamma_4 Ananum\\&+\gamma_5 PB+\gamma_6 LogMV+\gamma_7 ROE+\gamma_8 Top10+\gamma_9 Volatility\\&+\gamma_{10} Ret\_EPS+\gamma_{11} Update+IndustryFE+\varepsilon\end{aligned}\tag{5-3}$$

式中，*Post* 为虚拟变量，若样本处于会计准则变革后，则为 1，否则为 0。$\gamma_1$ 表示会计准则变革前本地分析师是否具有预测优势，如果是，则$\gamma_1<0$。$\gamma_3$ 表示会计准则变革是否减少了本地分析师的相对预测优势（difference-in-difference），如果是，则$\gamma_3>0$。$\gamma_1+\gamma_3$ 表示准则变革后本地分析师是否仍具有优势，如果是，则$\gamma_1+\gamma_3<0$，说明地理邻近性在起作用，因为会计准则变革后，国内外分析师面临的准则差异减少或消失了，而两类分析师所处的地理位置并未发生变化。

变量定义见表 5-1。需要说明的是，由于对一家公司某年盈利的预测会涉及年报公布日的前一年或者前几年，因此借鉴 Cuijpers and Buijink（2005）的做法，表 5-1 构建的变量中，将涉及的分析师预测限制在年报公布日前的 6 个月（180 天）时间内。另外，控制变量 *Update* 等于券商对上市公司发布预测的平均次数，用以衡量分析师的学习效应（learning effects）。随着越来越多的中国公司在海外上市，海外分析师对这些公司的学习和了解可能有助于减少他们与本地分析师预测误差的差异。为了控制这一影响，我们以 *Update* 作为控制变量。

表 5 - 1 变量定义表

| 变量符号 | 定义 |
|---|---|
| *Ananum* | 对公司净利润进行预测的分析师数量 |
| *Ferror* | 分析师对公司净利润预测值的平均误差程度，详见式（5 - 4） |
| *Local* | Dummy 变量，如果为国内分析师，该值为 1，否则为 0 |
| *Post* | Dummy 变量，如果样本处于会计准则变革后，该值为 1，否则为 0 |
| *Local _ Post* | *Local* 与 *Post* 的交叉项 |
| *PB* | 年底总市值/年底净资产 |
| *LogMV* | 年底总市值的自然对数 |
| *ROE* | 净资产收益率 |
| *Top*10 | 股权集中度，前十大股东持股比例之和 |
| *Volatility* | 公司最近 3 年的净利润（NI）离散系数，见式（5 - 5） |
| *Ret _ EPS* | 上市公司最近 5 年回报率与每股收益的相关系数 |
| *Update* | 券商对上市公司发布预测的平均次数，见式（5 - 6） |
| $Ind_i$ | 行业 dummy 变量，如果公司属于第 $i$ 个行业，该值为 1，否则为 0；按证监会行业分类标准 |

$$Ferror=\frac{Abs[Mean(FEPS)-EPS]}{Clpr} \tag{5 - 4}$$

$$Volatility=\frac{Std(NI_i)}{Abs[Mean(NI_i)]} \tag{5 - 5}$$

$$Update=\frac{Total(Forecast)}{Total(Broker)} \tag{5 - 6}$$

式中，*FEPS* 为年报公布日前 6 个月（180 天）内分析师预测的每股收益值；*EPS* 为当年实际的每股收益；*Clpr* 为当年底公司股票收盘价；*Std*（*NI*）为净利润的标准差。

## 5.4 实证分析

### 5.4.1 样本搜集和描述性统计

本研究以 2008 年（包括 2008 年）以前分析师跟踪的我国所有公司为最初样本，将国内分析师、海外分析师数据合并在一起得到的初始样本是 127 261 个。在此基础上，首先删除了金融保险业公司的样本 8 212 个，剩余 119 049 个。借鉴 Cuijpers and Buijink（2005）的研究，我们将对上市公司进行预测的时间限制在年报公布日前 6 个月（180 天）内，由于在这段时间，某一分析师对同一家公司进行了多次预测，因此只保留了同一分析师最近的预测值，得到 12 695 个观察值（这里面不包含 B 股公司），涉及的公司-年观察值是 2 921 个。每个上市公司在某一年至少会被国内或海外其中一种类型的分析师跟踪，分别列示后，得到 3 920 个公司-年观察值。由于国内分析师预测在 2002 年之后才开始逐渐增多，故删除了 2002 年以前的公司[①]，得到 3 896 个公司-年样本。最后删除反映预测准确度变量（*Ferror*）的缺失值，得到样本观察值共计 3 543 个，而其他控制变量的缺失值以各年均值替代，这样可以避免样本观察值过少的问题。国内分析师数据来源于深圳国泰安 CSMAR 数据库，海外分析师数据来源于 I/B/E/S，其他财务数据和指标也来源于 CSMAR。在此基础上，对所有连续变量上下 1%的观察值进行了缩尾处理。这些观察值的年度分布见表 5－2。

**表 5－2　描述性统计——分年度**

| 说明 | | 2002 年 | 2003 年 | 2004 年 | 2005 年 | 2006 年 | 2007 年 | 2008 年 | 合计 |
|---|---|---|---|---|---|---|---|---|---|
| All | 公司数目 | 26 | 156 | 319 | 404 | 638 | 905 | 1 095 | 3 543 |
| | 跟踪的分析师数量 | 1.42 | 1.79 | 2.50 | 3.24 | 2.40 | 3.93 | 4.14 | |
| 海外分析师 | 公司数目 | 2 | 55 | 180 | 181 | 357 | 452 | 604 | 1 831 |
| | 跟踪的分析师数量 | 2.00 | 1.49 | 2.63 | 2.16 | 2.35 | 2.41 | 3.74 | |
| 国内分析师 | 公司数目 | 24 | 101 | 139 | 223 | 281 | 453 | 491 | 1 712 |
| | 跟踪的分析师数量 | 1.38 | 1.96 | 2.33 | 4.11 | 2.46 | 5.44 | 4.62 | |

表 5－2 显示，新会计准则实施后，分析师跟踪的公司数目有了大幅提升，从 2006 年的 638 家增加到 2007 年的 905 家和 2008 年的 1 095 家。国内分析师在新会计准则实施后，跟踪的公司数目相比之前增加了近一倍，而海外分析师在 2008 年跟踪的公司数目比新会计准则实施前最高点（2006 年）增加了近一倍。表 5－3 进一步列示了所有变量的描述性统计结果，从中可以看出，平均预测误差为 0.014，平均每家公司有 3 个分析师跟踪。

① 删除 2002 年之前数据的另一个原因是，2001 年是我国会计准则变迁的一个分界点，2002—2006 年我国会计准则的构建思想没有变化，参见刘峰等（2004）。

表 5－3　描述性统计

| 变量 | *N* | 均值 | 中位数 | 标准差 | 最小值 | 最大值 |
|---|---|---|---|---|---|---|
| *Ferror* | 3 543 | 0.014 | 0.005 | 0.024 | 0.000 | 0.158 |
| *Ananum* | 3 543 | 3.398 | 2.000 | 3.308 | 1.000 | 27.000 |
| *PB* | 3 543 | 38.322 | 27.664 | 31.325 | 7.494 | 179.033 |
| *LogMV* | 3 543 | 15.454 | 15.332 | 1.152 | 12.740 | 22.335 |
| *ROE* | 3 543 | 0.131 | 0.124 | 0.105 | −0.300 | 0.477 |
| *Top*10 | 3 543 | 63.394 | 64.690 | 14.114 | 13.126 | 97.943 |
| *Volatility* | 3 543 | 0.653 | 0.380 | 1.057 | 0.022 | 7.981 |
| *Ret _ EPS* | 3 543 | 1.698 | 0.775 | 6.366 | −20.491 | 32.562 |
| *Update* | 3 543 | 1.049 | 1.000 | 0.157 | 1.000 | 2.000 |

### 5.4.2　本地分析师的预测优势及其原因

本章试图考察两个问题：第一，我国分析师的预测准确度是否高于海外分析师；第二，这种预测优势是源于地理邻近性还是会计准则差异，或是二者兼而有之。首先进行单变量的统计检验，结果列示于表 5－4。Panel A 检验第一个问题，考察所有样本（不分会计准则变革前后）是否存在本地分析师预测准确度相对较高的情况；Panel B 分会计准则变革前后对比海内外分析师的预测准确度。从 Panel A 可以看出，国外分析师的预测误差平均为 0.016，而国内分析师的预测误差平均为 0.011，这一差异均在 1%水平下显著。Panel B 显示，会计准则变革前，国外分析师的预测误差平均为 0.019，国内分析师的预测误差平均为 0.009，相差 0.010，统计检验表明这一差异较显著；会计准则变革后，国外分析师的预测误差（0.015）仍高于国内分析师（0.012），只是差异减少到 0.003，统计检验表明这种差异也显著。这些结果意味着本地分析师具有预测优势，与本章预期一致；本地分析师的预测准确度在会计准则变革前后都显著高于海外分析师，表明地理邻近性始终在起作用，但是在会计准则变革后，国内外分析师预测准确度的差异从 0.010 降为 0.003，说明会计准则差异也在发挥作用。同时，0.010 与 0.003 之间的差异是否显著，后面的多变量分析（即控制其他因素后）提供了支持的证据，并有进一步讨论。

**表5-4　预测误差在国内外分析师之间、新准则实施前后的差异**

| 类型 | 说明 | N | Ananum | Mean | Median | T test | Wilcoxon |
|---|---|---|---|---|---|---|---|
| Panel A：所有样本对比 | | | | | | | |
| ALL | 国外分析师 | 1 831 | 2.81 | 0.016 | 0.008 | 6.94*** | 14.37*** |
| | 国内分析师 | 1 712 | 4.03 | 0.011 | 0.004 | | |
| Panel B：会计准则变革前后对比 | | | | | | | |
| 准则变革前 | 国外分析师 | 775 | 2.31 | 0.019 | 0.011 | 9.04*** | 14.74*** |
| | 国内分析师 | 768 | 2.82 | 0.009 | 0.004 | | |
| 准则变革后 | 国外分析师 | 1 056 | 3.17 | 0.015 | 0.006 | 1.92* | 6.8*** |
| | 国内分析师 | 944 | 5.01 | 0.012 | 0.003 | | |

注：***、**、*表示在1%、5%和10%水平下显著。

表5-4的单变量结果表明，本地分析师的预测优势可能是地理邻近性、会计准则差异两者共同发挥作用的结果，但由于没有控制其他因素的影响，因此尚不能得出最后的推论。为此，在接下来的研究中，我们利用模型（5-1）至模型（5-3），较全面地考察本地分析师的预测优势及其原因，回归结果列示于表5-5。表5-5的第1列数据基于全样本（不分会计准则变革前后），考察本地分析师是否具有预测优势。在控制其他影响后，结果发现*Local*显著为负，表明本地分析师的预测准确度显著高于海外分析师，这与已有研究发现一致（Bae et al.，2008）。第2列和第3列（模型1和2）为会计准则变革前后分别进行回归的结果，实证结果显示*Local*在会计准则变革前后均显著为负，即$\alpha_1=-0.010<0$和$\beta_1=-0.003<0$，这表明准则变革前后地理邻近性始终在起作用。虽然$|\alpha_1|>|\beta_1|$，但这种差异是否显著，需要进一步通过模型3的分析才能确认。在模型3（第4列）中，*Local*的系数显著为负，再次显示本地分析师具有预测优势；*Local_Post*的系数为正（即$\gamma_3=0.008>0$），且在1%水平下显著，表明会计准则变革减少了国内分析师的相对优势；然而，*Local*与*Local_Post*的系数之和为负①（即$\gamma_1+\gamma_3=-0.011+0.008<0$），表明会计准则变革后本地分析师仍然具有预测优势，即地理邻近性仍然在起作用。

① 进行*F*检验的结果显示，*Local*和*Local_Post*的系数之和显著为负。

表 5-5 新会计准则实施前后国内外分析师预测误差的回归分析

| 变量 | 所有样本 | 模型 1 | 模型 2 | 模型 3 |
|---|---|---|---|---|
| | | 新准则实施前 | 新准则实施后 | 所有样本 |
| *Intercept* | 0.028*** | 0.023** | 0.029*** | 0.028*** |
| | (3.55) | (1.98) | (2.75) | (3.54) |
| *Local* | −0.006*** | −0.010*** | −0.003** | −0.011*** |
| | (−7.93) | (−9.44) | (−2.36) | (−9.37) |
| *Post* | | | | −0.003*** |
| | | | | (−2.95) |
| *Local _ Post* | | | | 0.008*** |
| | | | | (5.44) |
| *LogNUM* | 0.001*** | 0.000 | 0.002** | 0.001** |
| | (2.68) | (0.40) | (2.31) | (2.07) |
| *PB* | −0.000*** | −0.000 | −0.000*** | −0.000*** |
| | (−4.46) | (−1.37) | (−3.61) | (−4.68) |
| *LogMV* | −0.001 | −0.001 | −0.001 | −0.001 |
| | (−1.58) | (−1.16) | (−1.17) | (−1.35) |
| *ROE* | −0.071*** | −0.053*** | −0.084*** | −0.071*** |
| | (−17.41) | (−8.25) | (−15.31) | (−17.24) |
| *Top10* | 0.000 | 0.000 | −0.000 | 0.000 |
| | (0.46) | (0.60) | (−0.09) | (0.42) |
| *Volatility* | 0.002*** | 0.002*** | 0.002*** | 0.002*** |
| | (5.69) | (4.75) | (3.58) | (5.62) |
| *Ret _ EPS* | 0.000 | −0.000*** | 0.000** | 0.000 |
| | (0.19) | (−3.26) | (2.26) | (0.17) |
| *Update* | 0.003 | 0.003 | 0.003 | 0.004 |
| | (1.01) | (0.78) | (1.07) | (1.41) |
| *Ind. Control* | Yes | Yes | Yes | Yes |
| *Obs.* | 3 543 | 1 543 | 2 000 | 3 543 |
| *Adj.* $R^2$ | 0.144 3 | 0.134 2 | 0.169 5 | 0.151 2 |

注：被解释变量分别为分析师盈利预测误差和，以预测均值为基准；***、**、*表示在1%、5%和10%水平下显著。

需要指出的是，模型 3 中的 *Post* 与 *Local _ Post* 之和为正，表明本地分析师在会计准则变革后预测误差增加。这一发现与已有的国外研究发现是一致的，可能的原因有两个：一是会计准则变革后，本地分析师对新准则有一个逐渐熟悉的过程（Cuijpers and Buijink，2005）；二是计量方法的改变可能会降低分析师预测的准确度。

### 5.4.3　稳健性检验

本章试图通过会计准则变革来考察国内分析师相对于海外分析师是否具有预测优势，以及产生这种优势的原因。如果在会计准则变革前或变革后，某一公司只有一类分析师跟踪，那么某类分析师不熟悉公司情况可能对预测准确度差异产生影响，这样上述结果就会受到干扰。虽然我们在多变量回归中加入了公司特征变量，但为了提高结果的可靠性，采取如下方法进行稳健性检验。在原有样本的基础上，剔除了会计准则变革前或变革后某家上市公司只有一类分析师跟踪的情况，这样保证了每个公司在会计准则变革前或变革后同时有国内外分析师跟踪。相应的统计结果列示于表 5－6，结果与表 5－5 的结果基本一致，只是地理邻近性、会计准则差异的解释力有了一些微小变化，但解释变量均显著。

**表 5－6　同时有国内外分析师跟踪的样本（稳健性检验）**

| 变量 | 所有样本 | 模型 1 | 模型 2 | 模型 3 |
|---|---|---|---|---|
| | | 新准则实施前 | 新准则实施后 | 所有样本 |
| *Intercept* | 0.017* | 0.013 | 0.016 | 0.017* |
| | (1.87) | (1.01) | (1.23) | (1.83) |
| *Local* | −0.007*** | −0.011*** | −0.003** | −0.011*** |
| | (−6.84) | (−9.03) | (−2.07) | (−7.90) |
| *Post* | | | | −0.003** |
| | | | | (−2.21) |
| *Local _ Post* | | | | 0.009*** |
| | | | | (4.54) |
| *LogNUM* | 0.002** | 0.001 | 0.001 | 0.001 |
| | (2.25) | (0.52) | (1.35) | (1.45) |
| *PB* | −0.000*** | −0.000 | −0.000*** | −0.000*** |
| | (−5.31) | (−1.29) | (−4.47) | (−5.54) |
| *LogMV* | 0.000 | 0.000 | −0.000 | 0.000 |
| | (0.03) | (0.41) | (−0.10) | (0.17) |
| *ROE* | −0.069*** | −0.054*** | −0.078*** | −0.067*** |
| | (−13.08) | (−6.73) | (−10.93) | (−12.85) |
| *Top10* | −0.000 | −0.000 | −0.000 | −0.000 |
| | (−0.77) | (−0.42) | (−0.51) | (−0.57) |
| *Volatility* | 0.003*** | 0.003*** | 0.002*** | 0.003*** |

续表

| 变量 | 所有样本 | 模型 1 | 模型 2 | 模型 3 |
|---|---|---|---|---|
| | | 新准则实施前 | 新准则实施后 | 所有样本 |
| | (5.28) | (4.79) | (3.20) | (5.20) |
| *Ret _ EPS* | 0.000 | −0.000** | 0.000** | 0.000 |
| | (0.74) | (−2.36) | (2.07) | (0.58) |
| *Update* | 0.005 | 0.004 | 0.007* | 0.006** |
| | (1.60) | (0.93) | (1.67) | (1.96) |
| *Ind. Control* | 0.000 | −0.004 | 0.001 | 0.000 |
| *Obs.* | 2 372 | 979 | 1 393 | 2 372 |
| *Adj.* $R^2$ | 0.148 8 | 0.164 2 | 0.156 4 | 0.156 |

注：被解释变量分别为分析师盈利预测误差和，以预测均值为基准；***、**、*表示在1%、5%和10%水平下显著。

除此之外，在计算预测误差时，我们利用了分析师盈利预测的平均值，在稳健性检验中，又利用盈利预测的中位值来计算预测误差，再次利用模型（5－1）至模型（5－3）进行回归的结果列示于表5－7，与表5－5基本一致。另外，我们将反映股权集中度的指标前十大股东持股比例之和换成第一大股东持股比例，结果没有显著变化。

**表 5－7　以中位值为基准计算预测准确度（*Ferror*）**

| 变量 | 所有样本 | 模型 1 | 模型 2 | 模型 3 |
|---|---|---|---|---|
| | | 新准则实施前 | 新准则实施后 | 所有样本 |
| *Intercept* | 0.029*** | 0.027** | 0.027*** | 0.028*** |
| | (4.00) | (2.47) | (2.74) | (3.90) |
| *Local* | −0.006*** | −0.010*** | −0.002* | −0.010*** |
| | (−8.09) | (−10.42) | (−1.79) | (−10.37) |
| *Post* | | | | −0.003*** |
| | | | | (−3.54) |
| *Local _ Post* | | | | 0.009*** |
| | | | | (6.66) |
| *LogNUM* | 0.001 | −0.001 | 0.001 | 0.000 |
| | (1.37) | (−0.68) | (1.22) | (0.59) |
| *PB* | −0.000*** | −0.000** | −0.000*** | −0.000*** |
| | (−7.37) | (−2.57) | (−6.26) | (−7.62) |
| *LogMV* | −0.001* | −0.001** | −0.000 | −0.001 |
| | (−1.71) | (−2.13) | (−0.55) | (−1.42) |
| *ROE* | −0.044*** | −0.021*** | −0.059*** | −0.043*** |
| | (−10.62) | (−3.29) | (−10.69) | (−10.38) |

续表

| 变量 | 所有样本 | 模型 1 | 模型 2 | 模型 3 |
|---|---|---|---|---|
| | | 新准则实施前 | 新准则实施后 | 所有样本 |
| *Top*10 | −0.000 | 0.000 | −0.000 | −0.000 |
| | (−0.75) | (0.08) | (−1.06) | (−0.80) |
| *Volatility* | 0.003*** | 0.003*** | 0.003*** | 0.003*** |
| | (5.99) | (4.47) | (4.20) | (5.92) |
| *Ret _ EPS* | 0.000 | −0.000*** | 0.000*** | 0.000 |
| | (0.89) | (−2.77) | (2.84) | (0.85) |
| *Update* | 0.001 | 0.006 | 0.000 | 0.003 |
| | (0.38) | (1.24) | (0.07) | (0.94) |
| *Ind. Control* | 0.001 | Yes | Yes | Yes |
| *Obs.* | 3 543 | 1 543 | 2 000 | 3 543 |
| *Adj.* $R^2$ | 0.109 6 | 0.109 9 | 0.138 9 | 0.120 5 |

注：被解释变量分别为分析师盈利预测误差和，以预测均值为基准；***、**、*表示在1%、5%和 10%水平下显著。

在上面的讨论中，我们以分析师数据来源来区分国内外分析师的类别，隐含的前提是 I/B/E/S 只搜集了国外分析师的数据。这种区分国内外分析师类别的方法存在一些局限性，即如果 I/B/E/S 也搜集了国内分析师的数据，就会使研究结果存在噪声。为了控制这一影响，我们查找了 I/B/E/S 数据库中跟踪中国上市公司的分析师是否同时跟踪了非中国公司，如果是，则将他们定义为海外分析师。这一方法的优点是对海外分析师的判定更准确，缺点是有可能将少数只跟踪中国公司的海外分析师排除在样本外。经过这样的筛选后，海外分析师样本从 1 831 个减少到 1 393 个，国内分析师的样本量没有变化，仍是 1 712 个。基于这一子样本，重新对模型（5－1）至模型（5－3）进行回归，结果列示于表 5－8。表 5－8 的结果与表 5－5 基本一致，会计准则变革前后，*Local* 的影响均显著为负，而交叉项 *Local _ Post* 显著为正，这表明海外分析师的定义并不影响本章结论。

**表 5－8　新会计准则实施前后国内外分析师预测误差的回归分析**

| 变量 | 所有样本 | 模型 1 | 模型 2 | 模型 3 |
|---|---|---|---|---|
| | | 新准则实施前 | 新准则实施后 | 所有样本 |
| *Intercept* | 0.032*** | 0.027** | 0.034*** | 0.032*** |
| | (3.74) | (2.15) | (2.96) | (3.74) |

续表

| 变量 | 所有样本 | 模型 1 | 模型 2 | 模型 3 |
|---|---|---|---|---|
| | | 新准则实施前 | 新准则实施后 | 所有样本 |
| *Local* | −0.007*** | −0.011*** | −0.004*** | −0.011*** |
| | (−8.71) | (−9.35) | (−3.68) | (−8.92) |
| *Post* | | | | −0.002 |
| | | | | (−1.64) |
| *Local* _ *Post* | | | | 0.007*** |
| | | | | (4.22) |
| *LogNUM* | 0.002*** | 0.000 | 0.002*** | 0.002** |
| | (3.21) | (0.51) | (2.84) | (2.54) |
| *PB* | −0.000*** | −0.000 | −0.000** | −0.000*** |
| | (−2.96) | (−0.94) | (−2.46) | (−3.47) |
| *LogMV* | −0.001** | −0.001 | −0.001* | −0.001* |
| | (−2.00) | (−1.29) | (−1.73) | (−1.89) |
| *ROE* | −0.101*** | −0.065*** | −0.121*** | −0.100*** |
| | (−21.26) | (−8.69) | (−19.25) | (−20.85) |
| *Top*10 | 0.000*** | 0.000 | 0.000*** | 0.000*** |
| | (3.34) | (0.81) | (3.76) | (3.41) |
| *Volatility* | 0.002*** | 0.002*** | 0.003*** | 0.002*** |
| | (6.17) | (4.38) | (4.76) | (6.12) |
| *Ret* _ *EPS* | 0.000 | −0.000*** | 0.000* | −0.000 |
| | (0.10) | (−2.84) | (1.69) | (−0.14) |
| *Update* | 0.003 | 0.003 | 0.003 | 0.003 |
| | (0.95) | (0.75) | (0.75) | (1.19) |
| *Ind. Control* | Yes | Yes | Yes | Yes |
| *Obs.* | 3 105 | 1 340 | 1 765 | 3 105 |
| *Adj.* $R^2$ | 0.197 8 | 0.148 7 | 0.247 2 | 0.202 8 |

注：被解释变量分别为分析师盈利预测误差和，以预测均值为基准；***、**、*表示在1%、5%和10%水平下显著。

## 5.5 研究结论

本章考察了我国国内分析师与海外分析师相比是否具有预测优势，以及产生这种优势的原因。以往的研究发现地理邻近性和会计准则差异都可能是使本地分析师具有相对预测优势的重要因素（Ashbaugh and Pincus，2001；Barth et al.，2008），但具体是哪个因素，以前的国内外研究并没有给出答案。2007 年发生的与国际会计准则趋同的会计准则变革提供了检验这一问题的机会。本研究以本次会计准则变革为契机，考察这种优势是源于地理邻近性还是源于会计准则差异，或是两者兼而有之。本次变革使我国会计准则规范体系变化很大，从原有准则转向国际会计准则，分析师（尤其是海外分析师）面临的制度环境发生了很大变化，这一变化为我们检验在会计准则差异减少或消失的情况下国内分析师是否仍然具有信息优势提供了机会。本研究的实证结果发现：在会计准则变革前，国内分析师的预测准确度高于海外分析师，但这种信息优势既可能源于地理邻近性也可能源于会计准则差异；进一步的检验表明，在会计准则变革后，本地分析师的预测准确度仍高于海外分析师，但这种优势显著减少了。这意味着无论是会计准则变革前还是变革后，国内分析师始终比海外分析师具有信息优势，但我国会计准则与国际会计准则趋同使这一优势显著下降了。

本研究的学术贡献在于揭示了地理邻近性和会计准则差异对本地分析师具有相对预测优势的具体影响，尤其是找到了会计准则差异是导致本地分析师优势的直接证据，在一定程度上填补了国内外相关研究的空白。本研究的政策含义和现实意义在于：首先，会计准则变革减少了国内分析师与海外分析师预测误差的差异，说明与国际会计准则接轨的准则变革在一定程度上达到了预期目的。其次，与国际会计准则趋同为国际资本市场提供了更具可比性的会计信息，国内外分析师面临的会计信息环境更趋一致，有利于提高我国资本市场效率和我国上市公司的估值水平。最后，虽然会计准则变革减少了本地分析师的相对优势，但这种优势并未完全消失，这为资本市场参与者选择利用哪类分析师的预测信息做出投资决策提供了帮助。

当然，本章研究也存在一些局限性。随着越来越多的国内公司在海外上市，海外分析师对这些公司的学习和了解可能有助于减少他们与国内分析师的差异。虽然控制变量 *Update* 在一定程度上起到这一作用，但却很难完全反映分析师的学习效应，这是本章研究的不足之处。

# 第 3 篇

# 信息环境变化与信息使用者行为

# 第6章　股东权益差异调节表与投资者市场反应

## 6.1　概述

本章以体现新会计准则初始影响的股东权益差异调节表为研究对象，考察新会计准则提供的会计数字是否会引起市场反应，从而说明新准则对股东财富变化的影响。新会计准则基本建立了我国完整的财务报告准则体系，实现了我国会计准则建设新的跨越和突破，基本实现了与国际会计准则的趋同。新准则大量采用公允价值，为投资者提供了更多面向未来的会计信息，集中体现在会计信息的有用性上。新会计准则提供的会计信息是否更有价值相关性，是否会对投资者的估值行为产生影响，从而导致股票价格发生变化呢？围绕这一问题，政府监管部门、实务界和学术界在会计准则公布之初做出两种不同的判断：一方认为新会计准则尽管会造成上市公司一定时期内业绩的波动，但对股价不会产生明显的影响；另一方则认为新会计准则会给投资者提供新的估值信息，将对股价产生显著影响。

新会计准则对市场的影响分为以下三个时点：第一，新会计准则颁布之时，投资者会对新准则对估值的影响做出预期，从而调整他们的估值行为。第二，2006年年报公布之时，与上市公司2006年年报（以旧准则为基础）同时披露的"新旧会计准则股东权益差异调节表"，是市场所能看到的新会计准则实施带来的第一个具体变化。第三，2007年年报公布之时，市场会对直接采用新准则编制的财务报表做出反应。本章具体考察新会计准则在第二个时点的影响，以股东权益差异调节表为研究对象，试图回答以下两个问题：（1）新会计准则是否会影响股价？（2）股东权益的不同信息对股价的影响是否不同，即市场能否区分新会计准则下的不同信息？

本研究之所以以第二个时点为考察对象，是因为第一个时点只有新准则即将实施这一事件，没有直观的影响数据供投资者参考；以第三个时点为研究对象，需要控制新准则实施前后年度间制度、环境的差异，这通常很难做到，因此研究的结果会有很大的噪声。另外，在这一时点上，新会计准则的影响可能大部分已被市场消化。以第二个时点为考察对象，不仅可以避免这些问题，而且因为能够观测到同一时点新旧会计准则下的信息差异，我们可以在控制旧会计准则影响的前提下，考察新会计准则的额外影响。

《中国证券监督管理委员会关于做好与新会计准则相关财务会计信息披露工作的通知》（证监发〔2006〕136 号）要求上市公司在公布的 2006 年年度财务报告的“补充资料”部分以列表形式披露股东权益差异调节表。差异调节表应当经具有证券期货相关业务资格的会计师事务所审阅并发表审阅意见。根据是否与未来收益有关、是否被市场预期两个标准，本研究把股东权益差异调节表内的所有项目分为三类：已被市场完全预期的信息（Ⅰ类）、未被市场完全预期但与未来收益无关的信息（Ⅱ类）、未被市场完全预期且与未来收益有关的信息（Ⅲ类），表 6－1 给出了分类属性（分类理由见附录 B）。这三类信息均反映在股东权益的变化中，体现了新会计准则带来的新信息。

**表 6－1　新旧会计准则股东权益差异调节表**

| 编号 | 项目名称 | 分组 |
|---|---|---|
| | 2006 年 12 月 31 日股东权益（现行会计准则） | |
| 1 | 长期股权投资差额 | Ⅰ类 |
| 1.1 | 其中：同一控制下企业合并形成的长期股权投资差额 | Ⅰ类 |
| 1.2 | 其他采用权益法核算的长期股权投资贷方差额 | Ⅰ类 |
| 2 | 拟以公允价值模式计量的投资性房地产 | Ⅱ类 |
| 3 | 因预计资产弃置费用应补提的以前年度折旧等 | Ⅲ类 |
| 4 | 符合预计负债确认条件的辞退补偿 | Ⅲ类 |
| 5 | 股份支付 | Ⅲ类 |
| 6 | 符合预计负债确认条件的重组义务 | Ⅱ类 |
| 7 | 企业合并 | |
| 7.1 | 其中：同一控制下企业合并商誉的账面价值 | Ⅰ类 |
| 7.2 | 根据新准则计提的商誉减值准备 | Ⅲ类 |
| 8 | 以公允价值计量且其变动计入当期损益的金融资产以及可供出售金融资产 | Ⅱ类/Ⅲ类 |

续表

| 编号 | 项目名称 | 分组 |
|---|---|---|
| 9 | 以公允价值计量且其变动计入当期损益的金融负债 | Ⅱ类 |
| 10 | 金融工具分拆增加的权益 | Ⅱ类 |
| 11 | 衍生金融工具 | Ⅱ类 |
| 12 | 所得税 | Ⅱ类 |
| 13 | 其他 | Ⅱ类 |
| 13.1 | 其中：少数股东权益 | Ⅱ类 |
| 13.2 | 股东权益累计增减变动 | |
| | 2007 年 1 月 1 日股东权益（新会计准则） | |

## 6.2　文献回顾与研究假说

Ball and Brown（1968）最早研究了会计信息对股票价格的影响。他们的研究结果说明市场的确会利用会计信息做出投资决策，进而使股票价格受到影响。正因为会计数字是基于一定的会计准则和会计制度编制并提供的，所以不同会计准则下是否存在会计信息的有用性差异引起了很多研究者的关注（如 Amir et al.，1993；Harris et al.，1994；Vigeland，1981）。许多西方学者关注不同国家会计准则之间或某一国家与国际会计准则之间的比较（前者如 Alford et al.，1993；Bodnar and Weintrop，1997；Harris et al.，1994 等；后者如 Harris and Muller，1999 等）。国内的研究中，李晓强（2004）和刘峰等（2004）从会计信息的价值相关性角度研究了原有准则下的会计信息质量问题。李晓强发现相对于国际会计准则，我国会计准则提供了更有用的会计信息，但刘峰未得出会计准则变迁提高了会计信息质量的证据支持。

新会计准则的颁布和执行是我国会计准则体系的一次重大改革。许多国内学者从不同角度对其进行了研究。如罗婷等（2008）对比了新旧准则下会计信息质量的差异。

这些研究的共同点是以概述中所描述的新会计准则对市场的影响的第三个时点为研究对象，而本研究以第二个时点为研究对象，考察市场能否区分新准则带来的实质变化和形式变化。具体来讲，本研究从如下三个层次检验新会计准则对股票价格的影响：第一，股东权益差异调节表的变化总额是否影响股价；第二，将股东权益差异调节表中的信息分为三类后，不同信息对股价的影响是否不同；第三，进一步将第Ⅲ类“未被市场完全预期且与未来收益有关的信息”分为两组（具有收益可持续性的可供出售金融资产和不具有收益可持续性的费用提前确认）后，考察这两类不同信息对股价的影响是否也不同。第二层次、第三层次的研究能够帮助我们判断市场是否能区分新会计准则下的不同信息。

在研究中，我们采用传统的盈余反应系数方法开展三个层次的检验。本章具体的模型推导和使用参考了 Garman and Ohlson（1980）。根据股利折现模型，公司股价是由公司所有未来盈余决定的，当期盈余有助于预测未来盈余（Barth et al.，2001）。如果当期盈余公告的信息改变了投资者对公司未来盈余的预期，那么公司股价也会随之变化。当然除当期盈余外，还有许多影响未来盈余预期的信息。股票价格的估计模型为：

$$P_t = C_0 + C_1 A_t + C_2 Z_{1t} + \cdots + C_{j+1} Z_{jt} \quad (6-1)$$

式中，$P_t$为$t$时刻的股票价格；$A_t$为当期会计盈余；$Z_{1t}$，…，$Z_{jt}$为其他影响未来盈余预期的变量。式（6－1）两侧同时减去各自的预期，并除以$P_{t-a}$，可以得到从$t-a$期到$t$期的非正常回报率（abnormal return）：

$$r_t - E_{t-a}(r_{jt}) = \frac{C_1[A_t - E_{t-a}(A_t)]}{P_{t-a}} + \frac{C_2[Z_{1t} - E_{t-a}(Z_{1t})]}{P_{t-a}} + \cdots + \frac{C_{j+1}[Z_{jt} - E_{t-a}(Z_{jt})]}{P_{t-a}} \quad (6-2)$$

式中，$r_t$为已实现回报；$E_{t-a}(r_{jt})$为预期回报。模型（6－2）说明在一定期间内股票的非正常收益（回报）率是未被市场预期的盈余和其他未被市场预期的信息的函数。我们称未预期盈余的回归系数$C_1$为盈余反应系数（earnings response coefficient）。如果当期盈余公告的信息与投资者原有预期不同，并且改变了投资者对公司未来盈余的预期，那么股票价格就会随之变化。信息的未预期程度越大，股票价格的变动也越大；当期盈余的变化越具有可持续性（persistence），股价所受的影响越大（Easton and Zmijewski，1989），越能观察到较大的盈余反应系数。其他影响未来收益的信息变量$Z$也有相似的效果：未预期到的信息量越大，股价变化越大；和未来盈余越相关，股价变化越大，即此信息变量前的回归系数越大。

以模型（6－2）为基础，我们依次对以上三个层次的问题进行了检验。模型（6－2）中，$A_t$为旧会计准则下的当期盈余信息，$Z_t$为新会计准则影响下的新信息。

### 6.2.1　股东权益差异调节表变化总额的市场反应

首先，会计准则变更属于制度变化，制度变化必然带来行为的改变，尤其是管理层的行为，因此会计准则的变化有可能引起公司价值的变化。管理层可能根据新会计准则与旧会计准则的不同之处，采取不同的经营、投资行为来提高公司盈余和现金流。例如，新会计准则变化可能会影响公司管理层是否安排债务重组，这种行为就具有未来现金流的含义。在原会计准则下，公司管理层安排债务重组的动机不强，因为原债务重组准则不允许债务人将债权人的让步确认为重组收益。而在新会计准则下，债务人可以确认重组收益，所以管理层就有通过债务重组为上市公司注入优质资产的行为动机。由此可见，新会计准则在一定程度上会影响公司管理层的经营活动、投资活动，进而改变公司未来盈余（未来现金流）和股价。另外，Lev and Ohlson（1982）指出，即使没有现金流影响，如果会计政策的改变显示出一些关于管理层态度、行为或经济特征（如盈余能力）的重要信号，市场也可能做出反应。

其次，即使短期内公司行为没有受到新准则的影响，但如果新准则能够为投资者提供更确切的关于公司未来经营状况的信息，那么也能对股价产生影响。本次新准则的核心目的就是为投资者提供更相关的决策信息，即强化会计信息决策有用的目标，着眼于提高会计信息质量以合理引导资金流动、促进资源有效配置；强调会计信息真实与公允兼具，向投资者提供更多与价值相关的信息；突出充分披露的原则，着眼于提高会计信息的透明度。新准则对基本原则的变更、补充和完善，尤其是对公允价值的引入，强调了会计信息的相关性，弱化了其可靠性。因此，我们有理由相信新会计准则的实施能够为投资者提供许多旧准则不能提供的价值相关信息。

基于以上两点考虑，我们预期新旧会计准则的差异，即差异调节表中股东权益的总体变化包含了旧会计准则下未预期盈余之外的有用信息，并会对投资者估值产生影响，进而改变股票价格。具体假说如下：

H1：新会计准则对股东权益的总体影响与股价变化正相关。

检验模型为：

$$CAR_i=\alpha_0+\alpha_1 UE_i+\alpha_2 EC_i+\alpha_3 SIZE_i+\mu_{1i} \tag{6-3}$$

式中，$CAR_i$ 表示第 $i$ 个公司的累计非正常回报率；$UE_i$ 为第 $i$ 个公司的当期未预期盈余；$EC_i$ 表示第 $i$ 个公司股东权益的总体变化额，体现了新会计准则的总体影响；$SIZE_i$ 为控制变量，反映公司规模。

### 6.2.2 股东权益差异调节表具体内容的市场反应

根据前面模型（6－2）所述，未被市场预期和与未来收益有关是判断某一信息能否影响股价的标准。而新会计准则对股东权益的总体影响所包含的内容较复杂，有些项目是投资者在新会计准则颁布时已预期的，有些是未预期的，需要到年报公告时才能确定；有些是与未来收益有关的，有些是无关的。因此，对于那些投资者在盈余公告日之前就已经预期到的信息，即已被市场完全预期的信息（Ⅰ类），市场早已做出反应，因此公告日的信息披露不会带来股价的变动。只有那些没有被市场预期且与未来收益有关的信息才会引起股价变动。披露的信息与公司未来盈余越相关，股价所受的影响就越大（Collins and Kothari，1989）。将股东权益的总体变化分为如表 6－1 所示的三大类：已被市场完全预期的信息（Ⅰ类）、未被市场完全预期但与未来收益无关的信息（Ⅱ类）和未被市场完全预期且与未来收益有关的信息（Ⅲ类），并用如下模型检验市场对三类信息的反应：

$$
\begin{aligned}
CAR_i = & \beta_0 + \beta_1 UE_i + \beta_2 B1_i + \beta_3 B2_i \\
& + \beta_4 B3_i + \beta_5 SIZE_i + \mu_{2i}
\end{aligned}
\tag{6-4}
$$

式中，$B1$，$B2$ 和 $B3$ 分别为第 $i$ 个公司所拥有的这三类项目的数额。

根据以上分析和模型（6－4），我们提出如下假说：

H2a：未被市场完全预期但与未来收益无关的信息（Ⅱ类）与股价变化无关；

H2b：未被市场完全预期且与未来收益有关的信息（Ⅲ类）与股价变化正相关。

### 6.2.3 第Ⅲ类信息中不同子项目的市场反应

未被市场完全预期且与未来收益有关的信息（Ⅲ类）包含的各个子项目可能具有不同的信息含量，对股价的影响程度也可能不同。其中可供出售金融资产不仅增加了当期股东权益，而且可在将来出售时包含在未来盈余中，因此其对盈余的影响具有持续性；而除可供出售金融资产外的其他Ⅲ类项目，是通过将费用提前确认在以前年度以减少未来费用的，因此其对股价的影响是一次性的，不具有持续性。为了检验这两类项目的不同影响，建立以下估计模型：

$$CAR_i = \gamma_0 + \gamma_1 UE_i + \gamma_2 SIZE_i + \gamma_3 B1_i + \gamma_4 B2_i + \gamma_5 INC_i + \gamma_6 EXP_i + \mu_{3i} \tag{6-5}$$

式中，$INC_i$ 为第 $i$ 个公司的可供出售金融资产；$EXP_i$ 为Ⅲ类项目中除可供出售金融资产外的其他费用。

这部分需要检验的假说可表述为：

H3：未被市场完全预期且与未来收益有关的信息（Ⅲ类）中的可供出售金融资产对股价的影响大于此类项目中的其他部分（$\gamma_5 > \gamma_6$）。

## 6.3　实证分析

### 6.3.1　样本选择与变量定义

表 6 - 2 描述了样本筛选过程。2006 年年末所有 1 294 家 A 股上市公司（不包括中小企业板）中，首先剔除金融类上市公司，得到 1 283 个观察值。样本中存在一些公司（共 24 家）既有交易性金融资产又有可供出售金融资产，根据研究目的，将每一个类型作为单独的研究样本，因此增加了 24 个观察值。在此基础上，将那些账面净资产小于零和金融资产种类无法确定（经查年报未说明）的样本剔除后，得到观察值 1 231 个。为了排除极端值的影响，我们又剔除了主要变量的缺失值和上下各 2%的极端值，最终得到 1 121 个样本观察值。

**表 6 - 2　样本筛选过程**

| 筛选过程 | 样本数 |
|---|---|
| 深沪两市所有的 A 股公司（不包括中小企业板） | 1 294 |
| 剔除金融类上市公司后样本数 | 1 283 |
| 增加：同时确认交易性金融资产和可供出售金融资产的公司 | 24 |
| 小计 | 1 307 |
| 剔除净资产小于零和金融资产种类无法确定的公司 | 76 |
| 小计 | 1 231 |
| 剔除主要解释变量的缺失值 | 18 |
| 剔除主要解释变量上下各 2%的极端值 | 92 |
| 最终样本观察值 | 1 121 |

表 6-3 列示了有关变量的描述性统计结果。Panel A 包括股东权益差异调节表的具体项目，从中可以发现，有些项目没有被任何公司选择，说明要么上市公司不存在这些项目，要么选择这些项目对公司不利。例如，如果上市公司估计资产弃置费用的话，不仅会减少当期股东权益，而且会增加未来的费用负担，因此选此项目对公司不利。在研究样本中，只有 7 家公司选择了以公允价值计量投资性房地产，且对股东权益的影响均为正，说明上市公司以历史成本计量的房地产的价值显著上升。另外，存在股份支付和交易性金融负债的公司也较少，前者有 4 家，后者只有 1 家。对于属于未被市场完全预期且与未来收益有关的信息（Ⅲ类）的项目，除可供出售金融资产外，其他项目通过将一些费用确认在当前年度以减少未来的费用负担，可以预期这些项目减少了当期股东权益，从表 6-3 的 Panel A 中可以观察到这一结果，如辞退补偿、股份支付、商誉减值准备这三项的均值、最小值和最大值都为负值。可供出售金融资产不仅增加了当期股东权益（均值和最大值都大于 0），而且能够增加未来收益。

Panel B 列示了用于回归分析的变量。*EC* 是新会计准则的实施对股东权益的影响总额，即新会计准则下股东权益减去旧会计准则下股东权益，然后除以旧准则下的股东权益。*EC* 包含 Panel A 中所有项目金额之和。该变量的均值为 0.116，说明新会计准则的实施为上市公司股东权益带来了平均 11.6%的增幅。*CAR* 采用市场调整模型，为年报公告日前后 10 个交易日的累计非正常回报率。*UE* 为未预期盈余，采用 Naive 模型，但在具体计算上有所不同：本研究用年度盈余变化与前三季度盈余变化之差来衡量未预期盈余的大小，并除以 2006 年 12 月 31 日的收盘价。如果仅用 2006 年盈余减去 2005 年盈余，并不能完全反映市场未预期的程度，因为前三个季报的同期变化已经实现，市场参与者可以根据已实现的增加部分来推测全年的变化。该变量的均值为正，说明大部分上市公司 2006 年全年的盈利增长幅度超过前三个季度的增长幅度。*LogMV* 指 2006 年 12 月 31 日上市公司总市值的自然对数，代替模型（6-3）至模型（6-5）中的 *SIZE* 变量，是控制公司规模差异的。*B1*，*B2* 和 *B3* 是文章研究的主要解释变量，分别是 Panel A 中相应分类项目的金额之和除以旧会计准则下的净资产。可以看出，均值最大的是 *B2*，这是因为其包含的少数股东权益金额较大。少数股东权益金额之所以那么大，因为其他项目（如金融资产公允价值增加）的变动影响了该值，而且该变量的报表位置由原准则下的股东权益外调到新准则下的股东权益内。将第Ⅲ类项目进一步细分为 *INC*

表 6-3　描述性统计　　单位：万元

| 变量 | 分类 | N | 均值 | 中位数 | 标准差 | 最小值 | 最大值 |
|---|---|---|---|---|---|---|---|
| Panel A：股东权益差异调节表 | | | | | | | |
| 长期股权投资差额 | Ⅰ类 | 524 | −2 902.42 | −249.43 | 14 810.50 | −236 600.00 | 20 487.90 |
| 投资性房地产 | Ⅱ类 | 7 | 6 031.60 | 4 237.55 | 6 979.36 | 175.23 | 18 907.84 |
| 资产弃置费用 | Ⅲ类 | 0 | | | | | |
| 辞退补偿 | Ⅲ类 | 50 | −3 092.18 | −950.68 | 6 130.17 | −39 200.00 | −15.16 |
| 股份支付 | Ⅲ类 | 4 | −2 451.84 | −2 116.20 | 2 773.28 | −5 522.01 | −52.96 |
| 重组义务 | Ⅱ类 | 0 | | | | | |
| 企业合并 | | 52 | −1 825.29 | −260.94 | 4 974.09 | −29 312.08 | 1 158.50 |
| 同一控制下企业合并商誉的账面价值 | Ⅰ类 | 31 | −2 049.54 | −173.33 | 6 205.71 | −29 312.08 | 1 158.50 |
| 商誉减值准备 | Ⅲ类 | 21 | −1 494.25 | −655.35 | 2 265.34 | −9 151.80 | −10.46 |
| 交易性金融资产和可供出售金融资产 | | 275 | 7 910.25 | 295.00 | 47 954.10 | −611.68 | 681 149.82 |
| 交易性金融资产 | Ⅱ类 | 161 | 724.41 | 82.01 | 1 621.84 | −310.23 | 11 402.92 |
| 可供出售金融资产 | Ⅲ类 | 114 | 14 881.92 | 616.48 | 71 962.37 | −611.68 | 681 149.82 |
| 交易性金融负债 | Ⅱ类 | 1 | −353.29 | −353.29 | | −353.29 | −353.29 |
| 金融工具分拆增加的权益 | Ⅱ类 | 10 | 9 388.19 | 2 063.13 | 22 115.04 | −3 180.00 | 71 425.34 |
| 衍生金融工具 | Ⅱ类 | 26 | −10 436.95 | −114.79 | 48 241.70 | −246 300.00 | 6 410.13 |
| 所得税 | Ⅱ类 | 1 058 | 784.38 | 595.74 | 8 818.86 | −224 468.23 | 27 247.34 |
| 少数股东权益 | Ⅱ类 | 983 | 22 768.64 | 5 047.39 | 126 430.91 | −1 270.60 | 2 968 800.00 |
| 其他 | Ⅱ类 | 90 | 8 258.70 | 50.38 | 46 000.66 | −37 527.95 | 401 200.00 |
| Panel B：相关变量 | | | | | | | |
| *EC* | | 1 121 | 0.116 | 0.066 | 0.151 | −0.070 | 1.006 |
| *CAR* | | 1 121 | 0.089 | 0.074 | 0.173 | −0.297 | 2.645 |
| *UE* | | 1 121 | 0.008 | 0.003 | 0.035 | −0.125 | 0.206 |
| *LogMV* | | 1 121 | 21.464 | 21.287 | 1.001 | 19.543 | 27.396 |
| *B*1 | | 1 121 | −0.008 | 0.000 | 0.028 | −0.254 | 0.183 |
| *B*2 | | 1 121 | 0.123 | 0.074 | 0.152 | −0.143 | 1.128 |
| *B*3 | | 1 121 | 0.004 | 0.000 | 0.041 | −0.163 | 0.753 |
| *INC* | | 1 121 | 0.005 | 0.000 | 0.041 | −0.010 | 0.753 |
| *EXP* | | 1 121 | −0.001 | 0.000 | 0.009 | −0.186 | 0.000 |

注：*EC* 等于新会计准则下的股东权益减去旧会计准则下的股东权益，除以旧准则下的股东权益；*CAR* 为年报公告日前后 10 个交易日的累计非正常回报率，按市场调整模型计算；*UE* 为未预期盈余，等于（2006 年全年盈余－2005 年全年盈余）－（2006 年三季报盈余－2005 年三季报盈余）；*LogMV* 代替模型（6-3）至模型（6-5）中的 *SIZE*，为 2006 年 12 月 31 日上市公司总市值的自然对数；*B*1，*B*2，*B*3 为 Panel A 中相应项目的金额之和除以旧准则下的净资产；*INC* 包含于 *B*3 中，指可供出售金融资产；*EXP* 包含于 *B*3 中，指除可供出售金融资产外的其他项目。

和 *EXP*，*INC* 指可供出售金融资产，对未来收益的影响具有持续性；*EXP* 指除可供出售金融资产外的其他项目（辞退补偿、股份支付、商誉减值准备等），对未来收益的影响是通过减少未来费用来实现的，不具有持续性。这两个项目都除以旧会计准则下的净资产。这些变量的数据来源于上海万得信息技术股份有限公司开发的万得咨询金融数据库，金融资产种类通过逐个查找年报获得。

### 6.3.2 实证结果

表 6-4 列示了假说 H1 的检验结果。方程 1 仅对未预期盈余进行回归，与以前的研究结果一致（Ball and Brown，1968），未预期盈余（*UE*）系数显著为正，说明未预期盈余越高，股价变动越大。方程 2 加入了公司规模（*LogMV*）变量，*UE* 的系数仍显著为正，而市场规模的影响显著为负，说明公司规模越大，非正常回报率越低，这是因为小公司的风险更高。方程 3 是模型（6-3）的回归结果，未预期盈余和公司规模对非正常回报率的影响与方程 1 和方程 2 一致，但 *EC* 的系数并不显著，这一结果不支持假说 H1。另外，从模型的拟合度也可以看出，方程 3 低于方程 2，说明加入 *EC* 的影响后，模型的有效性降低。这两点发现意味着股东权益的总体增加并未对股票价格产生影响。

**表 6-4 股东权益总体变化金额的信息含量**

| 变量 | 预期符号 | 方程 1 | | 方程 2 | | 方程 3 | |
|---|---|---|---|---|---|---|---|
| | | 系数 | *P* 值 | 系数 | *P* 值 | 系数 | *P* 值 |
| *Intercept* | | 0.086*** | <.000 1 | 0.699*** | <.000 1 | 0.699*** | <.000 1 |
| *UE* | + | 0.405*** | 0.006 | 0.361** | 0.013 | 0.363** | 0.013 |
| *EC* | + | | | | | −0.005 | 0.896 |
| *LogMV* | − | | | −0.029*** | <.000 1 | −0.029*** | <.000 1 |
| *Obs.* | | 1 121 | | 1 121 | | 1 121 | |
| *Adj.* $R^2$ | | 0.006 | | 0.032 | | 0.031 | |

注：***、**、*表示在1%、5%和10%水平下显著；被解释变量为年报公告日前后 10 个交易日的累积非正常回报率 *CAR*；*LogMV* 代替模型（6-3）至模型（6-5）中的 *SIZE*，反映公司规模。

股东权益总体变化的检验结果并不一定意味着新会计准则不具有信息含量，对股价完全没有影响，这是因为股东权益总额中的各个具体项目的变化有相互抵消的作用。因此，需要进一步对股东权益总体变化（*EC*）的具体构成进行分析，展开对第二个研究假说（即 H2a 和 H2b）的检验。采用模型（6-4）进行检验的结果列示于表 6-5。方程 1 至方程 3 对单个的 *B*1，*B*2 和 *B*3 变量进行检验，方程 4 则将三组信息放在同一个方程中进行回归。从表 6-5 可以看出，*UE* 和 *LogMV* 的影响仍然显著，且与预期符号一致；*B*1 的系数在方程 1 和方程 4 中均不显著，说明这些被市场完全预期的项目没有信息含量，不会影响股价。*B*2 的系数在方程 2 和方程 4 中均不显著，说明未被市场完全预期但与未来收益无关的信息对股票价格也没有影响，支持假说 H2a。*B*3 的系数在方程 3 和方程 4 中均显著为正，说明那些未被市场完全预期且与未来收益有关的信息和股价变化显著正相关，假说 H2b 因此得到支持。另外，方程 4 的拟合度（$Adj.R^2$）大于表 6－4 中方程 3 的拟合度，表明将股东权益变动总额拆成三类后，对股票非正常回报率的解释能力得到提高。这些结果说明，虽然新会计准则影响了股票价格，但不是任何股东权益的变动项目都能引起股价变动，股票市场能够在一定程度上区别新会计准则下的不同信息。

**表 6－5　具体项目的信息含量**

| 变量 | 预期符号 | 方程 1 | 方程 2 | 方程 3 | 方程 4 |
|---|---|---|---|---|---|
| *Intercept* | | 0.698*** | 0.699*** | 0.712*** | 0.713*** |
| | | (<.000 1) | (<.000 1) | (<.000 1) | (<.000 1) |
| *UE* | + | 0.363** | 0.364** | 0.361** | 0.373** |
| | | (0.013) | (0.013) | (0.013) | (0.011) |
| *B*1 | + | −0.129 | | | −0.163 |
| | | (0.478) | | | (0.378) |
| *B*2 | + | | −0.009 | | −0.026 |
| | | | (0.791) | | (0.452) |
| *B*3 | + | | | 0.202* | 0.224* |
| | | | | (0.100) | (0.077) |
| *LogMV* | − | −0.029*** | −0.029*** | −0.029*** | −0.029*** |
| | | (<.000 1) | (<.000 1) | (<.000 1) | (<.000 1) |
| *Obs.* | | 1 121 | 1 121 | 1 121 | 1 121 |
| $Adj.R^2$ | | 0.031 7 | 0.031 3 | 0.033 5 | 0.032 8 |

注：***、**、*表示在 1%、5%和 10%水平下显著；被解释变量为年报公告日前后 10 个交易日的累积非正常回报率 *CAR*；括号内为回归系数相应的 *p* 值；*LogMV* 代替模型（6－3）至模型（6－5）中的 *SIZE*，反映公司规模。

至此，我们发现只有未被市场完全预期且与未来收益有关的信息能够影响股票价格。然而，由于构成这类信息的具体项目的持续性不同，因此它们对未来收益的影响程度也不同，需要对假说 H3 进行检验，即不同的持续性项目是否对股价产生了不同程度的影响。表 6－6 给出了假说 H3 的检验结果，从 5 个回归方程的结果可以看出，可供出售金融资产（*INC*）的系数在 3 个方程中（方程 1、方程 3、方程 5）均显著为正，表明同时增加当期股东权益和未来收益的项目与股票回报正相关，而降低当期股东权益和减少未来费用负担的项目不影响股价（*EXP* 在 3 个方程中都不显著），这些结果支持假说 H3 成立。

综合三个层次的检验结果，我们可以得出如下基本结论：股票价格虽与新会计准则下股东权益的总额变化不相关，但将股东权益变化信息分为三类后，股价变化和未被市场完全预期且与未来收益有关的信息显著正相关，且只与其中的可持续性项目相关。这一研究结果不仅表明新会计准则能对投资者的估值行为产生影响，而且揭示了股票市场能够在一定程度上区分新会计准则所带来的形式变化和实质变化。

**表 6-6　Ⅲ类项目具体构成的信息含量**

| 变量 | 预期符号 | 方程 1 | 方程 2 | 方程 3 | 方程 4 | 方程 5 |
|---|---|---|---|---|---|---|
| *Intercept* | | 0.712*** | 0.699*** | 0.714*** | 0.699*** | 0.714*** |
| | | (<.000 1) | (<.000 1) | (<.000 1) | (<.000 1) | (<.000 1) |
| *UE* | + | 0.363** | 0.362** | 0.376** | 0.369** | 0.376** |
| | | (0.013) | (0.013) | (0.01) | (0.012) | (0.01) |
| *B*1 | + | | | −0.161 | −0.142 | −0.161 |
| | | | | (0.382) | (0.443) | (0.384) |
| *B*2 | + | | | −0.028 | −0.014 | −0.028 |
| | | | | (0.43) | (0.689) | (0.428) |
| *INC* | + | 0.214* | | 0.238* | | 0.238* |
| | | (0.089) | | (0.065) | | (0.066) |
| *EXP* | + | | −0.044 | | −0.036 | −0.044 |
| | | | (0.94) | | (0.951) | (0.94) |
| *LogMV* | − | −0.029*** | −0.029*** | −0.029*** | −0.029*** | −0.029*** |
| | | (<.000 1) | (<.000 1) | (<.000 1) | (<.000 1) | (<.000 1) |
| *Obs.* | | 1 121 | 1 121 | 1 121 | 1 121 | 1 121 |
| *Adj*. $R^2$ | | 0.0337 | 0.0312 | 0.033 | 0.0301 | 0.0321 |

注：***、**、*表示在1%、5%和10%水平下显著；被解释变量为年报公告日前后10个交易日的累积非正常回报率 *CAR*；括号内为回归系数相应的 $p$ 值；*LogMV* 代替模型（6-3）至模型（6-5）中的 *SIZE*，反映公司规模。

### 6.3.3　稳健性检验

为防止不同时间窗口内的 *CAR* 对研究结果的影响，我们又进一步考察了其他窗口内的 *CAR* 作为被解释变量的情况，具体包括［−5，+5］，［−6，+6］和［−7，+7］窗口内的 CAR。结果发现 *B*3 和 *INC* 的系数始终显著为正，其他与预期一致（除 *B*1 的系数在某些窗口下显著为负外）。

对于未预期盈余（*UE*），采用将 2006 年盈余减去 2005 年盈余的方法计算得出，将其纳入模型（6-3）至模型（6-5）中，重新回归的结果与表 6-4、表 6-5、表 6-6 一致，仅 *UE* 的影响不再显著。

文章中的非正常回报率是个股回报率与市场回报率之差，即市场调整法。为检验结果的可靠性，我们采用市场模型来估计非正常回报率。采用年报公告日前 30 个至前 130 个交易日的数据进行估计，之后用实际回报率减去预期回报率计算 *CAR*。以市场模型计算的 *CAR* 为被解释变量，回归的结果与表 6-4、表 6-5、表 6-6 基本一致，*B*3 和 *INC* 的系数始终显著为正，*UE* 的影响虽然为正，但不显著。

## 6.4　本章小结

新会计准则是否为投资者提供了额外的相关信息，以及它是如何影响股票价格的，是准则制定者和市场参与者共同关心的问题。本研究以“新旧会计准则股东权益差异调节表”为对象，考察了在已有会计准则下，新会计准则能否为投资者提供额外的相关信息并影响他们的估值行为。将股东权益差异调节表具体项目分为三组：已被市场完全预期的信息、未被市场完全预期但与未来收益无关的信息、未被市场完全预期且与未来收益有关的信息。我们发现：市场并没有对新会计准则影响下的股东权益变动总额做出反应；对已被市场完全预期的信息和未被市场完全预期但与未来收益无关的信息，市场也未做出反应；市场仅对未被市场完全预期且与未来收益有关的信息做出了正的显著反应。考虑到这些项目对未来收益影响的持续性不同，我们进一步将对市场做出显著反应的这组信息分为两类：一类是既增加当期股东权益，又增加未来收益的项目（可供出售金融资产）；另一类是通过减少当期股东权益来减少未来费用，并增加未来收益的项目。结果发现市场仅对第一类项目做出了显著反应。

这些研究发现说明，虽然新会计准则在一定程度上影响了股票价格，有一定的价值相关性，但在评估新会计准则对估值影响的过程中，市场并没有机械地使用新会计准则所提供的总体信息，而是在一定程度上区分了新会计准则所带来的形式变化和实质变化。这一结果在为新会计准则的价值相关性争论提供经验证据的同时，也表明我国股票市场经过近十几年的发展已经具备相当的信息判断能力，这为我们更多地依靠市场机制来解决我国资本市场中存在的问题提供了一定的经验证据。

# 第 7 章　金融资产与价值相关性

## 7.1　概述

本章以体现新会计准则后续影响的金融资产为研究对象，考察公允价值是否具有价值相关性，反映了新会计准则在长期范围内对股东财富的影响。公允价值会计与世界各国的证券市场发展状况联系紧密。美国次贷危机的爆发引发了全球性的金融危机，致使证券市场萎缩、投资者信心丧失。为应对金融危机，欧美各国相继制定了一系列举措，并提议暂停使用公允价值会计。国际会计准则理事会对金融工具重分类规定的修改则进一步加剧了世界各方对公允价值计量属性的普遍关注和担忧。虽然我国对国际会计准则和公允价值的应用才刚刚开始，但这种应用对上市公司及证券市场产生了巨大影响：一方面，以公允价值计量的金融资产变动损益占总利润的比重很高。上证联合研究计划最新课题报告指出，2007 年上半年公允价值变动损益平均为上市公司带来了近 3 000 万元巨额利润，平均占上市公司税前利润的 59.44％；具有公允价值净收益的上市公司则平均得到5 600万元利润，平均占税前利润的 79.78％。另一方面，我国证券市场的巨大波动又使公允价值对上市公司利润产生了显著影响。在对已公布 2008 年年报的 1 047 家 A 股公司的统计中发现，有 307 家披露了公允价值变动损益，共计损失 258.14 亿元，平均每家损失近 1 亿元。面对我国证券市场的巨大波动以及公允价值对公司利润的显著影响，人们开始担心公允价值的引入是否提供了增量的价值相关性，进而改善了投资者的信息环境。本章试图对这一问题进行研究。

为了全面探讨公允价值在我国证券市场中的应用效果，本章试图从三个层次递进展开分析。首先，公允价值是新会计准则从 2007 年 1 月 1 日开始引入实施的，实施前后分别有历史成本和公允价值计量模式下的财务报表结果，因此我们首先考察公允价值相对于历史成本是否具有增量的价值相关性。其次，进一步考察公允价值变动产生的未实现收益是否具有价值相关性。最后，由于未实现收益分别由交易性金融资产和可供出售金融资产的公允价值变动产生，且会计处理不同，前者计入利润表，后者计入股东权益，因此在第二步的基础上，进一步检验两种影响的价值相关性差异。本研究利用价格模型（price model）和回报模型（return model）分别对上述问题进行检验，结果发现：相对于历史成本，公允价值具有增量的价值相关性；公允价值变动产生的未实现收益具有价值相关性；产生于可供出售金融资产的未实现收益具有价值相关性，而产生于交易性金融资产的未实现收益不具有价值相关性。

本章有三个方面的贡献：第一，丰富了现有文献的研究成果（如 Barth，1994；Barth et al.，1996；Eccher et al.，1996；Nelson，1996）。以往研究关注的是美国银行业的证券投资情况，证券投资属于其主营业务，本研究则提供了作为企业非主营业务的金融资产价值相关性的证据。第二，为我国监管层提供了公允价值实施效果的经验证据，有助于监管层制定相应的监管政策和措施。第三，提供了发展中国家应用公允价值会计的经验证据，也可为制定国际会计准则和修改公允价值方面的规则提供借鉴和参考。下文分以下几部分进行讨论：文献回顾；模型设定；实证分析；研究结论。

## 7.2　文献回顾

一般定义认为，公允价值是指在一项公平交易中，熟悉市场情况、自愿的双方交换一项资产或清偿一项债务所使用的金额。由于公允价值是交易双方自愿交易的结果，因此金额大小很容易受交易双方利益博弈的影响。不仅如此，在使用公允价值计量资产价值时，很容易受管理层操纵，如可能高估资产价值、操纵利润或净资产等。因此，对公允价值的主要批评是相对于历史成本其可靠性较低，影响了投资者判断。故直到 1991 年美国财务会计准则委员会（FASB）发布了美国财务准则第 107 号（SFAS 107），才要求对金融工具的公允价值进行披露。基于美国的制度环境，大多数研究者（如 Barth，1994；Eccher et al.，1996）都以银行业为样本进行公允价值研究。Barth（1994）对银行业金融资产进行的研究发现，公允价值相对于历史成本具有增量的价值相关性，但并未发现其与未实现收益具有相关性；Ahmed and Takeda（1995）在 Barth（1994）的基础上加入了后者可能存在的相关缺失变量，如其他资产增值、利率变化等，重新检验未实现盈余和已实现盈余的价值相关性问题，发现这两种盈余都具有价值相关性。其后，Eccher et al.（1996），Nelson（1996），Barth et al.（1996）进一步研究了 SFAS 107 要求银行业披露证券投资、金融资产、贷款、存单和表外工具的公允价值问题。虽然他们一致发现了证券投资公允价值披露的价值相关性，但在其他几项上的结论却不一致。此外，他们的研究结果也一致支持公允价值比账面价值更具有价值相关性的结论。

除对金融工具的公允价值进行研究外，许多学者也试图考察其他资产中采用公允价值的价值相关性问题。相对于金融工具，其他资产（如无形资产或有形资产）采用公允价值更容易受相关利益方操纵，其可靠性更值得担忧。因此，只有少数几个国家的会计准则允许采用公允价值来计量无形或有形资产（如英国和澳大利亚）。研究者对这些国家公允价值的考察不仅关注了资产的相关性，而且关注了可靠性、及时性等会计信息质量特征（Aboody et al.，1999；Barth et al.，1998；Barth and Clinch，1998；Easton et al.，1993；Kallapur and Kwan，2004）。Barth and Clinch（1998）对澳大利亚的金融资产、PPE 和无形资产进行了较全面的考察，不仅检验了这些资产的相关性问题，而且考察了可靠性和及时性问题，发现投资者并不能完全识别不同可靠性带来的相关性差异。Kallapur and Kwan（2004）考察了其他契约方或激励（如管理层面临薪酬激励）对商标资产重估的可靠性的影响，这与 Barth and Clinch（1998）不同，后者关注的是董事会或评估师对可靠性的影响。他们得出了很有意思的结论：即使管理层有动机去高估商标价值，仍然具有价值相关性，这说明市场没有受到可靠性缺失的误导。Aboody et al.（1999）进一步从资产重估与股票回报之间的内在逻辑出发，不仅考察了价值相关性问题，而且进一步研究了重估带来的未来经营业绩变化。他们的研究支持了重估的可靠性并不影响相关性的结论，市场并没有受到相关利益方高估行为的误导。

我国会计准则一直沿用以历史成本为主的计量模式，因此对公允价值的讨论极少。2007 年 1 月 1 日开始实施的新会计准则为研究公允价值问题提供了机会，因为新准则允许股权投资等金融工具使用公允价值对期末余额进行计量。针对会计准则的这一变化，姜国华和张然（2007）从股票价格反应的角度对稳健性和公允价值的关系进行了规范性分析，他们认为在会计准则中适当引入公允价值计量方法有益于资本市场发展。经验证据方面，邓传洲（2005）以 B 股公司为研究样本，考察了公允价值的股价反应，发现国际会计准则第 39 号要求进行的公允价值披露具有增量的价值相关性，同时还发现公允价值调整及持有利得（损失）对股价的影响存在差异，并认为可能的原因是我国投资者对盈余的关注度要高于对账面净值的关注度。

我国具有不同于西方成熟资本市场的特征，如投资者保护不足、投机行为严重、股市波动较大等，因此公允价值在 A 股公司的应用是否具有价值相关性，仍是一个需要经验检验的问题。虽然邓传洲（2005）对我国 B 股公司公允价值相关性进行了研究，但是投资 B 股公司在 2001 年之前受到限制，投资者对其关注度较低，因此相关研究结论无法应用于 A 股市场，从而无法全面了解我国投资者是如何认识公允价值的。而本研究能够从 A 股市场出发提供不同于以往研究的经验证据。

## 7.3 模型设定

随着新会计准则的实施，金融资产采取公允价值计量模式首次在上市公司中应用。因此本次会计准则变更及其带来的影响为本研究提供了很好的研究平台。我们既可以关注公允价值相对于历史成本是否具有增量的价值相关性，又可以关注公允价值变动带来的未实现收益的价值相关性，从而得出较全面的经验证据。

### 7.3.1 公允价值与历史成本

由于新会计准则从 2007 年 1 月 1 日开始实施，所以在该时点同时拥有金融资产以历史成本和公允价值计量的两种信息。前者体现在 2006 年年报中，仍按旧会计准则编制，后者体现在与 2006 年年报一起披露的股东权益差异调节表中，按公允价值进行调整。因此，本章以 2007 年 1 月 1 日为研究时点来考察公允价值相对于历史成本是否具有增量的价值相关性。

价值相关性意味着会计数字传递了一些有助于投资者判断公司价值的信息，而能反映公司经营状况的集中指标是股东权益和会计盈余。根据以前的研究（Barth，1994；Collins et al.，1999；Easton and Harris，1991；Ohlson，1995），本研究采用经验检验中普遍使用的估值模型：

$$P_i = w_0 + w_1 BVE_i + w_2 NI_i + w_3 \Phi_i + \varepsilon_i \quad (7-1)$$

式中，$BVE_i$ 为第 $i$ 个公司的股东权益账面值；$NI_i$ 为第 $i$ 个公司的盈利；$\Phi_i$ 为其他与价值相关的信息或公司特征，如单个资产的公允价值、企业商誉等；$\varepsilon_i$ 为残差项。在原有会计准则下形成的$BVE_i$ 和$NI_i$ 是基于历史成本或谨慎性原则确认和披露的结果。我们定义$FAFV_i = FAHC_i + DIF_i$和$BVE_i = BV_i + FAHC_i$，其中$FAFV_i$ 是金融资产的公允价值，$FAHC_i$是金融资产的历史成本，$DIF_i$ 是公允价值与历史成本之差，$BV_i$ 为扣除金融资产历史成本外的其他净资产账面值。本研究着重探讨公允价值的增量价值相关性，因此模型中$\Phi_i$ 即为$DIF_i$。在模型（7－1）的基础上，构建如下检验模型：

$$P_i = \alpha_0 + \alpha_1 BV_i + \alpha_2 NI_i + \alpha_3 FAHC_i + \alpha_4 DIF_i + \varepsilon_i \quad (7-2)$$

$$P_i = \alpha'_0 + \alpha'_1 BV_i + \alpha'_2 NI_i + \alpha'_3 FAHC_i + \alpha'_4 FAFV_i + \varepsilon'_i \quad (7-3)$$

公允价值是指在计量日，市场交易者在有序交易中，销售资产收到的或转移负债支付的价格，因此按公允价值来计量的金融资产能够可靠地说明对股东财富的影响，于是可以合理预期，公允价值相对于历史成本具有增量的价值相关性。一些以前的研究结果（如 Barth，1994；Barth et al.，1996；Eccher et al.，1996；Nelson，1996）也支持了本研究的预期，在模型（7－2）和模型（7－3）中，$\alpha_4$ 和$\alpha'_4$显著异于零。

### 7.3.2 公允价值变动产生的未实现收益

如果公允价值能够给投资者带来额外信息，那么除了以公允价值计量的资产具有增量的价值相关性外，公允价值变动产生的未实现收益也应该具有价值相关性。在 2007 年年报中，上市公司需要披露金融资产带来的公允价值变动收益，因此以 2007 年年报为研究时点考察未实现收益的价值相关性问题。此外，按照新会计准则规定，金融资产分为交易性金融资产和可供出售金融资产，这两种资产的公允价值变动对利润的影响不同，前者影响利润表，后者直接影响股东权益（即全面收益概念）。进入利润表的交易性金融资产的公允价值变动是否具有更大的价值相关性？两者之间的价值相关性差异也是本研究要考察的一个重要问题。

在新会计准则下，公司净资产等于除金融资产以外的净资产与金融资产（按公允价值计量）之和：

$$BVE'_i = BV_i + FAFV_i \tag{7-4.1}$$

根据式（7-4.1），股东权益的变化主要来源于会计盈余、持有金融资产产生的未实现收益、卖出金融资产产生的已实现收益和其他因素（定义为$other_i$），一般的等式为：

$$\Delta BVE'_i = NI_i + URSGL_i + RSGL_i + other_i \tag{7-4.2}$$

式中，$NI_i$ 为扣除公允价值变动损益和已实现收益的会计盈余；$URSGL_i$ 为公允价值变动形成的未实现收益；$RSGL_i$ 为买卖金融资产形成的已实现收益。对模型（7-1）进行一阶差分，并将式（7-4.2）代入，得到如下模型：

$$RET = \Delta P_i = \beta_0 + \beta_1 NI_i + \beta_2 \Delta NI_i + \beta_3 URSGL_i + \beta_4 RSGL_i + \varepsilon_i \tag{7-5}$$

式中，$RET$ 表示回报率。模型（7-5）说明，股票回报不仅与当期盈利以及盈利变化相关，而且与公允价值变动产生的未实现收益和买卖金融资产的已实现收益有关。我们用此模型检验公允价值变动带来的未实现收益的价值相关性，预期 $\beta_3$ 显著异于零。

未实现收益由两部分构成，一部分是交易性金融资产产生的（$TFAGL$），一部分是可供出售金融资产产生的（$AFSGL$）。将 $URSGL$ 分成 $TFAGL$ 和 $AFSGL$ 之后，模型（7-5）变为：

$$RET = \beta'_0 + \beta'_1 NI_i + \beta'_2 \Delta NI_i + \beta'_3 TFAGL_i + \beta'_4 AFSGL_i + \beta'_5 RSGL_i + \varepsilon'_i \tag{7-6}$$

模型（7-6）用于检验交易性金融资产和可供出售金融资产带来的未实现收益是否具有相同的价值相关性。我们预期$TFAGL_i$ 和$AFSGL_i$ 都具有价值相关性，即$\beta'_3$，$\beta'_4$显著异于零，而且$TFAGL_i$ 的价值相关性可能高于$AFSGL_i$ 的价值相关性。

## 7.4　实证分析

### 7.4.1　数据搜集与变量定义

本研究主要关注公允价值的价值相关性问题，拟从两个方面进行考察：公允价值相对于历史成本是否具有增量的价值相关性；公允价值变动带来的未实现收益的价值相关性。根据上述两个方面和数据的可得性，需要搜集不同的样本进行实证分析。新会计准则于 2007 年 1 月 1 日开始实施，因此 2006 年年报仍按旧会计准则编制，相应的股权投资（如短期投资、长期股权投资）都是按历史成本计量的，而在“新旧会计准则股东权益差异调节表”中披露了金融资产的公允价值增值对股东权益的影响。因此，为了对比两种计量模式的价值相关性，以该调节表中披露了金融资产的公司为初始样本（共 309 家），通过手工搜集这些公司金融资产的历史成本和公允价值数据，如果两种数据不同时可得，则删除，共得到 305 个样本。在此基础上，加入年报公告日的股价、净资产、净利润等指标，剔除这些变量的缺失值后最终得到 302 个观察值（见表 7-1）。

**表 7-1　样本筛选过程**

| 筛选过程 | 数据说明 |
|---|---|
| Panel A：公允价值与历史成本 | |
| 时间点 | 2006 年 12 月 31 日 |
| 来源 | 新旧会计准则股东权益差异调节表 |
| 初始样本数 | 309 |
| 剔除两种数据不同时可得的样本 | 305 |
| 加入其他变量后剔除缺失值 | 302 |
| Panel B：未实现收益 | |
| 时间点 | 2007 年 12 月 31 日 |
| 来源 | 2007 年年报 |
| 初始样本数 | 831 |
| 删除 B 股和已实现收益无法判断的样本 | 744 |
| 删除金融保险业的公司 | 717 |
| 删除 2007 年以后新上市和退市的样本 | 682 |
| 删除 2007 年净资产小于 0 的样本 | 669 |
| 保留交易性金融资产和可供出售金融资产公允价值变动同时不为 0 的样本 | 126 |

对于公允价值变动所产生的未实现收益，本研究以 2007 年年报为基础。由于要控制公司卖出金融资产产生的已实现收益，该收益反映在“投资收益”科目中，因此首先从所有上市公司中选出交易性金融资产余额、可供出售金融资产余额、公允价值变动损益和投资收益任何一项不为零的

公司作为初始样本，共计 831 家。由于两种金融资产的公允价值变动分别计入“公允价值变动损益”和“资本公积”两个科目，因此逐个手工搜集这 831 家公司的相关数据。交易性金融资产公允价值变动收益反映在“公允价值变动损益”附注中，可供出售金融资产反映在“资本公积”或“股东权益变动表”中，我们逐个在年报的相关项目下搜集金融资产的公允价值变动金额。对于已实现收益，有些上市公司会在重要事项中披露证券买卖产生的收益，这些数据较容易确定；至于没有披露的公司，我们根据交易性金融资产、可供出售金融资产的变化，在投资收益中判断确定。在搜集这些数据的基础上，对初始样本进行了如下剔除：(1) 删除 B 股和已实现收益无法判断的样本；(2) 删除金融保险业的公司；(3) 删除 2007 年以后新上市和退市的样本；(4) 删除 2007 年净资产小于 0 的样本，得到 669 个样本。为了有效检验交易性金融资产和可供出售金融资产公允价值的相对价值相关性，保留了两类变动同时不为 0 的样本，最终得到样本观察值 126 个。

表 7－2 列示了本研究所使用变量的具体定义。*Price* 为 2006 年年底的收盘价，用于检验公允价值与历史成本的价值相关性；*NA _ 1* 为扣除金融资产历史成本后 2006 年的每股净资产；*NI _ 1* 为 2006 年每股收益；*FAHC* 和 *FAFV* 为金融资产的历史成本和公允价值，这些反映在 2006 年年报披露的“新旧会计准则股东权益差异调节表”及其附注中，*DIF* 为 *FAFV* 与 *FAHC* 之差，并除以公司外发股份。对于公允价值与历史成本的价值相关性，本研究主要采用价格模型 (price model)①，因此相关变量除以公司外发股份，这与以前的研究一致 (Barth，1994；Kothari and Zimmerman，1995)。在未实现收益的相关变量中，*RET* 为 2007 年 5 月 1 日至 2008 年 4 月 30 日的持有期回报率；*NI* 和 $\Delta NI$ 分别为扣除公允价值变动损益和已实现收益的 2007 年净利润及其变动；*NA* 为扣除公允价值变动损益、已实现收益和可供出售金融资产公允价值变动后的净资产；*TFAGL*，*AFSGL* 分别为交易性金融资产和可供出售金融资产产生的公允价值变动；*URSGL* 为 *TFAGL* 与 *AFSGL* 之和；*RSGL* 为买卖金融资产产生的已实现收益。在检验公允价值变动的价值相关性问题时，本研究主要采用回报模型 (return model)②，与以前的研究一致 (Kothari and Zim-

① 在后面的分析中，又采用回报模型 (return model) 进行稳健性检验。

② 在后面的分析中，又采用价格模型 (price model) 进行稳健性检验。

merman，1995)，相关变量均除以 2007 年 12 月 31 日的总市值。

**表 7-2　相关变量定义**

| 变量名称 | 变量定义 |
|---|---|
| 公允价值与历史成本的相关变量 | |
| *Price* | 2006 年 12 月 31 日的收盘价 |
| *NA* _ 1 | 2006 年每股净资产，扣除了金融资产历史成本 |
| *NI* _ 1 | 2006 年每股收益 |
| *FAHC* | 金融资产历史成本，并除以该公司外发股份 |
| *FAFV* | 金融资产公允价值，并除以该公司外发股份 |
| *DIF* | 金融资产公允价值与历史成本之差，并除以该公司外发股份 |
| 未实现收益的相关变量 | |
| *RET* | 2007 年 5 月 1 日至 2008 年 4 月 30 日的持有期回报率（buy and hold return) |
| *NI* | 扣除公允价值变动损益（*TFAGL*）和已实现收益（*RGL*）后的 2007 年净利润，并除以该公司 2007 年 12 月 31 日的总市值 |
| Δ*NI* | 扣除公允价值变动损益和已实现收益后的 2007 年净利润减去 2006 年净利润，并除以该公司 2007 年 12 月 31 日的总市值 |
| *NA* | 扣除公允价值变动损益、已实现收益和可供出售金融资产公允价值变动（*AFSGL*）后的净资产，并除以该公司 2007 年 12 月 31 日的总市值 |
| *TFAGL* | 交易性金融资产产生的公允价值变动，并除以该公司 2007 年 12 月 31 日的总市值 |
| *AFSGL* | 可供出售金融资产产生的公允价值变动，并除以该公司 2007 年 12 月 31 日的总市值 |
| *URSGL* | 未实现收益除以该公司 2007 年 12 月 31 日的总市值 |
| *RSGL* | 已实现收益除以该公司 2007 年 12 月 31 日的总市值 |

表 7-3 列示了样本的描述性统计结果，相关变量定义可见表 7-2。Panel A 描述的是公允价值与历史成本价值相关性的样本及变量。从 *Price* 和 *NA* _ 1 的均值可以看出，平均市净率在 3 倍左右，说明净资产对价格的解释程度较高。从金融资产的历史成本和公允价值可以看出，平均差异为 0.125，说明按历史成本对金融资产进行计量存在较明显的低估，因此可以预期，新会计准则引入公允价值计量模式，能够向投资者提供更多有用的信息。而从 *DIF* 的最大值可以看出，某些公司的金融资产公允价值与历史成本之差非常大，不将这些信息反映在财务报表中，将大大影响财务报告的有用性。Panel B 描述的是检验未实现收益价值相关性的有关变量，*RET* 均值为负，说明 2007 年 5 月 1 日至 2008 年 4 月 30 日之间的持有期回报率并不理想，与这段时间的市场总体表现有关。从 *TFAGL*，

*AFSGL*，*URSGL* 和 *RSGL* 的统计结果可以看出，虽然平均而言持有金融资产带来的公允价值变动为正，但也有一些公司在亏损，而 2007 年通过卖出金融资产的操作取得了较好的已实现收益。值得说明的是，按新会计准则的规定，利润表中交易性金融资产的公允价值变动损益由两部分组成：一是每期公允价值变动带来的未实现损益；二是卖出交易性金融资产时以前所有期间未实现损益的转回①。报表中没有对以上两类项目分别披露，因此我们只能用利润表中的公允价值变动损益来代替交易性金融资产公允价值变动带来的未实现收益，由此导致的一些噪声会削弱有关交易性金融资产价值相关性的实证结果。

**表 7－3　描述性统计**

| 变量 | *N* | 均值 | 中位数 | 标准差 | 最小值 | 最大值 |
|---|---|---|---|---|---|---|
| Panel A：公允价值与历史成本 | | | | | | |
| *Price* | 302 | 7.443 | 5.585 | 6.140 | 2.240 | 35.010 |
| *NA* _ 1 | 302 | 2.646 | 2.536 | 1.456 | −1.861 | 6.593 |
| *NI* _ 1 | 302 | 0.191 | 0.151 | 0.360 | −1.121 | 1.198 |
| *FAHC* | 302 | 0.074 | 0.012 | 0.194 | 0.000 | 2.287 |
| *FAFV* | 302 | 0.199 | 0.020 | 1.074 | 0.000 | 16.090 |
| *DIF* | 302 | 0.125 | 0.005 | 1.038 | −1.811 | 15.723 |
| Panel B：未实现收益 | | | | | | |
| *RET* | 126 | −0.083 | −0.183 | 0.368 | −0.504 | 1.690 |
| *NI* | 126 | 0.009 | 0.010 | 0.019 | −0.061 | 0.046 |
| Δ*NI* | 126 | 0.002 | 0.001 | 0.019 | −0.052 | 0.071 |
| *NA* | 126 | 0.197 | 0.174 | 0.088 | 0.033 | 0.392 |
| *TFAGL* | 126 | 0.001 | 0.000 1 | 0.002 | −0.003 | 0.012 |
| *AFSGL* | 126 | 0.029 | 0.005 | 0.059 | −0.020 | 0.395 |
| *URSGL* | 126 | 0.029 | 0.006 | 0.059 | −0.019 | 0.395 |
| *RSGL* | 126 | 0.007 | 0.003 | 0.012 | −0.006 | 0.085 |

注：相关变量定义见表 7－2。

### 7.4.2　公允价值与历史成本

首先利用模型（7－2）和模型（7－3）对公允价值与历史成本的价值相关性进行检验，表 7－4 描述了相关变量的相关系数，从中可以看出，Spearman 相关系数表现出更多的显著正相关性。但从 Pearson 相关系数

① 例如，A 公司在 2006 年以前以 1 元购入交易性金融资产，在 2006 年年底产生了 3 元的未实现收益，当公司在 2007 年以 6 元卖出该金融资产时，会产生 5 元的已实现投资收益和－3 元的公允价值变动损益。

可以看出，除 *NI*_1 和 *NA*_1 之间、*FAFV* 和 *DIF* 之间存在显著相关性外，其他变量的相关性并不强，这意味着解释变量之间的多重共线性问题并不严重。而 *FAHC* 与 *DIF* 的相关系数仅为 0.010，说明历史成本信息与公允价值信息之间相对独立，因此更容易对后面的实证结果进行推论，因为公允价值包含历史成本信息的可能性较低。我们关心的变量 *FAFV* 在 Spearman 情况下与 *Price* 的相关系数显著，这在一定程度上表明公允价值具有价值相关性。

**表 7-4　相关系数矩阵**

| 变量 | *Price* | *NA*_1 | *NI*_1 | *FAHC* | *FAFV* | *DIF* |
|---|---|---|---|---|---|---|
| *Price* | | 0.567*** | 0.632*** | 0.098* | 0.073 | 0.057 |
| *NA*_1 | 0.551*** | | 0.663*** | 0.105* | 0.068 | 0.051 |
| *NI*_1 | 0.692*** | 0.667*** | | 0.120** | 0.017 | −0.005 |
| *FAHC* | 0.209*** | 0.252*** | 0.255*** | | 0.277*** | 0.010* |
| *FAFV* | 0.257*** | 0.292*** | 0.311*** | 0.858*** | | 0.984*** |
| *DIF* | 0.213*** | 0.235*** | 0.265*** | 0.478*** | 0.784*** | |

注：(1) 相关变量定义见表 7-2；(2) 矩阵右上角为 Pearson 相关系数，左下角为 Spearman 相关系数；(3) ***、**、* 表示在 1%、5%和 10%水平下显著。

利用模型（7-2）和模型（7-3）进行回归的结果列示于表 7-5。方程 1 和方程 2 单独对金融资产的历史成本和公允价值金额进行回归，方程 3 则将两者纳入统一的模型，方程 4 是对方程 3 的补充，将 *FAFV* 换成 *DIF*，由于 *FAFV* 和 *DIF* 的相关性很高（见表 7-4），因此对方程 3 的解释同样适用于方程 4，而所有方程都控制了 2006 年年底的会计收益和股东权益。表 7-5 显示，历史成本在所有方程中都不显著，而公允价值则在 5%水平下显著。虽然在单独的回归中，历史成本与价格的回归系数（0.509）大于公允价值（0.274），但在方程 3 中，历史成本的影响不显著，影响程度也小于公允价值。这些结果说明，公允价值相对于历史成本具有增量的价值相关性，与理论预期一致，也与 Barth（1994）和邓传洲（2005）的结果一致。

**表 7-5　公允价值与历史成本的价值相关性——Price Model**

| 变量 | 方程 1 | 方程 2 | 方程 3 | 方程 4 |
|---|---|---|---|---|
| *Intercept* | 2.975*** | 2.991*** | 2.987*** | 2.987*** |
| | (<.000 1) | (<.000 1) | (<.000 1) | (<.000 1) |
| *NA*_1 | 1.113*** | 1.096*** | 1.096*** | 1.096*** |
| | (<.000 1) | (<.000 1) | (<.000 1) | (<.000 1) |

续表

| 变量 | 方程 1 | 方程 2 | 方程 3 | 方程 4 |
|---|---|---|---|---|
| *NI _ 1* | 7.769*** | 7.835*** | 7.830*** | 7.830*** |
| | (<.000 1) | (<.000 1) | (<.000 1) | (<.000 1) |
| *FAHC* | 0.509 | | 0.098 | 0.367 |
| | (0.622 6) | | (0.926 0) | (0.724 5) |
| *FAFV* | | 0.274** | 0.269** | |
| | | (0.033 0) | (0.035 8) | |
| *DIF* | | | | 0.269** |
| | | | | (0.035 8) |
| *Obs.* | 302 | 302 | 302 | 302 |
| $Adj.R^2$ | 0.433 2 | 0.435 2 | 0.433 3 | 0.433 3 |

注：(1) 相关变量定义见表 7 - 2；(2) 被解释变量是 2006 年 12 月 31 日的收盘价；(3) 对每个方程进行了异方差检验，对存在异方差的方程进行了 White 异方差调整；(4) 括号内为 $p$ 值；(5) ***、**、* 表示在 1%、5%和 10%水平下显著。

### 7.4.3　公允价值变动产生的未实现收益

既然公允价值相对于历史成本具有增量的价值相关性，那么公允价值变动产生的未实现收益是否也具有价值相关性呢？如果未实现收益分别对会计利润（*TFAGL*）和股东权益（*AFSGL*）产生影响，那么是否具有相同的价值相关性？本部分采用模型（7 - 5）和模型（7 - 6）分别对上述两个问题进行检验，有关变量的相关系数矩阵列示于表 7 - 6。从中可以看出，除 *RSGL* 与会计盈余、*URSGL* 与 *AFSGL* 外，其他变量之间的相关性不高。*RSGL* 与会计盈余 *NI* 和 $\Delta NI$ 的负相关性说明，那些主营业务业绩较差的公司可能通过已实现收益来改善会计业绩。

**表 7 - 6　相关系数矩阵**

| 变量 | *RET* | *NI* | $\Delta NI$ | *NA* | *TFAGL* | *AFSGL* | *RSGL* | *URSGL* | *LogMV* |
|---|---|---|---|---|---|---|---|---|---|
| *RET* | | 0.209** | 0.139 | −0.220** | −0.000 4 | 0.166* | 0.054 | 0.166* | 0.265*** |
| *NI* | 0.355*** | | 0.565*** | 0.140 | −0.117 | −0.110 | −0.344*** | −0.114 | 0.358*** |
| $\Delta NI$ | 0.288*** | 0.573*** | | −0.246*** | −0.153* | 0.018 | −0.415*** | 0.013 | 0.186** |
| *NA* | −0.184** | 0.143 | −0.192** | | 0.010 | −0.106 | 0.096 0 | −0.102 | −0.232*** |
| *TFAGL* | 0.148* | −0.052 | −0.039 | 0.042 | | 0.040 | 0.141 | 0.078 | −0.078 |
| *AFSGL* | 0.049 | −0.057 | 0.029 | −0.103 | 0.151* | | 0.122 | 0.999*** | 0.116 |
| *RSGL* | 0.034 | −0.238*** | −0.449*** | 0.177** | 0.134 | 0.030 | | 0.127 | 0.098 |
| *URSGL* | 0.035 | −0.091 | 0.015 | −0.087 | 0.281*** | 0.972*** | 0.041 | | 0.075 |
| *LogMV* | 0.416*** | 0.371*** | 0.095 | −0.147* | −0.103 | −0.024 | 0.039 | −0.028 | |

注：(1) 相关变量定义见表 7 - 2；(2) 右上角为 Pearson 相关系数，左下角为 Spearman 相关系数；(3) ***、**、* 表示在 1%、5%和 10%水平下显著。

对模型（7-5）和模型（7-6）回归的结果列示于表 7-7。方程 1 和方程 2 是模型（7-5）的回归结果，用于检验未实现收益的价值相关性，两者的差别在于是否控制了已实现收益（*RSGL*）的影响。结果显示，无论是否控制了已实现收益的影响，公允价值变动产生的未实现收益均具有价值相关性，与预期一致。方程 3 和方程 4 分别在方程 1 和方程 2 的基础上，将未实现收益分为交易性金融资产产生的和可供出售金融资产产生的，以检验本章的第三个问题。实证结果显示 *AFSGL* 在方程 3 和方程 4 中均显著为正，*TFAGL* 则不显著，这些结果说明持有可供出售金融资产产生的未实现收益具有价值相关性，与理论预期一致，而持有交易性金融资产产生的未实现收益不具有价值相关性，并不符合预期。交易性金融资产产生的未实现收益之所以不具有价值相关性，一个主要原因就是如描述性统计部分所述，反映在公允价值变动损益中的 *TFAGL* 并不一定是持有期的公允价值变动，而可能是买卖交易性金融资产时将以前的未实现收益进行重分类的结果，因此 *TFAGL* 中包含更多的噪声，无法向投资者提供有效的信息，因此不具有价值相关性。

**表 7-7　未实现收益的价值相关性——Return Model**

| 变量 | 方程 1 | 方程 2 | 方程 3 | 方程 4 |
|---|---|---|---|---|
| *Intercept* | −1.805** | −1.708** | −1.829** | −1.728** |
| | (0.010 9) | (0.016 5) | (0.010 5) | (0.016 3) |
| *NI* | 2.426 | 2.875 | 2.419 | 2.861 |
| | (0.281 2) | (0.208 7) | (0.284 3) | (0.212 9) |
| Δ*NI* | 0.878 | 2.065 | 0.966 | 1.565 |
| | (0.659 4) | (0.465) | (0.631 7) | (0.453 9) |
| *URSGL* | 1.162** | 0.545** | | |
| | (0.033 8) | (0.048 4) | | |
| *TFAGL* | | | 6.269 | 4.822 0 |
| | | | (0.668 1) | (0.742 4) |
| *AFSGL* | | | 1.147** | 1.077* |
| | | | (0.037 3) | (0.051 7) |
| *RSGL* | | 3.401 | 3.333 | |
| | | (0.267 1) | (0.280 4) | |
| *LogMV* | 0.073** | 0.068** | 0.074** | 0.069** |
| | (0.019 5) | (0.032) | (0.018 9) | (0.031 6) |
| *Obs.* | 126 | 126 | 126 | 126 |
| *Adj.* $R^2$ | 0.091 8 | 0.093 6 | 0.085 2 | 0.086 5 |

注：(1) 相关变量定义见表 7-2；(2) 被解释变量为 *RET*，即 2007 年 5 月 1 日至 2008 年 4 月 30 日的持有期回报率；(3) 对每个方程进行了异方差检验，对存在异方差的方程进行了 White 异方差调整；(4) 括号内为 $p$ 值；(5) ***、**、* 表示在 1%、5%和 10%水平下显著。

### 7.4.4　稳健性检验

在前文的不同检验中，我们分别使用价格模型和回报模型进行实证分析得出了相应的结论，但 Kothari and Zimmerman（1995）认为，这两种模型有不同的优劣势。价格模型虽然产生有偏估计量的可能性低，但更容易产生异方差；回报模型虽然能够较好地克服异方差，但更容易产生有偏估计量。因此他们建议在价值相关性研究中同时使用价格模型和回报模型，这样做可以得到更稳健的实证结果。在公允价值与历史成本的价值相关性研究中，我们使用了价格模型，而在未实现收益价值相关性研究中使用了回报模型。为了提供更稳健的实证结果，我们又使用回报模型和价格模型进行了稳健性分析，结果分别见表 7-8 和表 7-9。使用回报模型对公允价值和历史成本所做的价值相关性的研究发现，公允价值相对于历史成本具有增量的价值相关性，且影响要大于历史成本，与表 7-5 的结果一致。使用价格模型对未实现收益价值相关性的检验发现，*URSGL* 和 *AFSGL* 具有价值相关性，与表 7-7 的结果一致。

**表 7-8　公允价值与历史成本的价值相关性——Return Model（稳健性检验）**

| 变量 | 方程 1 | 方程 2 | 方程 3 | 方程 4 |
|---|---|---|---|---|
| *Intercept* | 2.871*** | 2.834*** | 2.825*** | 2.825*** |
| | (<.000 1) | (<.000 1) | (<.000 1) | (<.000 1) |
| *NA_1* | −0.465* | −0.454* | −0.460* | −0.460* |
| | (0.075 3) | (0.088 4) | (0.058 3) | (0.058 3) |
| *NI_1* | −0.090 | −0.169 | −0.174 | −0.174 |
| | (0.920 7) | (0.853 1) | (0.852 9) | (0.852 9) |
| *FAHC* | 5.424* | | 1.26 | 4.788 |
| | (0.081 0) | | (0.712) | (0.125 1) |
| *FAFV* | | 3.683*** | 3.573*** | |
| | | (<.000 1) | (0.000 1) | |
| *DIF* | | | | 3.573*** |
| | | | | (0.000 1) |
| *Obs.* | 302 | 302 | 302 | 302 |
| *Adj.* $R^2$ | 0.011 9 | 0.060 1 | 0.057 4 | 0.057 4 |

注：(1) 相关变量定义见表 7-2；(2) 被解释变量是 2006 年 5 月 1 日至 2007 年 4 月 30 日的持有期回报率；(3) 解释变量均除以 2006 年 12 月 31 日的总市值；(4) 对每个方程进行了异方差检验，对存在异方差的方程进行了 White 异方差调整；(5) 括号内为 $p$ 值；(6) ***、**、* 表示在 1%、5%和 10%水平下显著。

表 7-9 未实现收益的价值相关性——Price Model（稳健性检验）

| 变量 | 方程 1 | 方程 2 | 方程 3 | 方程 4 |
|---|---|---|---|---|
| *Intercept* | 4.997 | 3.494 | 7.455 | 5.982 |
| | (−0.557) | (0.683 2) | (0.385 1) | (0.492) |
| *NI* | 10.866*** | 10.333*** | 11.775*** | 11.249*** |
| | (<.000 1) | (<.000 1) | (<.000 1) | (<.000 1) |
| *URSGL* | 3.165*** | | 2.919*** | |
| | (<.000 1) | | (<.000 1) | |
| *TFAGL* | | 39.134 | | 31.881 |
| | | (0.162 1) | | (0.259 3) |
| *AFSGL* | | 3.064*** | | 2.864*** |
| | | (<.000 1) | | (<.000 1) |
| *RSGL* | | | 5.756* | 5.138 |
| | | | (0.098 6) | (0.145 7) |
| *LogMV* | 0.058 | 0.118 | −0.063 | −0.003 |
| | (0.877 3) | (0.755 8) | (0.867 7) | (0.994 9) |
| *Obs.* | 126 | 126 | 126 | 126 |
| *Adj.* $R^2$ | 0.333 5 | 0.337 2 | 0.343 | 0.343 4 |

注：(1) 相关变量定义见表 7-2；(2) 被解释变量为 2007 年 12 月 31 日的收盘价，并除以 2006 年的净资产；(3) 除 *LogMV* 外，其他解释变量均除以 2006 年 12 月 31 日的净资产；(4) *LogMV* 为 2007 年 12 月 31 日总市值的自然对数；(5) 对每个方程进行了异方差检验，对存在异方差的方程进行了 White 异方差调整；(5) 括号内为 *p* 值；(6) ***、**、* 表示在 1%、5%和 10%水平下显著。

## 7.5 本章小结

公允价值计量模式在证券投资中的使用是区别新旧会计准则的一个重要特征。本章结合我国的制度背景，以存在证券投资的 A 股上市公司为样本，考察了公允价值计量模式的价值相关性问题。与以前的研究不同 (Barth，1994；Eccher et al.，1996；邓传洲，2005)，本章未采用银行业或 B 股公司，而是以构成我国证券市场主体的 A 股上市公司作为研究样本，进一步将未实现收益分为交易性金融资产产生的和可供出售金融资产产生的，分别分析公允价值与历史成本、公允价值变动产生的未实现收益的价值相关性，试图为国际会计准则在中国市场的实施效果提供一些经验证据。研究发现：公允价值相对于历史成本具有增量的价值相关性，与以前的研究发现一致（Barth，1994；Eccher et al.，1996；邓传洲，2005）；

公允价值变动产生的未实现收益具有价值相关性；将未实现收益根据来源分为 *TFAGL* 和 *AFSGL* 后发现，只有可供出售金融资产产生的未实现收益才具有价值相关性，而交易性金融资产产生的未实现收益不具有价值相关性。我们认为，交易性金融资产产生的公允价值变动损益之所以不具有价值相关性，主要原因是公允价值变动损益中的 *TFAGL* 包含较多的噪声，无法向投资者提供更有效的信息。

新会计准则大量采用公允价值计量模式，除金融资产外，还包括投资性房地产等，本章仅仅关注了金融资产的公允价值相关性问题，研究结果能否推广到其他资产中仍需要其他证据支持，这也成为今后的研究方向之一。金融资产是公允价值计量模式应用最广的领域，本章的研究结果能为公允价值与历史成本相关性和可靠性的争论提供一些说明和借鉴，也能为新会计准则的实施给我国资本市场信息披露造成的影响提供一些经验证据。

# 附录 A　对新旧会计准则股东权益差异调节表的解释

1. “长期股权投资差额”为旧会计准则下的资产负债表科目，为购买日形成的股权投资差额，分为“借差”和“贷差”。借差为投资企业支付的现金、转让非现金资产或承担债务的账面价值大于被投资企业所有者权益账面价值份额的部分；贷差为前者小于后者的部分。在旧会计准则下，长期股权投资差额分年度直线摊销。在新会计准则下，也可能存在投资企业支付的资源价值大于或小于被投资企业所有者权益份额的情况，但会计处理方式不同。新会计准则下，分为三种情况：(1) 同一控制下的企业合并，长期股权投资的账面价值等于被投资企业所有者权益账面价值的份额。(2) 非同一控制下的企业合并，长期股权投资的初始投资成本为购买方在购买日为取得对被购买方的控制权而付出的资产、发生或承担的负债以及发行的权益性证券的公允价值，公允价值与账面价值的差额计入当期损益。初始投资成本与被投资单位股东权益公允价值之间的差额或计入商誉或计入当期损益。(3) 除企业合并形成的长期股权投资外，其他方式取得的长期股权投资的初始成本基本确认标准为付出的相应资源的公允价值，投资成本大于投资时应享有被投资单位可辨认净资产公允价值份额的（借差），不调整长期股权投资的初始投资成本；若前者小于后者（贷差），其差额应当计入当期损益，同时调整长期股权投资的成本。可见，新会计准则下不再有“长期股权投资差额”这一科目，在《企业会计准则第38号——首次执行企业会计准则》中要求在首次执行日将股权投资差额全额冲销。会计处理方法无法选择，其金额大小在资产负债表中详细列示，因此股东权益差异调节表中的长期股权投资差额无法受管理层操纵，不属于会计选择项目。

2. “拟以公允价值模式计量的投资性房地产”。根据《企业会计准则第3号——投资性房地产》规定，企业能够选择成本法或公允价值法对投资性房地产进行计量。采用公允价值模式计量的，不对投资性房地产计提折旧或进行摊销，应当以资产负债表日投资性房地产的公允价值为基础调整其账面价值，公允价值与原账面价值之间的差额计入当期损益。给定房地产价格持续上涨的假设，按此规定，如果企业在 2007 年 1 月 1 日选择以公允价值对投资性房地产进行计量，那么公允价值与原账面价值之间的差额就需要计入以前年度损益，调增 2007 年年初留存收益。第 3 号准则第十六条规定，自用房地产或存货转换为采用公允价值模式计量的投资性房地产时，投资性房地产按照转换当日的公允价值计价，转换当日的公允价值小于原账面价值的，其差额计入当期损益；转换当日的公允价值大于原账面价值的，其差额计入所有者权益。因此，如果企业在 2007 年 1 月 1 日仍按成本法计量，在 2007 年以后选择按公允价值计量投资性房地产，那么公允价值大于原账面价值的差额不会计入利润表中。这说明，何时选择按公允价值计量投资性房地产并未给管理层提供额外的盈余管理机会，因此，该项目不属于会计选择项目。

3. “因预计资产弃置费用应补提的以前年度折旧等”。在原会计准则下，用于计提折旧费用的固定资产成本并不包括预计资产弃置费用，而在新会计准则下，如果企业的固定资产在未来报废时存在弃置费用的话，管理层应进行估计并加到固定资产成本中，补提相应的折旧费用并调减留存收益。但是，一旦管理层估计资产弃置费用，不仅会减少以前年度的留存收益，未来计提的折旧摊销费用也将增多，从而抵减了未来的盈利能力。因此，虽然该项目能够调节（调减）利润，但可以合理预期的是，公司并不倾向估计资产弃置费用（实证结果也支持这一点），因此该项目不属于会计选择项目。

4. “符合预计负债确认条件的辞退补偿”。对于首次执行日存在的解除与职工的劳动关系计划，满足《企业会计准则第 9 号——职工薪酬》预计负债确认条件的，应当确认因解除与职工的劳动关系给予补偿而产生的负债，并调整留存收益。第 9 号准则规定，企业在职工劳动合同到期之前解除与职工的劳动关系，或者为鼓励职工自愿接受裁减而提出给予补偿的建议，同时满足下列条件的，应当确认因解除与职工的劳动关系给予补偿而产生的预计负债，同时计入当期损益：（1）企业已经制定正式的解除劳动关系计划或提出自愿裁减建议，并即将实施；（2）企业不能单方面撤回解除劳动关系计划或裁减建议。企业在确认这一预计负债时，同时需要作为费用计入当期损益，从而减少了公司盈利。虽然设定了一些条件来判断是否存在这一预计负债，但企业仍可通过一些手段来满足条件。在此基础上，企业可以通过时点的选择来调节利润。假设这一预计负债或费用发生是不可避免的，那么企业选择在 2007 年 1 月 1 日以前确认该项目更为有利，这样可以将相应的费用计入以前年度损益，从而减少了未来盈利负担。因为，如果企业不这样做，相应的费用就会在 2007 年以后确认，从而抵减了未来盈利，因此该项目属于会计选择项目。

5. “股份支付”。对于可行权日在首次执行日或之后的股份支付，应当根据《企业会计准则第 11 号——股份支付》的规定，按照权益工具、其他方服务或承担的以权益工具为基础计算确定的负债的公允价值，将应计入首次执行日之前等待期的成本费用金额调整留存收益，相应增加所有者权益或负债。根据第 11 号准则，股份支付有两种形式：一是授予后立即可行权的；一是完成等待期内的服务或达到规定业绩条件才可行权的。股份支付的结算方式有两种：一是权益结算；一是现金结算。若是完成等待期内的服务或达到规定业绩条件才可行权的股份支付，在等待期内的每个资产负债表日，应当以对可行权权益工具数量的最佳估计为基础，按照权益工具授予日的公允价值，将当期取得的服务计入相关成本或费用和资本公积。虽然公允价值按权益工具授予日来确定无法调节，但可以对可行权权益工具数量进行估计，管理层通过在 2007 年 1 月 1 日估计更多的权益工具数量将更多的费用成本确认在以前年度，从而达到增加未来盈利的目的。如果在未来的资产负债表日，后续信息表明可行权权益工具的数量与以前估计不同，应当进行调整，并在可行权日调整至实际可行权的权益工具数量。这一规定给管理层创造了更多自由选择的空间。如管理层在 2007 年 1 月 1 日估计权益工具数量为 200 万股，授予日公允价值为 1 元，那么将 200 万元成本费用计入以前年度；2007 年以后，后续信息又表明权益工具数量为 180 万股，那么将会有－20 万元成本费用计入当期损益，从而增加了当期盈利。可见，通过股份支付也可达到盈余管理的目的，因此该项目属于会计选择项目。

6. “符合预计负债确认条件的重组义务”。在首次执行日，企业应当按照《企业会计准则第 13 号——或有事项》的规定，将满足预计负债确认条件的重组义务确认为负债，并调整留存收益。第 13 号准则第四条规定，与或有事项相关的义务同时满足下列条件的，应当确认为预计负债：(1) 该义务是企业承担的现时义务；(2) 履行该义务很可能导致经济利益流出企业；(3) 该义务的金额能够可靠地计量。同时存在下列情况时，表明企业承担了重组义务：(1) 有详细、正式的重组计划，包括重组涉及的业务、主要地点、需要补偿的职工人数及其岗位性质、预计重组支出、计划实施时间等；(2) 该重组计划已对外公告。从这些规定可以看出，能否确认预计负债仍需客观证据的支持，因此该项目属于会计选择项目。

7. “企业合并”。《企业会计准则第 38 号——首次执行企业会计准则》中规定了几种可以追溯调整的企业合并事项。根据前面第 1 条的分析，同一控制下的企业合并并不存在借差和贷差，是以被投资单位所有者权益账面价值的份额作为初始投资成本的，因此旧准则下存在的商誉在新会计准则下将不存在，必须进行全额冲销，调整留存收益，即“同一控制下企业合并商誉的账面价值”。在旧会计准则下，借差反映在资产负债表中，是客观存在的，无法受管理层的操纵，因此该项目不属于会计选择项目。《企业会计准则第 8 号——资产减值》第二十三条规定，企业合并所形成的商誉，至少应当在每年年度终了进行减值测试。商誉应当结合与其相关的资产组或者资产组组合进行减值测试。这种测试来源于管理层的估计和判断。商誉减值会形成损失并抵减盈利，因此可以预期，管理层在 2007 年 1 月 1 日估计的减值损失对企业未来盈利更为有利。第 8 号准则虽然规定资产减值损失一经确认，在以后会计期间不得转回，但是管理层仍可以选择在 2007 年 1 月 1 日估计更多的商誉减值损失，从而减少未来商誉减值损失的负担，因此“根据新准则计提的商誉减值准备”属于会计选择项目。

8. “以公允价值计量且其变动计入当期损益的金融资产以及可供出售金融资产”。这一项目与股权投资有关，管理层可选择确认为交易性金融资产或可供出售金融资产，两者的主要差别在于，前者将公允价值与成本之间的差额计入损益，后者则计入股东权益。由于会计处理原则不同，管理层如果选择将股权投资确认为可供出售金融资产，就保留了减少盈利波动性的机会，可以起到盈余管理的作用。为了更详细地说明这一过程，表 A-1 描述了两类金融资产的不同会计处理方式对未来盈余的影响，共考虑了 4 种情况和 2 个时点。2006 年 12 月 31 日，无论被投资公司股票收盘价与原投资成本相差多少，都不会影响 2006 年的利润；2007 年 1 月 1 日以后，可供出售金融资产提供了更多的盈余管理机会。在 Panel A 中，2007 年以后股价既低于投资成本又低于 2006 年年底收盘价，那么交易性金融资产必须确认 2 元 (1-3) 亏损，而可供出售金融资产虽然也按公允价值计量，但差额直接计入股东权益，并不影响当期盈利（如果管理层选择不卖出），可见，后者能够帮助管理层进行利润调节。在 Panel B 中，2007 年以后股价高于投资成本和 2006 年年底收盘价，交易性金融资产能够确认 2 元（9－7）收益，对于可供出售金融资产，管理层可通过卖出行为实现 4 元（9－5）收益，一方面可确认高于交易性金融资产的收益，另一方面可自由选择是否确认这一收益。在 Panel C 中，无论管理层是否卖出可供出售金融资产，所能实现的收益都会低于交易性金融资产，但其优点在于管理层能通过选择卖出时点来决定利润实现的时间，如果当期盈利较好，则不需要这一收益，一旦转坏，管理层可通过卖出金融资产来弥补收益不足，也可以减少未来收益的波动性。在 Panel D 中，无论管理层卖不卖金融资产，可供出售金融资产的亏损都低于交易性金融资产。这些情况说明，可供出售金融资产为管理层提供了更多的选择空间来进行盈余管理，因此属于会计选择项目。相应地，交易性金融资产则属于非会计选择项目。

**表 A-1 金融资产选择对公司未来预期利润的影响**

| | 投资成本 | 对利润的影响 | |
|---|---|---|---|
| | | 2006 年 12 月 31 日 | 2007 年 1 月 1 日以后 |
| Panel A：股价连续低于投资成本 | | | |
| 被投单位股价 | | 3 | 1 |
| 交易性金融资产 | 5 | 0 | －2 |
| 可供出售金融资产 | 5 | 0 | （卖出）－4，（不卖）0 |
| Panel B：股价连续高于投资成本 | | | |
| 被投单位股价 | | 7 | 9 |
| 交易性金融资产 | 5 | 0 | 2 |
| 可供出售金融资产 | 5 | 0 | （卖出）4，（不卖）0 |
| Panel C：股价先低于后高于投资成本 | | | |
| 被投单位股价 | | 3 | 9 |
| 交易性金融资产 | 5 | 0 | 6 |
| 可供出售金融资产 | 5 | 0 | （选择卖出时点） |
| Panel D：股价先高于后低于投资成本 | | | |
| 被投单位股价 | | 7 | 3 |
| 交易性金融资产 | 5 | 0 | －4 |
| 可供出售金融资产 | 5 | 0 | （卖出）－2，（不卖）0 |

9. “以公允价值计量且其变动计入当期损益的金融负债”。对于在首次执行日（2007 年 1 月 1 日）指定为以公允价值计量且其变动计入当期损益的金融负债，应当在首次执行日以公允价值计量，并按账面价值与公允

价值的差额调整留存收益。金融负债是与金融资产相对应的概念，可以采取两种方式计量，在存在活跃市场和公允价值能够可靠计量的情况下，必须确认为以公允价值计量且其变动计入当期损益的金融负债，否则仍按原有负债进行确认。在企业中，金融负债更多地表现为可转换债券，如果作为混合工具，则按公允价值计量，否则债券部分按实际发行价格计量，股权部分按公允价值计量，作为金融工具分拆增加的权益。因此，“以公允价值计量且其变动计入当期损益的金融负债”无法被管理层操纵，不属于会计选择项目。

10. “金融工具分拆增加的权益”。第 38 号准则第十七条规定，对于嵌入衍生金融工具，按照《企业会计准则第 22 号——金融工具确认和计量》规定应从混合工具分拆的，应当在首次执行日将其从混合工具分拆并单独处理，但嵌入衍生金融工具的公允价值难以合理确定的除外。嵌入衍生工具，是指嵌入到非衍生工具（即主合同）中，使混合工具的全部或部分现金流量随特定利率、金融工具价格、商品价格、汇率、价格指数、费率指数、信用等级、信用指数或其他类似变量的变动而变动的衍生工具。嵌入衍生工具与主合同构成混合工具，如可转换公司债券等。嵌入衍生工具可以与主合同一起（即混合工具）指定为以公允价值计量且其变动计入当期损益的金融资产或金融负债，也可以单独作为衍生工具处理，即与主合同分拆。与主合同分拆除需满足混合工具没有指定为以公允价值计量且其变动计入当期损益的金融资产或金融负债时的条件外，还需要满足以下条件：(1) 与主合同在经济特征及风险方面不存在紧密关系；(2) 与嵌入衍生工具条件相同，单独存在的工具符合衍生工具的定义。这说明，嵌入衍生工具要么与主合同一起被指定为以公允价值计量且其变动计入当期损益的金融资产或金融负债，要么单独作为金融工具加以处理。单独作为金融工具处理时，需要按公允价值进行初始和后续计量。旧会计准则并不对衍生金融工具进行确认和计量，在新会计准则下，管理层可以根据以上条件来确认衍生金融工具。根据上面的分析，管理层无任何选择权，即要么与主合同一起按公允价值计量，要么单独作为衍生工具按公允价值计量，无论哪种情况下，公允价值与账面值之间的差额都是固定的，必须在 2007 年 1 月 1 日加以确认，因此该项目不属于会计选择项目。

11. “衍生金融工具”。第 38 号准则第十六条规定，对于未在资产负债表内确认或已按成本计量的衍生金融工具（不包括套期工具），应当在首次执行日按照公允价值计量，同时调整留存收益。根据《企业会计准则第 22 号——金融工具确认和计量》第三条，衍生工具是指具有下列特征的金融工具或其他合同：（1）其价值随特定利率、金融工具价格、商品价格、汇率、价格指数、费率指数、信用等级、信用指数或其他类似变量的变动而变动，变量为非金融变量的，该变量与合同的任一方不存在特定关系；（2）不要求初始净投资，或与对市场情况变化有类似反应的其他类型合同相比，要求很少的初始净投资；（3）在未来某一日期结算。衍生工具包括远期合同、期货合同、互换和期权，以及具有远期合同、期货合同、互换和期权中一种或一种以上特征的工具。这一项目是由新旧会计准则造成的，在旧会计准则下，衍生金融工具要么不在资产负债表内确认，要么按成本法计量，而在新会计准则下，衍生金融工具按公允价值计量并在资产负债表内确认，因此会对留存收益产生影响。至于这一项目是否对未来盈利产生影响，完全依未来的公允价值变动而定，并不依管理层进行什么样的选择而定，因此不属于会计选择项目。

12. “所得税”。企业应当按照《企业会计准则第 18 号——所得税》的规定，在首次执行日对资产、负债的账面价值与计税基础不同形成的暂时性差异对所得税的影响进行追溯调整，并按影响金额调整留存收益。暂时性差异是指资产或负债的账面价值与其计税基础之间的差额。由于账面价值与计税基础均由相应的准则和税法规范，属于客观存在的项目，因此无法进行选择。即使在账面价值的确认上存在选择，但由于这些选择与其他项目有关，在对其他项目选择进行分析的基础上，所得税的计算是客观存在的，因此该项目不属于会计选择项目。

13. “其他”。反映了除 1～12 项以外的影响股东权益的项目，其他中最重要的一项是少数股东权益。少数股东权益在旧会计准则下是记录在负债与所有者权益之间的一个单独科目，而在新会计准则下是反映在所有者权益内的一个科目。其金额大小无法选择，是客观存在的，只因记录的位置不同而造成了对股东权益的影响，因此该项目不属于会计选择项目。

# 附录 B 新旧会计准则股东权益差异调节表简介及分析

第 6 章表 6 - 1 列示了证监会强制要求披露的“新旧会计准则股东权益差异调节表”，该表是反映新会计准则影响的第一手公开披露资料。该表显示，新会计准则对股东权益的影响项目共 13 个。下面对此表中的明细项目进行分析，并在此基础上进行分组。

会计信息能否影响股票价格，关键看该数字能否影响投资者对未来盈余或现金流的预期，以及这种信息是否及时。Kothari（2001）也认为，如果财务报告提供了新的有关公司未来盈利或现金流的信息，且未被市场所预期，股票价格就会产生相应的变化。虽然新会计准则于 2006 年 2 月就已颁布，投资者可以对一些项目的金额形成预期（如长期股权投资差额），但仍存在一些项目只有待股东权益差异调节表披露后才能知晓管理层是如何选择的以及具体的影响金额是多少。下面根据股东权益差异调节表具体项目能否被市场参与者提前预期和能否影响未来盈余将表中的内容分为三组：一是在股东权益差异调节表披露以前已被市场完全预期到的信息，设为Ⅰ类；二是在股东权益差异调节表披露后才能知晓对股东权益的具体影响，但不会影响未来盈余的信息，设为Ⅱ类；三是在股东权益差异调节表披露后才能知晓对股东权益的具体影响，并且能够影响未来收益的信息，设为Ⅲ类。具体项目属于哪组，已在表中进行列示，下面对这些项目的分组进行简单分析。

“长期股权投资差额”是旧会计准则下的项目，分为“借差”和“贷差”，在新会计准则下，投资企业付出资源的公允价值与被投资企业所有者权益账面价值份额的差异要么计入商誉，要么计入当期损益，要么根本不会产生差异（如同一控制下的企业合并）。因此，旧会计准则下形成的长期股权投资差额或商誉将直接转销，计入股东权益。这些项目反映在股东权益差异调节表的第 1 号和第 7.1 号中。由于这些项目的余额已在过去的财务报表中反映，无论是否有股东权益差异调节表的披露，市场之前都可以观察到，因此属于被市场完全预期的信息，即Ⅰ类。

属于Ⅱ类的项目包括第 2，6，9～12，13.1 号和第 8 号中的交易性金融资产，即未被市场完全预期但与未来收益无关的信息。公司是否存在投资性房地产以及是否选择公允价值模式计量投资性房地产要在年报披露后才能被市场观察到。即使公司选择以公允价值模式来计量投资性房地产，此调节表中的公允价值与初始投资成本之间的差额也不会与公司未来盈余相关，因此属于Ⅱ类。“符合预计负债确认条件的重组义务”（第 6 号）虽然有客观的确认标准，但是否有重组义务，需要公告差异调节表后才能知晓，而且此项不会影响公司未来盈余，因此也属于Ⅱ类。“以公允价值计量且其变动计入当期损益的金融负债”（第 9 号）、“金融工具分拆增加的权益”（第 10 号）和“衍生金融工具”（第 11 号）虽然可以在过去的财务报告附注中了解到一些情况，但对股东权益的具体影响金额仍需要在差异调节表披露后才能知晓，因此属于未被市场完全预期的信息。由于这些项目均采用公允价值进行计量，并且标的物当期价格与未来价格无关，因此表中所显示的收益和未来无关，属Ⅱ类。“所得税”（第 12 号）和“少数股东权益”（第 13.1 号）对股东权益的影响金额需要在其他项目（除这两项外的其他项）的金额确定后才能确认，只有差异调节表披露后才能了解，因此也属于未被市场完全预期的信息。交易性金融资产（第 8 号中选择该项的公司）是管理层对金融资产种类选择的结果，因此只有在差异调节表披露后才能观察到，属于未被市场完全预期的信息。交易性金融资产也采用公允价值进行计量，当期价值与前一期价值的差额计入当期盈余。因为标的物当期价格与未来价格无关，所以此项也属Ⅱ类。

差异调节表中的第 3，4，5，7.2 号和第 8 号中的可供出售金融资产属于Ⅲ类，即未被市场完全预期且与未来收益有关的信息。这些项目需要调节表披露后才能被市场了解，这与Ⅱ类的项目特征一致。但与Ⅱ类不同，这些项目受管理层选择的影响，管理层可以将这些费用更多地确认在以前年度从而减少未来的费用负担（如第 4，5，7.2 号）。“因预计资产弃置费用应补提的以前年度折旧等”（第 3 号）不仅减少了股东权益，而且增加了未来的费用负担，因为预计的资产弃置费用在未来也要计提折旧，在描述性统计中我们看到，没有公司去估计该项目。以上所有项目都不能被市场完全预期，并与未来盈余相关，因此属Ⅲ类。

在新会计准则下，管理层对于公司存在的股权投资，可选择“以公允价值计量且其变动计入当期损益的金融资产”（即交易性金融资产）或“可供出售金融资产”。无论是以上哪种资产，其公允价值与原投资成本之间的差额都会增加股东权益，反映在差异调节表中的第 8 号。二者的差别是前者产生的差异计入留存收益，后者计入资本公积。对于交易性金融资产，无论未来是否卖出，已计入留存收益的股权投资增值不会反映在未来盈余中，而可供出售金融资产在未来卖出时，须将原计入资本公积的投资增值转出，计入卖出当期的利润中，因此第 8 号中的可供出售金融资产属于Ⅲ类——未被市场完全预期且与未来收益有关的信息，而交易性金融资产则属于未被市场完全预期但与未来收益无关的信息（Ⅱ类）。

# 参考文献

[1] Aboody D., M. E. Barth, R. Kasznik. Revaluations of fixed assets and future firm performance: Evidence from the UK. Journal of Accounting and Economics, 1999, 26 (1-3): 149-178.

[2] Aharony J., C. W. Lee, T. J. Wong. Financial Packaging of IPO Firms in China. Journal of Accounting Research, 2000, 38 (1): 103-126.

[3] Ahmed A. S., C. Takeda. Stock market valuation of gains and losses on commercial banks' investment securities: an empirical analysis. Journal of Accounting and Economics, 1995, 20 (2): 207-225.

[4] Akerlof G. A. The Market for "Lemons": Quality Uncertainty and the Market Mechanism. The Quarterly Journal of Economics, 1970, 84 (3): 488-500.

[5] Alford A., J. Jones, R. Leftwich, et al. The Relative Informativeness of Accounting Disclosures in Different Countries. Journal of Accounting Research, 1993, 31 (3): 183-223.

[6] Amir E., T. S. Harris, E. K. Venuti. A Comparison of the Value-Relevance of U. S. versus Non-U. S. GAAP Accounting Measures Using Form 20-F Reconciliations. Journal of Accounting Research, 1993, 31 (3): 230-264.

[7] Armstrong C. S., M. E. Barth, A. D. Jagolinzer, et al. Market Reaction to the Adoption of IFRS in Europe. The Accounting Review, 2010, 85 (1): 31-61.

[8] Ashbaugh H., M. Pincus. Domestic Accounting Standards, International Accounting Standards, and the Predictability of Earnings. Journal of Accounting Research, 2001, 39 (3): 417-434.

[9] Bae K. , H. Tan, M. Welker. International GAAP Differences: The Impact on Foreign Analysts. The Accounting Review, 2008, 83 (3): 593-628.

[10] Bae K. , R. M. Stulz, H. Tan. Do local analysts know more? A cross-country study of the performance of local analysts and foreign analysts. Journal of Financial Economics, 2008, 88 (3): 581-606.

[11] Balachandran B. , K. Chalmers, J. Haman. On-market share buybacks, exercisable share options and earnings management. Accounting & Finance, 2008, 48 (1): 25-49.

[12] Baldwin B. A. Segment Earnings Disclosure and the Ability of Security Analysts to Forecast Earnings Per Share. The Accounting Review, 1984, 59 (3): 376-389.

[13] Ball R. , G. Foster. Corporate Financial Reporting: A Methodological Review of Empirical Research. Journal of Accounting Research, 1982 (20): 161-234.

[14] Ball R. , P. Brown. An Empirical Evaluation of Accounting Income Numbers. Journal of Accounting Research, 1968, 6 (2): 159-178.

[15] Balsam S. , I. M. Haw, S. B. Lilien. Mandated accounting changes and managerial discretion. Journal of Accounting and Economics, 1995, 20 (1): 3-29.

[16] Barth M. E. Fair Value Accounting: Evidence from Investment Securities and the Market Valuation of Banks. The Accounting Review, 1994, 69 (1): 1-25.

[17] Barth M. E. , D. P. Cram, K. K. Nelson. Accruals and the Prediction of Future Cash Flows. The Accounting Review, 2001, 76 (1): 27-58.

[18] Barth M. E. , M. B. Clement, G. Fosthr, et al. Brand Values and Capital Market Valuation. Review of Accounting Studies, 1998, 3 (1): 41-68.

[19] Barth M. E. , W. H. Beaver, W. R. Landsman. Value-Relevance of Banks' Fair Value Disclosures under SFAS No. 107. The Accounting Review, 1996, 71 (4): 513-537.

[20] Barth M. E., W. R. Landsman, M. H. Lang. International Accounting Standards and Accounting Quality. Journal of Accounting Research, 2008, 46 (3): 467-498.

[21] Barth M. E., G. Clinch. Revalued Financial, Tangible, and Intangible Assets: Associations with Share Prices and Non-Market-Based Value Estimates. Journal of Accounting Research, 1998, 36 (3): 199-233.

[22] Barth M., Y. Konchitchki, W. R. Landsman. Cost of capital and financial statements transparency. Working Paper, 2007.

[23] Basu S., L. Hwang, C. Jan. International Variation in Accounting Measurement Rules and Analysts' Earnings Forecast Errors. Journal of Business Finance & Accounting, 1998, 25 (9-10): 1207-1247.

[24] Becker C. L., M. L. Defond, J. Jiambalvo, et al. The effect of audit quality on earnings management. Contemporary Accounting Research, 1998, 15 (1): 1-24.

[25] Bergstresser D., T. Philippon. CEO incentives and earnings management. Journal of Financial Economics, 2006, 80 (3): 511-529.

[26] Beuselinck C., P. Joos, I. Khurana et al. Mandatory Adoption of IFRS and Stock Price Informativeness. Working paper. Tilburg University, 2009.

[27] Beyer A., D. A. Cohen, T. Z. Lys, et al. The financial reporting environment: review of the recent literature. Journal of Accounting and Economics, 2010, 50 (2-3): 296-343.

[28] Bodnar G. M., J. Weintrop. The valuation of the foreign income of US multinational firms: a growth opportunities perspective. Journal of Accounting and Economics, 1997, 24 (1): 69-97.

[29] Burgstahler D., I. Dichev. Earnings management to avoid earnings decreases and losses. Journal of Accounting and Economics, 1997, 24 (1): 99-126.

[30] Cahan S., D. Emanuel, D. Hay, et al. Non-audit fees, long-term auditor-client relationships and earnings management. Accounting & Finance, 2008, 48 (2): 181-207.

[31] Chen H., Q. Tang, Y. Jiang, et al. International financial re-

porting standards and accounting quality: evidence from the European Union. Working Paper, 2009.

[32] Chen K. C., H. Yuan. Earnings Management and Capital Resource Allocation: Evidence from China's Accounting-Based Regulation of Rights Issues. The Accounting Review, 2004, 79 (3): 645-665.

[33] Chen Q., W. Jiang. Analysts' Weighting of Private and Public Information. Review of Financial Studies, 2006, 19 (1): 319-355.

[34] Chen X., C. J. Lee, J. Li. Government assisted earnings management in China. Journal of Accounting and Public Policy, 2008, 27 (3): 262-274.

[35] Clement M. B. Analyst forecast accuracy: do ability, resources, and portfolio complexity matter? Journal of Accounting and Economics, 1999, 27 (3): 285-303.

[36] Collins D. W., M. Pincus, H. Xie. Equity Valuation and Negative Earnings: The Role of Book Value of Equity. The Accounting Review, 1999, 74 (1): 29-61.

[37] Collins D. W., S. P. Kothari. An analysis of intertemporal and cross-sectional determinants of earnings response coefficients. Journal of Accounting and Economics, 1989, 11 (2-3): 143-181.

[38] Cornett M. M., A. J. Marcus, H. Tehranian. Corporate governance and pay-for-performance: the impact of earnings management. Journal of Financial Economics, 2008, 87 (2): 357-373.

[39] Cuijpers R., W. Buijink. Voluntary Adoption of Non-Local GAAP in the European Union: A Study of Determinants and Consequences. European Accounting Review, 2005, 14 (3): 487-524.

[40] Daske H. Economic Benefits of Adopting IFRS or US-GAAP-Have the Expected Cost of Equity Capital Really Decreased? Journal of Business Finance & Accounting, 2006, 33 (3): 329-373.

[41] Davidson R., J. Goodwin-Stewart, P. Kent. Internal governance structures and earnings management. Accounting & Finance, 2005, 45 (2): 241-267.

[42] DeAngelo L. E. Accounting Numbers as Market Valuation Substitutes: A Study of Management Buyouts of Public Stockholders. The

Accounting Review, 1986, 61 (3): 400-420.

[43] Dechow P. M. Accounting earnings and cash flows as measures of firm performance: the role of accounting accruals. Journal of Accounting and Economics, 1994, 18 (1): 3-42.

[44] Dechow P. M., L. A. Myers, C. Shakespeare. Fair Value Accounting and Gains from Asset Securitizations: A Convenient Earnings Management Tool with Compensation Side-Benefits. SSRN, 2008.

[45] Dechow P. M., R. G. Sloan, A. P. Sweeney. Causes and Consequences of Earnings Manipulation: An Analysis of Firms Subject to Enforcement Actions by the SEC. Contemporary Accounting Research, 1996, 13 (1): 1-36.

[46] Dechow P. M., I. D. Dichev. The Quality of Accruals and Earnings: The Role of Accrual Estimation Errors. The Accounting Review, 2002, 77 (Supplement): 35-59.

[47] Dechow P. M., R. G. Sloan. Detecting Earnings Management. The Accounting Review, 1995, 70 (2): 193-225.

[48] DeFond M. L., C. W. Park. Smoothing income in anticipation of future earnings. Journal of Accounting and Economics, 1997, 23 (2): 115-139.

[49] Dhaliwal D. S., C. A. Gleason, L. F. Mills. Last-Chance Earnings Management: Using the Tax Expense to Meet Analysts' Forecasts. Contemporary Accounting Research, 2004, 21 (2): 431-459.

[50] Dong M., S. Ryan, X. Zhang. Historical-Cost or Fair-Value Accounting: Analysis of the Reclassification of Unrealized Holding Gains and Losses for Marketable Securities. SSRN, 2009.

[51] Dye R. A., S. S. Sridhar. A positive theory of flexibility in accounting standards. Journal of Accounting and Economics, 2008, 46 (2-3): 312-333.

[52] Easton P. D., P. H. Eddey, T. S. Harris. An Investigation of Revaluations of Tangible Long-Lived Assets. Journal of Accounting Research, 1993, 31 (3): 1-38.

[53] Easton P. D., M. E. Zmijewski. Cross-sectional variation in the stock market response to accounting earnings announcements. Journal

of Accounting and Economics，1989，11 (2-3)：117—141.

[54] Easton P. D.，T. S. Harris. Earnings as an Explanatory Variable for Returns. Journal of Accounting Research，1991，29 (1)：19—36.

[55] Eccher E. A.，K. Ramesh，S. R. Thiagarajan. Fair value disclosures by bank holding companies. Journal of Accounting and Economics，1996，22 (1-3)：79—117.

[56] Erickson M.，S. Wang. Earnings management by acquiring firms in stock for stock mergers. Journal of Accounting and Economics，1999，27 (2)：149—176.

[57] Fields T. D.，T. Z. Lys，L. Vincent. Empirical research on accounting choice. Journal of Accounting and Economics，2001，31 (1-3)：255—307.

[58] Fried D.，D. Givoly. Financial analysts' forecasts of earnings：a better surrogate for market expectations. Journal of Accounting and Economics，1982，4 (2)：85—107.

[59] Garman M. B.，J. A. Ohlson. Information and the Sequential Valuation of Assets in Arbitrage—Free Economies. Journal of Accounting Research，1980，18 (2)：420—440.

[60] Gaver J. J.，J. S. Paterson. The Association between External Monitoring and Earnings Management in the Property—Casualty Insurance Industry. Journal of Accounting Research，2001，39 (2)：269—282.

[61] Gong，G.，H. Louis，A. X. Sun. Earnings management，lawsuits，and stock—for—stock acquirers' market performance. Journal of Accounting and Economics，2008a，46 (1)：62—77.

[62] Gong，G.，H. Louis，A. X. Sun. Earnings Management and Firm Performance Following Open-Market Repurchases. Journal of Finance，2008b，63 (2)：947—986.

[63] Grossman S. J. An Introduction to the Theory of Rational Expectations Under Asymmetric Information. Review of Economic Studies，1981，48 (154)：541.

[64] Grossman S. J.，O. D. Hart. Disclosure Laws and Takeover Bids. Journal of Finance，1980，35 (2)：323.

[65] Guan Y.，O. Hopeb，T. Kang. Does Similarity of Local GAAP

to US GAAP Explain Analysts' Forecast Accuracy? Journal of Contemporary Accounting & Economics, 2006, 2 (2): 151-169.

[66] Han J. C., W. Shiing-Wu. Political Costs and Earnings Management of Oil Companies During the 1990 Persian Gulf Crisis. The Accounting Review, 1998, 73 (1): 103-117.

[67] Harris M. S., I. I. Muller. The market valuation of IAS versus US-GAAP accounting measures using Form 20-F reconciliations. Journal of Accounting and Economics, 1999, 26 (1-3): 285-312.

[68] Harris T. S., M. Lang, M. H. Peter. The Value Relevance of German Accounting Measures: An Empirical Analysis. Journal of Accounting Research, 1994, 32 (2): 187-209.

[69] Haw I., D. Qi, D. Wu, et al. Market Consequences of Earnings Management in Response to Security Regulations in China. Contemporary Accounting Research, 2005, 22 (1): 95-140.

[70] Healy P. M. The effect of bonus schemes on accounting decisions. Journal of Accounting and Economics, 1985, 7 (1-3): 85-107.

[71] Healy P. M., J. M. Wahlen. A Review of the Earnings Management Literature and Its Implications for Standard Setting. Accounting Horizons, 1999, 13 (4): 365-383.

[72] Hodder L., P. E. Hopkins, D. A. Wood. The Effects of Financial Statement and Informational Complexity on Analysts' Cash Flow Forecasts. The Accounting Review, 2008, 83 (4): 915-956.

[73] Hope O. K. Accounting Policy Disclosures and Analysts' Forecasts. Contemporary Accounting Research, 2003a, 20 (2): 295-321.

[74] Hope O. K. Disclosure Practices, Enforcement of Accounting Standards, and Analysts' Forecast Accuracy: An International Study. Journal of Accounting Research, 2003b, 41 (2): 235-272.

[75] Hribar P., N. T. Jenkins, W. B. Johnson. Stock repurchases as an earnings management device. Journal of Accounting and Economics, 2006, 41 (1-2): 3-27.

[76] Jones J. J. Earnings Management During Import Relief Investigations. Journal of Accounting Research, 1991, 29 (2): 193-228.

[77] Jones K. L., G. V. Krishnan, K. D. Melendrez. Do Models of

Discretionary Accruals Detect Actual Cases of Fraudulent and Restated Earnings? An Empirical Analysis. Contemporary Accounting Research, 2008, 25 (2): 499–531.

[78] Kallapur S., S. Y. Kwan. The Value Relevance and Reliability of Brand Assets Recognized by U.K. Firms. The Accounting Review, 2004, 79 (1): 151–172.

[79] Kasanen E., J. Kinnunen, J. Niskanen. Dividend-based earnings management: empirical evidence from Finland. Journal of Accounting and Economics, 1996, 22 (1-3): 283–312.

[80] Key K. G. Political cost incentives for earnings management in the cable television industry. Journal of Accounting and Economics, 1997, 23 (3): 309–337.

[81] Kirschenheiter M., N. D. Melumad. Can "Big Bath" and Earnings Smoothing Co-Exist as Equilibrium Financial Reporting Strategies? Journal of Accounting Research, 2002, 40 (3): 761–796.

[82] Klein A. Audit committee, board of director characteristics, and earnings management. Journal of Accounting and Economics, 2002, 33 (3): 375–400.

[83] Kothari S. P. Capital markets research in accounting. Journal of Accounting and Economics, 2001, 31 (1-3): 105–231.

[84] Kothari S. P., A. J. Leone, C. E. Wasley. Performance matched discretionary accrual measures. Journal of Accounting and Economics, 2005, 39 (1): 163–197.

[85] Kothari S. P., K. Ramanna, D. J. Skinner. Implications for GAAP from an analysis of positive research in accounting. Journal of Accounting and Economics, 2010, 50 (2-3): 246–286.

[86] Kothari S. P., J. L. Zimmerman. Price and return models. Journal of Accounting and Economics, 1995, 20 (2): 155–192.

[87] Lang M. H., R. J. Lundholm. Corporate Disclosure Policy and Analyst Behavior. The Accounting Review, 1996, 71 (4): 467–492.

[88] Lang M., J. S. Raedy, M. H. Yetman. How Representative Are Firms That Are Cross-Listed in the United States? An Analysis of Accounting Quality. Journal of Accounting Research, 2003, 41 (2):

363-386.

[89] Lang M. , R. J. Smith, W. Wilson. Earnings management and cross listing: are reconciled earnings comparable to US earnings? Journal of Accounting and Economics, 2006, 42 (1-2): 255-283.

[90] Langberg N. , K. Sivaramakrishnan. Voluntary disclosures and information production by analysts. Journal of Accounting and Economics, 2008, 46 (1): 78-100.

[91] Larcker D. F. , S. A. Richardson. Fees Paid to Audit Firms, Accrual Choices, and Corporate Governance. Journal of Accounting Research, 2004, 42 (3): 625-658.

[92] Laux C. , V. Laux. Board Committees, CEO Compensation, and Earnings Management. The Accounting Review, 2009, 84 (3): 869-891.

[93] Leuz C. , R. E. Verrecchia. The Economic Consequences of Increased Disclosure. Journal of Accounting Research, 2000, 38 (3): 91-124.

[94] Lev B. , J. A. Ohlson. Market-Based Empirical Research in Accounting: A Review, Interpretation, and Extension. Journal of Accounting Research, 1982 (20): 249-322.

[95] Libby R. , T. Hun-Tong, J. E. Hunton. Does the Form of Management's Earnings Guidance Affect Analysts' Earnings Forecasts? The Accounting Review, 2006, 81 (1): 207-225.

[96] McAnally M. L. , A. Srivastava, C. D. Weaver. Executive Stock Options, Missed Earnings Targets, and Earnings Management. The Accounting Review, 2008, 83 (1): 185-216.

[97] McVay S. E. Earnings Management Using Classification Shifting: An Examination of Core Earnings and Special Items. The Accounting Review, 2006, 81 (3): 501-531.

[98] Milgrom P. , J. Roberts. Price and Advertising Signals of Product Quality. Journal of Political Economy, 1986, 94 (4): 796-821.

[99] Monem R. M. Earnings Management in Response to the Introduction of the Australian Gold Tax. Contemporary Accounting Research, 2003, 20 (4): 747-774.

［100］ Nelson K. K. Fair Value Accounting for Commercial Banks: An Empirical Analysis of SFAS No. 107. The Accounting Review, 1996, 71 (2): 161-182.

［101］ Nelson M. W. , J. A. Elliott, R. L. Tarpley, et al. Evidence from Auditors about Managers' and Auditors' Earnings Management Decisions. The Accounting Review, 2002 (77): 175-202.

［102］ Ohlson J. A. Earnings, Book Values, and Dividends in Equity Valuation. Contemporary Accounting Research, 1995, 11 (2): 661-687.

［103］ Perry S. E. , T. H. Williams. Earnings management preceding management buyout offers. Journal of Accounting and Economics, 1994, 18 (2): 157-179.

［104］ Phillips J. , M. Pincus, S. O. Rego. Earnings Management: New Evidence Based on Deferred Tax Expense. The Accounting Review, 2003, 78 (2): 491-521.

［105］ Tan H. , S. Wang, M. Welker. Foreign Analyst Following and Forecast Accuracy around IFRS Adoptions. Working Paper. University of Waterloo, 2009.

［106］ Teoh S. H. , I. Welch, T. J. Wong. Earnings management and the long-run market performance of initial public offerings. Journal of Finance, 1998, 53 (6): 1935-1974.

［107］ Van Tendeloo B. , A. Vanstraelen. Earnings management under German GAAP versus IFRS. European Accounting Review, 2005, 14 (1): 155-180.

［108］ Vergoossen R. G. A. The use and perceived importance of annual reports by investment analysts in the Netherlands. European Accounting Review, 1993, 2 (2): 219-243.

［109］ Vigeland R. L. The Market Reaction to Statement of Financial Accounting Standards No. 2. The Accounting Review, 1981, 56 (2): 309-325.

［110］ Watts R. L. , J. L. Zimmerman. Towards a Positive Theory of the Determination of Accounting Standards. The Accounting Review, 1978, 53 (1): 112-134.

[111] Watts R. L., J. L. Zimmerman. Positive Accounting Theory. Prentice-Hall Englewood Cliffs, 1986.

[112] Zhang X. F. Information Uncertainty and Analyst Forecast Behavior. Contemporary Accounting Research, 2006, 23 (2): 565-590.

[113] 白重恩，刘俏，陆洲等．中国上市公司治理结构的实证研究．经济研究，2005 (2): 81-91.

[114] 邓传洲．公允价值的价值相关性：B股公司的证据．会计研究，2005 (10).

[115] 葛家澍．创新与趋同相结合的一项准则：评我国新颁布的《企业会计准则——基本准则》．会计研究，2006 (3): 3-6.

[116] 何如．股权分置改革操作实务与后股权分置时代．北京：华夏出版社，2006.

[117] 胡奕明，林文雄，王玮璐．证券分析师的信息来源、关注域与分析工具．金融研究，2003 (12): 52-63.

[118] 胡奕明，饶艳超，陈月根，等．证券分析师的信息解读能力调查．会计研究，2003 (11): 14-20.

[119] 姜国华，张然．稳健性与公允价值：基于股票价格反应的规范性分析．会计研究，2007 (6): 20-25.

[120] 金智．新会计准则、会计信息质量与股价同步性．会计研究，2010 (7): 19-26.

[121] 李晓强．国际会计准则和中国会计准则下的价值相关性比较：来自会计盈余和净资产账面值的证据．会计研究，2004 (7): 15-38.

[122] 林小驰，欧阳婧，岳衡．谁吸引了海外证券分析师的关注．金融研究，2007 (1): 84-98.

[123] 刘峰，吴风，钟瑞庆．会计准则能提高会计信息质量吗：来自中国股市的初步证据．会计研究，2004 (5): 8-19.

[124] 刘玉廷．中国企业会计准则体系：架构、趋同与等效．会计研究，2007 (3): 2-8.

[125] 刘玉廷，王鹏，崔华清．关于我国上市公司2007年执行新会计准则情况的分析报告．会计研究，2008 (6).

[126] 罗婷，薛健，张海燕．解析新会计准则对会计信息价值相关性的影响．中国会计评论，2008 (2): 129-140.

[127] 平来禄，刘峰，雷科罗．后安然时代的会计准则：原则导向还

是规则导向. 会计研究，2003 (5)：11－15.

[128] 沈烈，张西萍. 新会计准则与盈余管理. 会计研究，2007 (2)：52－58.

[129] 王玉涛，薛健，陈晓. 市场能区分新会计准则下的不同信息吗?. 金融研究，2009a (1)：136－150.

[130] 王玉涛，薛健，陈晓. 企业会计选择与盈余管理：基于新旧会计准则变动的研究. 中国会计评论，2009b (3)：255－270.

[131] 吴东辉，薛祖云. 财务分析师盈利预测的投资价值：来自深沪A股市场的证据. 会计研究，2005 (8)：37－43.

[132] 夏立军. 盈余管理计量模型在中国股票市场的应用研究. 中国会计与财务研究，2003 (2)：94－154.

[133] 叶建芳，周兰，李丹蒙等. 管理层动机、会计政策选择与盈余管理：基于新会计准则下上市公司金融资产分类的实证研究. 会计研究，2009 (3)：25－30.

[134] 赵春光. 资产减值与盈余管理：论《资产减值》准则的政策涵义. 会计研究，2006 (3)：11－17.

[135] 朱红军，何贤杰，陶林. 中国的证券分析师能够提高资本市场的效率吗：基于股价同步性和股价信息含量的经验证据. 金融研究，2007 (2)：110－121.

[136] 朱凯，赵旭颖，孙红. 会计准则改革、信息准确度与价值相关性：基于中国会计准则改革的经验证据. 管理世界，2009 (4)：47－54.

**图书在版编目（CIP）数据**

信息环境变化、盈余管理与投资者行为研究/王玉涛著．--北京：中国人民大学出版社，2020.9

（财会文库）

ISBN 978-7-300-28614-3

Ⅰ．①信… Ⅱ．①王… Ⅲ．①投资行为-研究 Ⅳ．①F830.59

中国版本图书馆 CIP 数据核字（2020）第 186152 号

财会文库

**信息环境变化、盈余管理与投资者行为研究**

王玉涛 著

Xinxi Huanjing Bianhua、Yingyuguanli Yu Touzizhe Xingwei Yanjiu

---

| | | | |
|---|---|---|---|
| **出版发行** | 中国人民大学出版社 | | |
| **社　　址** | 北京中关村大街 31 号 | **邮政编码** | 100080 |
| **电　　话** | 010－62511242（总编室） | | 010－62511770（质管部） |
| | 010－82501766（邮购部） | | 010－62514148（门市部） |
| | 010－62515195（发行公司） | | 010－62515275（盗版举报） |
| **网　　址** | http://www.crup.com.cn | | |
| **经　　销** | 新华书店 | | |
| **印　　刷** | 唐山玺诚印务有限公司 | | |
| **开　　本** | 720 mm×1000 mm　1/16 | **版　　次** | 2020 年 9 月第 1 版 |
| **印　　张** | 12 插页 2 | **印　　次** | 2026 年 1 月第 2 次印刷 |
| **字　　数** | 200 000 | **定　　价** | 68.00 元 |

---